La légende des MacArthur

Du même auteur
aux Éditions J'ai lu

Le clan des MacLaren, *J'ai lu* 5924

Susan King

La légende des MacArthur

Traduit de l'américain
par Perrine Dulac

J'AI LU

Titre original :

THE SWORD MAIDEN
A Signet Book, an imprint of New American Library,
a division of Penguin Putnam Inc., New York

Pour Jeremy, le guerrier

Remerciements

Je tiens à remercier Rob Miller, fabricant de lames dans l'île de Skye, pour ses explications sur les travaux de forge à l'époque médiévale, et plus précisément en Écosse ; la Mid-Atlantic Association for Historical Swordsmanship pour ses renseignements, ses conseils et ses exercices pratiques, et pour m'avoir permis de m'exercer avec une épée en bois ; Howard et Amy Waddell, des Albion Armorers, pour m'avoir fait partager leur savoir et m'avoir montré de superbes armes médiévales.

Je remercie en particulier Coleman & Laurienzo Builders, Inc., pour le bruit de martelage qui m'a inspirée, pendant que j'écrivais mon histoire.

Pour chaque livre, et davantage pour certains, je suis redevable à de merveilleux écrivains et amis pour leur inspiration, leur soutien et leur patience. J'espère un jour pouvoir les payer de retour. Pour l'instant, je ne peux que les remercier du fond du cœur.

Je grandirai dans tes bras, mon amour,
Comme le fer dans le feu.
Mais tiens-moi fort, ne me lâche pas !
Car je suis le désir de ton cœur.

Tam Lin

Prologue

« *Eisg, o eisg !* » (« Écoute, oh écoute ! »)
Cri de guerre des MacArthur.

Argyll, Écosse, été 1418

— Si vous êtes sages, je vous raconterai une histoire d'autrefois, une histoire qui remonte à la nuit des temps, à l'époque où un prince vivait près de notre loch, commença Alpin le batelier, en se penchant vers les enfants rassemblés à ses pieds dans sa petite maison de pierre.

Eva MacArthur gigotait à côté de sa cousine Margaret qui, elle, ne gigotait jamais et tenait les yeux fixés sur le batelier. Musclé, le visage anguleux et plein de bonté, Alpin MacDewar, cousin de sa mère, n'était pas conteur de son état, mais par les après-midi pluvieux, les enfants – Eva et ses frères, leurs cousins et amis – réussissaient parfois à le convaincre de leur raconter des histoires.

Autrefois, Alpin avait été un guerrier fougueux, et Eva aurait aimé qu'il leur raconte ses aventures. Elle connaissait par cœur l'histoire d'Innisfarna, son île, et n'était pas d'humeur à l'entendre à nouveau. Cette légende était un rappel douloureux de sa mère bien-aimée qui, en mourant moins d'un an auparavant, lui avait transmis l'île et son château.

— Ce prince, poursuivit Alpin, était le plus jeune des fils du roi. C'était un guerrier superbe et adroit aux armes, mais il désirait la paix.

Eva poussa un soupir et posa le menton sur ses genoux pliés. C'était donc l'histoire du prince, de la fée et de l'épée. Protester serait grossier, aussi ferma-t-elle les yeux pour écouter la voix sourde et profonde du batelier :

— Son peuple était depuis longtemps en guerre contre les mystérieuses fées des collines et des lacs, ces créatures qui possédaient puissance, magie et beauté, et qui étaient aussi grandes et plus fortes que la plupart des humains. Le prince souhaitait mettre un terme à leur discorde. Tant qu'un accord ne serait pas conclu avec les fées, son peuple ne connaîtrait jamais la paix et la prospérité. Mais personne ne semblait savoir quel accord conclure.

« Le prince chercha donc une solution. Il était fort, beau et courtois, mais quand il demandait conseil pour mettre un terme à la guerre, les gens haussaient les épaules...

Eva ouvrit les yeux et regarda autour d'elle : la blonde et éthérée Margaret, les têtes brunes de ses frères – Simon, une brindille dans les cheveux, récoltée au cours d'une bagarre matinale ; Donal, empli de la dignité que lui conférait le titre d'héritier du chef du clan MacArthur... jusqu'à ce qu'il tire la langue à sa sœur.

Elle l'ignora et posa le regard sur le garçon assis à côté de lui. Lachlann MacKerron, le fils adoptif du maréchal-ferrant – adopté bébé, à la mort de ses parents –, était plus âgé que ses frères. Il était grand et maigre, avec des cheveux noirs et des muscles que le travail à la forge avait tendus comme ceux d'un homme. Mais sa voix n'avait pas encore mué et il était imberbe.

Quand elle entendait l'histoire de son île, Eva imaginait que Lachlann en était le prince. Elle savait qu'un fils de forgeron n'était pas un fils de roi, mais Lachlann était beau, gentil, calme et fort. Eva n'imaginait pas ses frères princes, ni aucun de ses cousins qui étaient sales, débraillés, assommants.

Simon lui donna un coup de coude pour la rappeler à l'ordre, car elle s'était penchée pour observer le fils du forgeron. Lachlann lui lança un regard sévère, plus efficace que le coup de coude de son frère. Elle obtempéra et concentra son attention sur Alpin.

— Un jour, le prince rencontra une vieille femme à un puits et rapporta chez elle ses lourds seaux d'eau. En remerciement, elle répondit à ses questions.

« — Ah, vous devez trouver la princesse de l'île Lumineuse, Aeife, la Radieuse, la guerrière la plus farouche du mystérieux et belliqueux monde des fées, lui dit la vieille. Il vous faut lui voler les trois secrets de son pouvoir : sa coupe d'argent, l'anneau d'or qu'elle porte au doigt, et *Claidheamh Soluis*, l'Épée de Lumière. Cette lame est la clé qui mettra fin à votre discorde. Si vous la détenez, Aeife vous proposera un marché.

« — Comment trouverai-je Aeife la Radieuse ? demanda le prince.

« — Suivez le faucon durant un jour. Quand vous arriverez à une rivière, suivez le saumon pendant deux jours. Et quand vous arriverez à une montagne, grimpez pendant trois jours. Ensuite, regardez à l'est, à l'ouest, au nord et au sud, et vous verrez l'île Lumineuse.

«— Cela paraît simple, dit le prince, sans en être convaincu.

«— La Radieuse dort pendant le jour, et c'est alors seulement que vous pourrez lui voler l'épée, la coupe et l'anneau. Mais prenez garde : si vous la réveillez, vous devrez lutter avec elle. Elle vous battra, et la situation de votre peuple empirera.

«Le prince remercia la vieille femme et se mit en route. Il suivit le faucon, puis le saumon, et gravit la montagne. Une île qu'il n'avait jamais vue apparut dans le loch, en contrebas.

«Il prit une barque et atteignit l'île dans un brouillard si épais qu'il se demanda pourquoi l'endroit s'appelait l'île Lumineuse. Il vit alors une lumière briller comme mille bougies et se dirigea dans cette direction...

Eva changea de position, incapable de rester longtemps immobile. C'était une nature indomptable, à l'opposé de la calme Margaret. Le père d'Eva, chef du clan MacArthur, disait qu'il lui faudrait trouver comme mari pour sa fille unique un homme fort, un laird ou le fils d'un chef de clan. Mais en attendant d'être une femme à marier, son intrépidité l'incitait à se mêler aux jeux des garçons.

À présent, elle brûlait de sortir, d'autant qu'elle n'aimait pas entendre la fin de l'histoire. Elle s'approcha à quatre pattes de la porte. Mais Alpin la regarda, et elle s'assit de nouveau pour écouter.

— Le prince pénétra dans un château vide et silencieux, et suivit l'étrange lumière, poursuivit Alpin. Il alla de pièce en pièce – il y en avait des centaines – à la recherche de la princesse endormie. Il devait la trouver avant qu'elle ne se réveille. Il ouvrit la dernière porte et la vit endormie sur un lit drapé de fils de la vierge.

« Elle tenait l'Épée de Lumière serrée sur son corps mince et élancé. L'anneau d'or ornait l'un de ses doigts, et la coupe d'argent était posée sur une table. L'épée répandait une lumière si brillante que la pièce était aussi claire qu'une prairie ensoleillée. La princesse dormait profondément.

« Il s'approcha, prit la coupe d'argent et la mit dans sa poche. Puis il lui retira l'anneau d'or qu'il glissa à son auriculaire. Il toucha l'Épée de Lumière et s'interrompit – car son regard s'était arrêté sur le visage d'Aeife.

« C'était la plus belle femme qu'il ait jamais vue, avec des cheveux noirs et brillants, une peau laiteuse. Son cœur frémit dans sa poitrine. Si elle se réveillait, il serait incapable de lever son épée contre elle.

« Elle battit des paupières, révélant des yeux comme des nuages argentés, et remua les mains. Le prince se rappela que si elle s'éveillait, il n'aurait pas le dessus. Il ne pouvait croire qu'une femme si mince et si belle pût le vaincre. Mais elle avait déjà ravi son cœur.

« Il se pencha pour baiser sa bouche. Elle avait un goût de miel et de fruits des bois. C'était le premier baiser que donnait le prince, et le premier que recevait la princesse, et ce baiser était chargé de l'amour le plus pur. Aeife répondit au baiser du prince, qui resta avec elle jusqu'au retour du jour.

Tandis qu'Alpin décrivait le baiser, Eva ferma les yeux. Assise près de la porte, elle était contente que ses frères et cousins ne voient pas combien elle était émue, comme chaque fois, par l'amour d'Aeife et du prince. Elle leva les yeux vers Lachlann, le garçon du forgeron, et se demanda si un jour il embrasserait une fille – peut-être elle-même ? –

avec autant de tendresse. Elle croisa son regard bleu et il fronça les sourcils.

— Le baiser réveilla finalement Aeife la Radieuse, dit Alpin alors que les frères d'Eva pouffaient de rire. L'Épée de Lumière était posée entre elle et un beau jeune homme. Il lui avait volé la coupe d'argent qui se remplissait de porridge dès qu'elle était vide, et l'anneau d'or à travers lequel on pouvait voir l'avenir. Mais il n'avait pas encore pris *Claidheamh Soluis*, l'Épée de Lumière. Elle devait maintenant se battre contre lui, car il lui fallait protéger son peuple, les mystérieuses fées guerrières.

« Mais elle contempla le visage endormi du prince et se rappela sa douceur. Et son cœur, qui était plein de pensées hostiles envers les humains, fut ému. Elle sortit du lit, prit l'épée et l'éleva à contrecœur au-dessus de sa tête.

« Le prince se leva à son tour et lui fit face.

« — Je ne me battrai pas contre vous, dit-il. Donnez-moi l'Épée de Lumière, que nous mettions un terme à cette querelle.

« Il posa la main sur la lame, tandis qu'elle tenait la poignée.

« — Lâchez l'Épée de Lumière, afin que je puisse défendre les droits de mon peuple, dit Aeife.

« Ils se firent face, l'humain et la fée, les ennemis de toujours devenus amants, jusqu'à ce que la lune se couche et que le soleil se lève, trois fois de suite.

« Alors ils furent vaincus par la fatigue. Leurs genoux se dérobèrent et ils se rattrapèrent l'un à l'autre, l'Épée de Lumière pressée entre eux. Le prince la prit et la jeta par la fenêtre du château dans le loch, où elle s'enfonça en illuminant les eaux comme une lanterne.

« L'un et l'autre savaient qu'une lame jetée dans l'eau marquait une trêve entre clans ennemis, et ils firent la paix.

« — Désormais, dit Aeife, l'Épée de Lumière gardera la frontière entre le royaume terrestre et le royaume féerique, car le seuil se trouve sous cette île. Mais vous devez accepter un marché. Vous resterez toujours avec moi sur cette île.

« Le prince accepta ; il enlaça Aeife la Radieuse et l'embrassa. Ils partagèrent la coupe qui donnait la nourriture et l'anneau qui montrait l'avenir, et ils vécurent heureux sur l'île Lumineuse.

« Et quand des ennemis – des humains, jaloux du pouvoir que détenait Aeife – venaient pour s'emparer de l'île, elle les affrontait vaillamment avec une épée de fabrication féerique, son mari à ses côtés. L'île et son trésor étaient protégés.

« L'Épée de Lumière repose toujours au fond du loch, dans son fourreau d'eau.

Eva ouvrit le verrou. Elle aurait préféré ne pas entendre la suite, mais le batelier continua :

— Paix et prospérité régnaient entre les humains et les fées. Par la suite, la fille d'Aeife et du prince assura la sécurité de l'île. Et toutes les filles aînées descendant d'Aeife gardent l'île et l'épée qui gît dans les eaux du loch. Les ennemis doivent tenir compte du pouvoir de ce lieu, car ici ils ne peuvent triompher.

« Notre Eva la garde, conclut Alpin en contemplant la petite fille, maintenant que sa mère – Dieu ait son âme – la lui a transmise. Si jamais une guerre ou une querelle éclate sur l'île, la descendante d'Aeife devra saisir une épée et s'en servir pour défendre sa terre et son peuple.

Eva entrouvrit la porte et se sauva.

1

Argyll, Écosse, printemps 1428

Cette sauvageonne, aussi douce qu'insoumise, ne serait jamais à lui. Lachlann MacKerron le savait, il l'avait toujours su. Pourtant, il s'arrêta de travailler et s'appuya contre le chambranle de la porte de la forge, afin de l'observer.

Eva MacArthur, fille du chef du clan, discutait dans la cour avec la mère adoptive de Lachlann, qui venait de perdre son mari, et à qui elle portait du fromage et des galettes d'avoine. Depuis la mort du forgeron, les voisins venaient manifester leur sympathie à la veuve, mais seule Eva lui rendait visite chaque semaine.

À l'intérieur de la forge, le morceau d'acier dans le feu attendrait. Lachlann soupira. Le soleil faisait briller les cheveux d'Eva, et ses yeux avaient la couleur gris-vert des ciels d'orage. Il admira son corps svelte ; elle n'était pas grande, mais tout dans sa personne exprimait la grâce et la force.

Enfants, lorsqu'ils couraient ensemble dans les collines avec ses frères et ses cousins MacArthur, elle parvenait souvent à le distancer. Et il était convaincu qu'elle le ferait encore, s'il lui en venait la fantaisie. Ces dernières années, la féminité avait quelque peu tempéré son intrépidité, ce qui ne la rendait que plus séduisante. Elle ferait, il en était sûr, une bonne épouse – mais elle n'était pas pour lui.

La fille unique d'un chef ne pouvait pas épouser le fils adoptif d'un forgeron, même s'il était d'une naissance beaucoup plus noble que ce que tout le monde croyait. Les secrets que lui avait révélés son père adoptif, sur son lit de mort, l'avaient à jamais transformé. Son passé, son identité, son avenir avaient été radicalement bouleversés, et le poids de cette révélation était difficile à supporter.

S'arrachant à ces pensées, il regarda Eva en conversation avec sa mère adoptive. La vie de la jeune fille allait changer. Son père, le chef des MacArthur, voulait la fiancer et n'envisageait comme parti que des hommes puissants et influents, des chefs de clans ou des fils de chefs de clans.

Les nouvelles ne tardaient jamais à atteindre la forge ; Lachlann n'y prêtait généralement pas attention, mais quand il s'agissait du mariage d'Eva, son oreille se faisait attentive. À en croire la rumeur, le père de la jeune fille penchait pour un Campbell, conseiller du roi, un homme beaucoup plus âgé qu'Eva. Lachlann aurait dû être heureux pour elle, mais il n'en était rien. Il avait ses raisons pour ne pas aimer ce Campbell.

Eva se retourna et lui sourit, et il en fut illuminé comme par un rayon de soleil. Depuis plusieurs semaines, il était en proie au plus grand désarroi, mais ce sourire l'emplit de joie. Il lui répondit par un bref signe de tête et s'essuya les mains sur le tablier de cuir qui couvrait son tartan. Sous le regard clair d'Eva, il se sentit soudain empoté. Trop grand, trop large d'épaules dans l'embrasure de la porte. Ses cheveux bruns lui tombaient sur les yeux, et il les repoussa en arrière de ses longs doigts, gris de cendre.

Après avoir embrassé la vieille femme, Eva prit congé, et Lachlann retourna dans le havre obscur de la forge, où le feu rougeoyait. Le travail l'attendait.

Il quitterait bientôt Balnagovan et le loch Fhionn. Lorsque leurs chemins se croiseraient de nouveau, d'ici plusieurs années, Eva ne lui sourirait plus du tout. Elle lui en voudrait pour ce qu'il devait faire.

Mais il ne pouvait se soustraire à son devoir de vengeance – même si l'homme qu'il considérait comme son ennemi et dont, jusqu'à récemment, il avait peu entendu parler, devait devenir le mari de la jeune fille...

Tandis que Lachlann se tournait vers la forge, Eva apparut sur le seuil. L'ouverture de la porte découpait un rectangle lumineux, et l'ombre de la jeune fille lui effleurait les pieds. Il recula.

— Bonjour, Lachlann MacKerron.

Sa voix avait la douceur du miel.

— Bonjour, Eva MacArthur. Je te remercie de rendre si souvent visite à ma mère. Elle apprécie ta gentillesse.

— Nous l'aimons tous, et regrettons la disparition de ton père adoptif. Finlay MacKerron était un brave homme. Mon père pleure en lui l'armurier de valeur, mais il est convaincu que tu seras aussi bon, sinon meilleur. Il admire les lames que tu lui as faites.

— Remercie-le de ma part.

Le soleil couchant dessinait autour de la tête d'Eva un halo de feu, qui mettait en valeur sa beauté.

— J'ai entendu dire que tu quitteras bientôt l'Écosse. Avec mes cousins MacArthur, pour rejoindre l'armée du roi, peut-être même en France pour y combattre les Anglais.

— C'est le moyen pour les Écossais d'acquérir des terres et des titres.

— Au prix d'une guerre implacable, qui n'est pas leur guerre.

— Pour certains, c'est le seul moyen d'obtenir des privilèges. Et je dois trois ans de service pour la location de Balnagovan.

— Tu ne peux pas t'en acquitter d'une autre façon ? Maintenant que ta mère est veuve, ne devrais-tu pas rester auprès d'elle ?

— Je ne peux pas choisir la façon d'accomplir mes obligations. C'est la Couronne qui fixe les règles. La sœur de Muime viendra s'installer ici, avec sa fille et ses petits-enfants.

— Tu seras parti longtemps ?

— Qui sait ? répliqua-t-il avec un haussement d'épaules. En cas de besoin, ton père fera appel au forgeron de Glen Brae, de l'autre côté du loch.

— Jusqu'à ton retour.

Elle entra dans l'atelier et s'avança vers lui. Lachlann recula.

— Je reviendrai peut-être, dit-il.

— Tu reviendras.

S'approchant de la forge, elle s'arrêta à son côté et leva les yeux. Son visage était auréolé d'une lumière dorée qui faisait ressortir l'éclat de ses yeux. Son sourire était taquin, charmeur. Il l'observait en silence, brûlant d'un désir soudain.

— Comment peux-tu quitter cette belle vallée, avec son loch et ses légendes ? demanda-t-elle.

Si, à son retour, elle était la femme de Colin Campbell, sa sinistre mission détruirait la vie d'Eva ; il fronça les sourcils à cette pensée et détourna la tête pour masquer sa contrariété.

— Comment, en effet ? J'ai du travail, grommela-t-il en enfilant un gant de cuir. Dis à ton père que je terminerai les armes et l'armure que Finlay, en mourant, a laissées inachevées. Elles seront prêtes pour le 1er mai, quelques jours avant mon départ, et je les apporterai à Innisfarna. Je lui saurais gré de payer ce qu'il doit à ma mère.

— Je le lui dirai. Mais pour les finir seul, en si peu de temps, tu devras travailler comme un forcené.

— Ça m'est égal.

— Ce sont les armes ? s'enquit-elle en désignant un tas d'acier qui étincelait dans la pénombre.

— En partie.

Il fit un pas dans sa direction et saisit, au-dessus de sa tête, le manche de corne du grand soufflet. Il s'immobilisa, le bras en l'air, et la regarda. Il ne pouvait pas l'attraper sans lui demander de s'écarter, mais il ne voulait pas qu'elle s'en aille.

— Eh bien, murmura-t-elle en suivant du regard son bras musclé, il faut que je parte...

— Mes félicitations, lança-t-il d'un ton guindé. J'ai entendu dire que tu vas te marier.

Elle haussa les épaules et, à la lumière de la forge, ses joues prirent une teinte dorée.

— Mon père y tient. Il dit m'avoir laissé beaucoup de liberté, mais lors de mon mariage, il choisira pour le bien du clan.

— Et qu'en penses-tu, mon amie ? Toi qui aimes tant ton indépendance et ne t'es jamais laissé dicter ta conduite, dit-il avec un petit sourire.

— En tant que fille du chef des MacArthur, je sais quels sont mes devoirs. J'aime mon père et les miens. Et notre clan connaît des temps difficiles, car le roi est mécontent des Highlanders. Si ce mariage peut servir mon clan... je me marierai.

— Ah ! fit-il, tenant toujours le manche du soufflet au-dessus de la tête d'Eva.

— Je t'empêche de travailler. Au revoir, Lachlann. J'espère te revoir avant ton départ. Sinon, ajouta-t-elle sans le quitter des yeux, que Dieu bénisse ton voyage.

— Et que Dieu te bénisse, Eva ! murmura-t-il.

Elle le fixa avec émotion. Ses yeux rayonnaient de confiance et de loyauté. La chaleur de la forge faisait tourbillonner l'air autour d'eux. Il se sentit irrésistiblement attiré vers elle.

Jamais plus il ne serait seul ainsi en sa compagnie, songea-t-il. Il devait cesser de l'aimer, mais ce sentiment demeurait intact au plus profond de lui-même.

Une fois, une seule fois, il voulait en goûter la pureté…

Il se pencha pour effleurer ses lèvres.

Sa bouche était chaude et douce. Il soupira, et elle soupira aussi, appuyée contre lui, la main sur son torse. Il se sentit soudain tout faible et brûlant. De sa main libre, il la prit par la taille, l'attira plus près et l'embrassa à nouveau. Elle poussa un petit cri, joyeux et étonné.

Elle était merveilleusement confiante, mais un jour il pourrait faire son malheur, se rappela-t-il. Cet instant de joie deviendrait alors un souvenir amer, pour l'un comme pour l'autre. Il la lâcha.

— Au revoir, Eva, chuchota-t-il. Mon amie à jamais.

Il aurait dû lui demander pardon, mais comment regretter ce simple baiser ? Cela ne se reproduirait pas.

Elle avait les yeux brillants, le souffle court, les lèvres entrouvertes : elle était loin de lui en vouloir.

— Était-ce là… un gage d'amitié ? s'enquit-elle.

— Si on veut.

Il lui adressa un sourire désinvolte. S'il avait osé, il lui aurait ouvert son âme. Mais il n'y était pas prêt, ni maintenant ni jamais.

— Merci pour ce gage, dit-il.

Il tira enfin le manche du soufflet, et un long soupir s'exhala dans le foyer de la forge. Les flammes vacillèrent. Quand Lachlann se redressa, Eva se tenait dans l'embrasure de la porte. À l'aide de pinces, il souleva le morceau d'acier du lit de braises. Le métal rayonnait d'une couleur jaune pâle.

Elle resta encore quelques instants, puis partit. Il n'eut pas à lever les yeux ; il savait qu'elle n'était plus là. Il le sentait. Tandis qu'il se concentrait sur son travail, ses mains tremblaient un peu.

Il remit la lame dans le feu et regarda le jaune tourner au marron foncé. Une fois terminé, ce poignard serait robuste et équilibré, aussi beau que ceux fabriqués du temps de son père adoptif.

Une fois de plus, il travaillerait jusque tard dans la nuit. Les couleurs changeantes du métal, indiquant ses transformations, étaient plus frappantes dans l'obscurité. Tout jeune, il était devenu maître forgeron ; il pouvait facilement satisfaire aux commandes, mais les conseils généreux et la compagnie de Finlay lui manquaient, à la forge comme à la maison.

Le cœur serré, il contempla le tas d'armes dans le coin ; certaines pièces révélaient l'adresse de son père adoptif. Ces dernières semaines, la fabrication d'armes avait été un puissant remède à son chagrin. La chauffe du métal, son martelage, sa mise en forme, sa trempe permettaient à Lachlann de tout oublier.

À présent, il avait autre chose à oublier. Mais il savait qu'il n'oublierait jamais ce tendre baiser.

Naguère, quand la vie était paisible et l'avenir tout tracé, il avait envisagé de façonner, un jour, de belles épées dans sa propre forge – il avait même osé rêver d'une jolie épouse, fille de chef. Mais Finlay était tombé brutalement malade et avait révélé à Lachlann des secrets qui appelaient la vengeance.

Il lui avait également confié, de sa voix mourante, le secret le plus soigneusement gardé des MacKerron, passé de génération en génération : l'art de forger une lame magique.

En tenant le métal dans les braises, le jeune homme regardait le brun tourner au pourpre, signe du plus haut degré d'incandescence. Il souleva la lame et la plongea dans un baquet d'eau salée. Le métal grésilla et le liquide bouillonna.

Il fronça les sourcils avec un soupir. Pour Eva, il était un ami d'enfance, le garçon du forgeron qui ferrait son poney et réparait les armes de son père. Mais s'il tuait son mari, il deviendrait le destructeur de son bonheur. Elle le maudirait de toute son âme.

Il plongea la lame brûlante dans le feu et l'aspergea de sable blanc, ramassé à la nouvelle lune pour ajouter du brillant à l'acier. Les particules de sable étincelèrent et se répandirent comme une pluie d'étoiles. Le ramassage du sable était un autre secret de son art.

Les armes seraient bientôt terminées, et il partirait. Mais avant de revenir en Écosse, il devrait durcir son cœur comme le plus solide des métaux.

2

— Viens avec nous, Eva, l'encouragea Margaret. C'est la nuit du 1er mai, et nous sommes libres de courir les collines et de faire ce qui nous chante jusqu'à l'aube. Ne rentre pas si tôt. Viens avec nous à la colline enchantée, faire rouler des miches de pain sur la pente : si elles arrivent en bas, côté brûlé au-dessus, c'est que nous nous marierons bientôt !

Eva remarqua, derrière sa cousine, ses deux frères qui attendaient sous les arbres, au bord du loch.

— Je ne suis pas d'humeur à m'amuser, répliqua-t-elle en secouant la tête. Que pourrait m'apprendre le présage du pain ? Mon père a décidé de me marier à Green Colin Campbell. Va, Margaret, ils attendent. Je vais demander à Alpin de traverser.

— Bon, soupira Margaret, si c'est ta volonté. De plus, tu sais déjà qui tu épouseras... J'aimerais connaître mon grand amour. Peut-être apprendrai-je ce soir de qui il s'agira. Peut-être les vents me le souffleront-ils...

— On ne peut pas dire que Colin Campbell soit mon grand amour. Il veut mon île, c'est tout, murmura Eva en tournant les yeux vers les lumières du château d'Innisfarna qui brillaient au milieu du loch. Mais mon père prétend que son influence servira les intérêts de notre clan.

— Il a la faveur du roi, et il t'aime. Il t'a même donné un chiot d'une de ses portées. Ce ne sera pas un mari désagréable, il est plutôt beau. Moi, je l'épouserais volontiers.

Eva sourit en pensant à Grainne, le minuscule terrier gris que Colin lui avait offert, lors de sa dernière visite à Innisfarna. Mais au souvenir de cet homme autoritaire et bourru, elle fronça les sourcils.

— Eh bien, épouse-le et je garde le chiot, car il a meilleur caractère que lui... Va, Margaret, ils t'attendent. Angus, le fils du charpentier, est avec eux. Je crois qu'il t'aime bien.

— Angus est un farceur. Oh, à qui parlent tes frères ? Le fils du forgeron ! chuchota-t-elle. J'espérais bien qu'il viendrait avec nous !

Le cœur d'Eva bondit. Elle remarqua en effet que Lachlann, qui dépassait tous les autres par la taille, s'était joint au groupe. À côté de lui, elle aperçut la silhouette de son jeune lévrier blanc.

— Je pourrais peut-être persuader Lachlann de me rejoindre plus tard sur la lande, dit Margaret. Eva, tu crois qu'il m'aime un peu ? Pour moi, c'est le plus bel homme de tout l'Argyll, glousse-t-elle.

— Il sera bientôt le plus bel homme de France, ironisa Eva. Il part dans deux jours avec mes cousins.

— Comment pourrais-tu comprendre ce que j'éprouve ? Il est comme un frère, pour toi !

— En effet, murmura Eva, qui comprenait parfaitement l'attirance de sa cousine.

Bien que le baiser de l'autre jour n'ait été qu'un gage d'amitié, il l'avait atteinte jusqu'au fond du cœur. Elle avait toujours considéré Lachlann comme un ami très cher, mais l'élan qui les avait poussés l'un vers l'autre avait ouvert une porte – et elle ignorait ce qu'il y avait derrière.

— Je suis certaine qu'il t'aime, assura-t-elle à Margaret. Comment ne t'aimerait-il pas ? Tu es charmante et ravissante.

— Ma mère étant veuve, je dois me trouver un mari. J'ai une maigre dot, mais mes cinq frères pourraient aider mon futur époux...

— Une bonne fortune t'attend sûrement, par une nuit comme celle-ci. Bonsoir.

Elle embrassa sa cousine et s'éloigna, ses chaussures de cuir s'enfonçant légèrement dans le sable. Margaret rejoignit les autres, et Eva les entendit bavarder près des arbres. Elle se retourna en reconnaissant le rire de Lachlann. Mais il discutait avec Margaret et ne regarda pas dans sa direction.

Le vent balayait la plage. Seul l'éclat des étoiles se reflétait sur la surface du loch. Des torches brillaient sur les collines, et elle entendit des rires et des chants portés par le vent. Elle soupira.

Le 1er mai, les jeunes gens célibataires allaient en groupes ou en couples fêter la venue du printemps. Or elle était seule, sans « grand amour », comme disait Margaret, car elle devait épouser l'homme choisi par son père.

Des vaguelettes clapotaient à ses pieds, et les flots noirs étincelaient. Au milieu du loch, les lumières d'Innisfarna brillaient. Depuis des générations, son île, que l'on prétendait avoir été occupée autrefois par des fées, passait de mère en fille. Eva avait dix ans quand sa mère, en mourant, la lui avait léguée.

L'île, le château et l'ancien trésor – *Claidheamh Soluis*, l'Épée de Lumière – étaient maintenant sous sa garde. L'épée légendaire marquait la frontière entre les royaumes terrestres et féeriques ; pour qu'il n'arrive pas malheur à l'Écosse, le seuil magique devait rester sous la protection de la dame d'Innisfarna.

Elle se plaça face au vent et mit ses mains en porte-voix pour appeler. Alpin MacDewar, cousin de sa défunte mère et vieux compagnon d'armes de son père, ne tarderait pas à arriver. Elle l'avait toujours connu assurant la traversée du loch, mais il était davantage pour elle un oncle qu'un serviteur.

Son père, chef de clan, avait ses propres terres, mais Eva préférait l'île de sa mère. Elle aimait son grand château de pierre et ses vieux aulnes, et elle aimait les parents et les amis qui vivaient dans la vallée.

À Innisfarna, elle se sentait en sécurité. Elle ne pourrait vivre nulle part ailleurs.

Le bouillonnement du loch et le sifflement du vent formaient une musique harmonieuse qui semblait lui dire : *Eisg, o eisg*... « Écoute, oh écoute... » Elle en eut la chair de poule, car c'était le cri de guerre des MacArthur. Elle crut un moment que le ciel s'ouvrait pour lui transmettre quelque révélation. Elle attendit, immobile.

Eisg, o eisg, répétèrent le vent et l'eau. *Lachh... lannn.*

Le nom résonna, distinct, et elle sentit frémir son âme. *Lachlannnn*...

Elle secoua la tête. C'était à n'en pas douter le désir de quelque chose de merveilleux, différent du mariage projeté par son père, qui s'était exprimé. Le vent avait-il prononcé le nom de son « grand amour » ? Elle avait envie de rire.

Elle avait envie de pleurer.

Comme des voix lui parvenaient, elle se retourna. Les autres quittaient la plage. Et Lachlann se dirigeait vers elle, seul. Son cœur battit plus vite.

En cette nuit de nouvelle lune, il venait sur la plage ramasser du sable blanc pour le travail de l'acier ; il espérait y trouver paix et solitude, même en ce 1er mai. Mais quand il vit Eva, son désir de solitude s'évanouit.

Heureux que ses amis fussent partis, Lachlann, son seau à demi plein de sable, siffla sa chienne Solas. Occupée à renifler le long de la plage en remuant la queue, celle-ci l'ignora comme à son habitude. Il l'appela de nouveau. Solas se tourna vers lui, puis s'éloigna en gambadant.

Au lieu de la gronder, il rit et suivit la forme blanche de la chienne. Repérant un bâton, il le lança sur la plage pour qu'elle le lui rapporte. Elle était vive et intelligente, mais n'en faisait qu'à sa tête, et elle ne serait jamais bien dressée, car son maître allait l'abandonner. Solas deviendrait le chien de compagnie de sa mère adoptive ; Lachlann se félicitait de laisser à Mairi MacKerron un compagnon et un protecteur fidèle.

À quelque distance devant, Eva faisait face au loch embrumé. Elle tourna la tête vers lui, puis regarda de nouveau les flots qui écumaient à ses pieds. Lachlann ralentit le pas, ne sachant que faire.

Il se sentait irrésistiblement attiré par elle, comme il l'avait toujours été. Dans leur enfance, lorsqu'il folâtrait dans les collines avec Simon et Donal MacArthur, ses meilleurs amis, leur turbulente sœur se mêlait souvent à leurs jeux, rivalisant d'espiègleries.

Au souvenir de toutes les courses qu'elle avait gagnées devant les trois garçons, il sourit.

Puis, un jour, il avait compris qu'il l'aimait. Il ne savait pas comment c'était arrivé, mais la force de cet amour l'avait ébloui. Elle était devenue une ravissante jeune fille, forte et volontaire, tendre et imprévisible…

Comme Solas le dépassait tel un éclair, il siffla de nouveau en allongeant le pas. Eva se retourna au moment où la chienne la frôlait.

— Heureusement qu'elle est blanche, dit-elle. Sinon, tu la perdrais dans la nuit.

Il s'arrêta près d'elle.

— Mais toi, Eva mon amie, tu pourrais courir assez vite pour la rattraper, je n'en doute pas une seconde, répliqua-t-il.

— Je n'en doute pas non plus, dit-elle en souriant. Je pensais que tu irais avec les autres…

— Cette fête n'est pas pour moi. Je viens ramasser du sable pour l'acier. Tu as appelé Alpin ?

— Oui, mais je ne crois pas qu'il m'ait entendue, à cause du vent.

— Il doit dormir dans sa petite chaumière, sur l'île. Il faut que tu te serves de la corne de bélier pendue à un arbre, sur l'autre plage. Si tu veux, je t'y accompagne.

Elle le regarda, et il se demanda ce qu'elle pensait, si elle devinait ses sentiments. Imbécile qu'il était, il aurait dû aller son chemin ! Seule la distance calmerait les battements de son cœur.

— Je ne veux pas te retenir, murmura-t-elle.

— Retiens-moi, dit-il, regrettant aussitôt la légèreté de sa remarque. Je ne suis pas pressé, corrigea-t-il en marchant à son côté.

— L'eau est si noire, cette nuit. La brume la recouvre comme des ailes de fées. Ça me fait penser à la légende et à l'Épée de Lumière, qui repose au fond de l'eau.

— Ah oui, le conte d'Aeife… C'était l'un de mes contes préférés. Quand j'étais petit, je pensais que la chute de cette épée dans l'eau était une grande tragédie. Les lames magiques sont difficiles à obtenir.

— Tu sais le travail qu'exige la fabrication d'une épée. C'était la coutume, à l'époque, de jeter une épée dans l'eau pour marquer la fin d'une querelle. D'après la tradition, les MacKerron faisaient autrefois des lames magiques.

— Il y a bien longtemps, raconta-t-il, un jeune MacKerron fut enlevé par les fées. Son père le chercha pendant des années. Quand enfin il le retrouva, le garçon travaillait dans une forge féerique, où l'on confectionnait des lames magiques. Ils rentrèrent chez eux, et le fils gagna bien sa vie à fabriquer ces armes.

— Si tu connaissais son secret, tu gagnerais bien ta vie, toi aussi, et tu n'aurais pas besoin d'aller en France pour devenir chevalier.

Il détourna le regard, car ces yeux couleur d'orage le perçaient souvent avec trop de clairvoyance.

— J'irai de toute façon, grommela-t-il.

— On prétend qu'il ne faut pas troubler la paix de l'Épée de Lumière, dit-elle en s'arrêtant. Tu sais ce qui arrivera, si Innisfarna n'est plus sous la garde d'une descendante d'Aeife ?

— Un désastre.

— La dévastation des Highlands. Et la disparition de ses coutumes. Seule une femme possédant Innisfarna peut l'éviter.

— Tu y crois ?

— C'est une puissante légende, et je ne sais pas très bien ce que je crois. Mais je sais que je dois garder Innisfarna contre vents et marées, et la transmettre un jour à ma fille. Si je n'ai que des fils, elle passera à ma petite-fille.

— Un jour, tu auras une fille aussi jolie que toi... et que la princesse Aeife, ajouta-t-il pour se rattraper.

Il passa le seau dans son autre main.

— J'espère avoir une fille, soupira-t-elle. Lachlann, pourquoi ramasses-tu du sable par une nuit si noire, plutôt que pendant la journée ?

— Le sable blanc est excellent pour durcir l'acier, et meilleur encore ramassé à la nouvelle lune.

— Tu vas faire des épées avec ce sable ?

— Une seulement. Je dois achever ma propre lame, avant de partir pour la France dans deux jours.

— Quand seras-tu de retour ?

— Je ne sais pas... Le brouillard s'épaissit, constata-t-il en regardant le loch. Jamais Alpin MacDewar ne te verra ici.

— Et il n'entend plus très bien.

— C'est ce qu'il dit, quand ça l'arrange.

— Tu connais bien Alpin ! commenta-t-elle en riant.

— Il n'en fait qu'à sa tête, mais nous partageons le même goût pour les belles armes. Autrefois, il était une fine lame. Il nous a appris, à tes frères et à moi, le maniement de l'épée.

Solas arriva comme une flèche et sauta sur Eva, arrachant la broche d'argent qui retenait son châle. La jeune fille la rattrapa.

— Oh, s'exclama-t-elle, l'agrafe est cassée.

— Montre-moi.

Il manipula la broche avec précaution, puis l'épingla dans le lainage, effleurant la poitrine d'Eva.

Même à travers plusieurs couches de tissus, elle était chaude, ferme et délicieuse. Fouetté par le désir, il retira vivement sa main.

— Apporte-la à la forge, je l'arrangerai mieux, ajouta-t-il.

— Le forgeron est aussi orfèvre ?

— Il faut chauffer le métal et le reformer. Je peux le faire.

— C'est une pitié de voir un tel talent partir pour la France, dit-elle en cherchant son regard. Nous avons besoin d'un bon forgeron, à Balnagovan.

— Vraiment ? murmura-t-il, le cœur battant, la gorge sèche.

Il brûlait de la toucher, de l'embrasser. Le silence les enveloppait comme le brouillard roulant sur le loch.

— Je… je devrais y aller, murmura-t-elle enfin. C'est ma dernière fête du 1er mai. L'année prochaine, je serai… mariée.

L'année prochaine, il serait peut-être en France – s'il était toujours vivant. Il rentrerait alors au pays pour faire d'Eva une veuve. À cette horrible pensée, si déplacée, il déglutit.

— Nous devrions nous dire bonsoir, décréta-t-il. Il est tard.

— Pas de baiser d'adieu ? s'enquit-elle timidement.

— Je t'en ai donné un l'autre jour, souffla-t-il, et j'aurais dû t'en demander pardon… Tu en veux un autre ? fit-il d'un ton léger, bien que son cœur battît la chamade.

— Oh… oui, acquiesça-t-elle, éblouie.

Emporté par une force qui le dépassait, il l'attira vivement à lui. Ses lèvres étaient douces sous les siennes ; sa taille souple sous ses mains. Naturellement, elle noua les bras autour de son cou.

Brûlant de désir, malgré la voix intérieure qui le mettait en garde, il caressa la courbe de son dos.

Arrête. Il voulut s'écarter.

— Eva...

Les lèvres de la jeune fille étaient avides sous les siennes, ses mains brûlantes à travers la chemise de lin et le tartan ceinturé. Ivre de désir, il lui donna un baiser hâtif, puis s'écarta dans un ultime acte de volonté. Appuyé front contre front, la tenant par la taille, il essayait de reprendre son souffle.

— Eva...

— Chut, murmura-t-elle. Ne parle pas. Ne mets pas fin à ce rêve.

Elle lui toucha le nez avec le sien, invitation à un autre baiser.

— Quel rêve ? dit-il.

— Le mien. Lachlann... J'aimerais savoir... ce qu'est l'amour. Je crois que je ne le saurai jamais, à moins que tu me le montres, cette nuit...

Il n'aurait pas été plus surpris, si elle l'avait frappé avec le plat d'une lame.

— Tu le sauras bientôt, répliqua-t-il, prenant son visage dans ses mains.

— Écoute-moi, oh, écoute...

Bien que cette invocation lui fût familière, il avait l'esprit trop embrumé pour la saisir.

— C'est peut-être fou de ma part, poursuivit-elle, mais... cette nuit, c'est le 1er mai, la fête de la vie, de la jeunesse, où seul importe l'amour.

— Eva, protesta-t-il, tu seras bientôt mariée.

— Je ne suis pas encore engagée. Et si j'étais libre de choisir mon futur mari, c'est toi que je choisirais.

L'attirant à lui, il glissa les doigts dans sa chevelure. Sa natte se défit et ses cheveux se répandirent sur ses épaules. Il reprit sa bouche en un baiser passionné. Le plaisir et l'ardeur qu'elle manifestait ne firent que l'enflammer davantage.

Il s'esquiva.

— Si on ne s'arrête pas tout de suite, je devrai faire appel à ton pardon, grommela-t-il.

— Je te pardonnerai tout, fit-elle contre ses lèvres. Tu me trouves folle ?

— Pas du tout.

Elle se dressa sur la pointe des pieds et se fondit à lui, délicieusement consentante. Consumé de désir, il était prêt à abandonner toute prudence, pour percer avec elle le mystère qui les unissait.

Mais la lumière se fit soudain dans son esprit. Il l'éloigna résolument de lui.

— Cela dépasse le simple baiser d'adieu, dit-il, le souffle court. Tu connaîtras l'amour bien assez tôt, mais pas ici, pas comme ça.

— Je te préfère à... haleta-t-elle en lui saisissant les poignets.

— Mon amie, pas comme ça...

— Lachlann, tu ne veux donc pas t'engager avec moi ?

— Eva, fit-il, soupçonneux. Essayerais-tu, par ce moyen, d'éviter le mariage que ton père veut pour toi ?

— Cela ne m'a pas effleurée.

— Et que ferait ton père ? demanda-t-il d'un ton amer. Un fils de forgeron touchant sa fille... Il me tuerait et t'enfermerait ! Rentre chez toi, Eva.

— Je ne voulais pas te mettre en colère. Je voulais seulement... j'espérais...

— Tu espérais que j'étais un ami ? En te disant de rentrer chez toi, je suis un ami meilleur encore. Tes frères, ton père, et ton *ami* (il se frappa violemment la poitrine) ne veulent pas te voir déshonorée.

— Je sais, fit-elle tristement.

— Ce n'est que folie du 1er mai, Eva. C'est dans l'air. Les filles font rouler des pains pour découvrir leurs amoureux, et elles espèrent être courtisées.

— Mais…

— Chut, fit-il, posant un doigt sur sa bouche, encore chaude de leurs baisers, et écartant une boucle de sa joue. Écoute-moi. Évidemment que je te désire. Je suis un homme, tu es ravissante. Mais nous ne pouvons pas faire ça, tu comprends ?

Il la désirait violemment, et devait lutter pour ne pas prendre ce qu'elle lui offrait avec innocence. Il ne voulait pas qu'elle cède à une passion fugitive. Il voulait qu'elle réponde à son amour, corps et âme. S'il y avait le moindre espoir, il partirait le cœur léger et attendrait aussi longtemps que nécessaire.

Il ne voulait pas la blesser par une étreinte hâtive. Ce qu'il ressentait était trop fort. Il devait maîtriser son désir, l'étouffer si nécessaire.

— Un baiser peut-il être un engagement ? demanda-t-elle.

— Parfois. Et parfois, c'est la fièvre du 1er mai. Parfois aussi, c'est une manière d'échapper à d'autres fiançailles…

— Ce n'était pas mon idée, assura-t-elle avec hauteur.

— Eva, à mon retour de France, si tu le veux toujours, et si ton père est d'accord, nous pourrons nous engager, dit-il avec un calme qu'il n'éprouvait pas. Si tu n'es pas déjà mariée.

— Oh ! fit-elle en baissant les yeux.

Elle se sentait repoussée, il le savait et le lui laissa croire. C'était mieux, pour l'un comme pour l'autre.

La sonnerie d'une corne de bélier déchira le silence.

— On appelle Alpin de l'autre plage, dit-il.

L'écho renvoya le nom d'Eva.

— C'est Simon et Donal. Il faut que j'y aille! s'exclama-t-elle. Mon bon ami, chuchota-t-elle en déposant un baiser sur sa joue.

Ami. C'était mieux ainsi. À son retour, il verrait où en était Eva. Si elle l'attendait toujours et le désirait sincèrement, il en rendrait grâces au Ciel.

— Alors, va, dit-il. Je t'accompagne.

Comme la corne retentissait à nouveau, Eva se tourna vers lui.

— S'ils nous voient ensemble, vont-ils croire...

— Pas eux, assura-t-il.

Elle hésita.

— Lachlann, je... je suis désolée de t'ennuyer avec mes bêtises.

— Ne t'en fais pas.

Elle attendit, puis reprit sa marche, gênée et déçue. Elle espérait autre chose, mais il ne lui avait offert que son amitié. Elle traversa le bouquet d'arbres qui séparait les deux plages, sans regarder en arrière, bien qu'elle sût que Lachlann la suivait.

Simon l'aperçut tandis que Donal raccrochait la corne de bélier à une branche d'arbre. Ses frères accoururent, leurs têtes brunes et leurs tartans identiques dans la nuit.

— Te voilà donc! s'exclama Simon. Tu n'es pas restée où nous t'avions laissée, et nous avons vu arriver le bateau d'Alpin.

— Je me promenais.

— Heureusement que tu es avec elle, Lachlann, dit Donal. Avec toi, elle n'a rien à craindre. Le 1er mai, les filles non mariées doivent prendre garde, si elles ne veulent pas se marier plus vite que prévu!

La jeune fille entendit des clapotements et regarda vers le loch. Une lumière jaune flottait sur les eaux noires, et un bateau apparut, une lanterne accrochée à une perche.

— Ce sont les jeunes MacArthur ? appela Alpin en abordant.

— Oui, c'est nous, répondit Donal. Eva et Lachlann sont avec nous.

Ils s'approchèrent du rivage. Alpin échoua la proue de la barque, ses larges épaules et sa tignasse blanche se découpant dans le halo doré.

— Montez vite, dit-il en les invitant d'un geste, car il est tard et je suis vieux.

Il aida Eva à enjamber le bord du bateau, et elle s'assit sur un banc. Tandis que ses frères embarquaient à leur tour, Alpin s'adressa à Lachlann :

— Je ne t'emmène pas à cette heure de la nuit, mon garçon.

— Je suis seulement venu dire au revoir aux MacArthur et à toi, Alpin MacDewar.

— Ah ! Bonne chance en France, mon garçon. Nous prierons pour toi. Maintenant, rentre chez toi. C'est de la folie d'être dehors par une nuit si noire.

Alpin s'assit, et le bateau oscilla.

— Au revoir à tous, lança Lachlann. Eva... ajouta-t-il plus bas.

— Que Dieu te garde, murmura-t-elle.

La lumière de la lanterne donnait à ses cheveux noirs l'éclat du bronze. Elle brûlait de se jeter dans ses bras.

— Tu es restée avec tes frères et tes cousins, comme on t'avait dit de le faire ? demanda Alpin en prenant les rames. Ou bien as-tu vagabondé et fait des bêtises, comme à ton habitude ?

Sous son regard à la fois sévère et tendre, elle fronça les sourcils.

— Eva était avec Lachlann, intervint Simon. Elle était en sécurité.

— Bah ! Est-on en sécurité, un 1er mai ? marmonna le vieillard.

— Lachlann aime Eva comme une sœur, dit Simon.

— Vraiment ? grommela Alpin.

— Comment voudrais-tu que je l'aime ? demanda Lachlann.

— Pousse-nous donc, forgeron, grommela Alpin. Ne reste pas planté là, les bras ballants !

Lachlann poussa la barque dans l'eau. Alpin actionna les rames et s'enfonça dans le brouillard et la nuit. Eva n'aperçut bientôt plus le rivage ; seule était encore visible la tache claire de la chemise de Lachlann, s'attardant au bord du loch.

Ces quelques instants de passion l'avaient laissée frémissante et le cœur battant.

Les rames s'enfonçaient dans les flots et l'embarcation glissait sur la surface. Dans la nuit, le monde se réduisait au halo de lumière projeté par la lanterne. Alpin ramait, et ses frères étaient silencieux.

Eva regarda une dernière fois par-dessus son épaule. Cette fois, elle ne vit que la nuit. Lachlann était parti.

3

— Du vin, réclama Colin.

Assis dans la salle haute d'Innisfarna, sur le siège qu'occupait d'habitude Iain MacArthur près de l'âtre, il tenait d'une main un bol de ragoût et de l'autre une cuillère, qu'il s'enfournait avec régularité dans la bouche.

Eva remplit à nouveau sa coupe et la lui tendit. Elle se demandait, tandis qu'il la vidait, ce qui l'amenait ici. À son arrivée, elle l'avait prévenu que Iain MacArthur était parti, quelques semaines plus tôt, avec Donal pour Inverness, où le roi Jacques réunissait les chefs des Highlands.

Colin semblait être au courant, mais n'avait toujours pas donné la raison de sa venue. Eva lui avait, par courtoisie, offert à boire et à manger, et attendait avec impatience ses explications.

Elle le regardait manger. C'était un bel homme, solidement charpenté, au teint coloré et aux cheveux encore blonds, bien qu'il eût dépassé cinquante ans. Il était habillé à la mode des Lowlands, d'une tunique aux genoux, de chausses et de bottes de cuir ; sa houppelande était coupée dans un tartan rouge et vert, et il portait sur l'épaule une pierre verte qui étincelait comme un œil de chat au milieu d'un anneau d'étain.

On l'appelait Green Colin, et Eva se demandait si c'était à cause de la broche dont il ne se séparait jamais. Si elle s'était sentie plus à l'aise en sa présence, elle lui aurait posé la question.

Enfermée depuis des mois à Innisfarna, elle s'opposait farouchement à son père qui voulait la marier à Colin Campbell. Elle avait réussi jusqu'à présent à conserver sa liberté, mais savait que Iain MacArthur n'était pas prêt à céder.

Sans rien dire à personne, elle gardait au fond de son cœur l'espoir qu'à son retour, Lachlann MacKerron demanderait sa main, comme il l'avait laissé entendre. L'arrivée impromptue de Colin n'augurait rien de bon pour elle.

À son côté, la petite chienne que Colin lui avait offerte aboyait et tirait sur le bas de sa robe.

— Suffit, Grainne ! fit-elle en la prenant dans ses bras.

— Elle sent peut-être un rat, dit Colin. Les chiens terriers sont bons pour attraper des rongeurs, et ils poursuivent les renards jusque dans leurs repaires. Si vous ne la gâtez pas, elle pourra être utile.

— Elle est encore jeune.

Grainne lui lécha le menton et Eva tourna la tête en gloussant.

— Je vous remercie de me l'avoir donnée, ajouta-t-elle. Elle est adorable.

— C'est une idée de mon fils, marmonna-t-il en mâchant.

Elle le regarda avec un intérêt nouveau.

— Comme c'est gentil à lui... Vous ne m'avez jamais dit que vous aviez un fils. Quel âge a-t-il ?

— Si vous avez envie d'être mère, je vous en donnerai de meilleurs. Il est trop vieux pour être dorloté et c'est un garçon étrange. Je vais le placer comme page, mais il n'a pas les capacités pour être chevalier.

Elle éprouva une sympathie instantanée pour ce fils si peu apprécié de son père.

— Je suis sûre que c'est un jeune homme plein de valeur et j'ai hâte de faire sa connaissance. Comment s'appelle-t-il ?

— Ninian. Sa mère est morte en le mettant au monde. D'ailleurs, il vaut mieux qu'elle ne l'ait jamais vu. Il est idiot.

Ne sachant que dire, Eva serra le chien dans ses bras. La porte de la salle haute s'ouvrit, et Grainne se mit à japper. Levant la tête, la jeune fille reconnut son frère.

— Simon !

Elle posa la chienne sur le sol couvert de joncs. Son frère s'accroupit pour la caresser, puis il se redressa mais resta près de la porte, tandis que Grainne s'esquivait.

Le soleil faisait briller ses cheveux bruns et nattés, et ressortir le rouge de son tartan. Il s'appuya avec grâce contre le montant de la porte, croisa les bras et plissa ses yeux gris-vert.

— Colin Campbell, dit-il en levant le menton. Mon père et mon frère sont à Inverness avec le roi. Ma sœur a dû vous en informer…

— Je le savais. J'ai fait une longue chevauchée, mon garçon, et je meurs de faim. Votre batelier semblait plus disposé à me poignarder qu'à me faire traverser, et j'ai dû mettre mon cheval dans une écurie de l'autre côté. Il vous faut un pont, davantage de bateaux, et un batelier qui sache rester à sa place.

— Le vieux Alpin nous convient. Et nous n'avons ni l'argent ni les pierres pour construire un pont, répliqua Simon.

— Ni l'envie de le faire, précisa Eva. Nous avons toujours confié nos chevaux au forgeron du village, en face de l'île. Mais... notre forgeron est allé se battre en France.

Elle rougit en pensant à Lachlann, parti depuis plusieurs mois avec les deux frères aînés de Margaret.

— Jusqu'à son retour, reprit-elle, nous irons tous les jours de l'autre côté nous occuper de nos bêtes.

— Son retour ? À l'heure qu'il est, votre forgeron doit être mort, grommela Colin. Vous n'avez pas entendu parler de cette guerre ? Beaucoup d'Écossais ont été tués, ainsi que des milliers de Français. La France est littéralement écrasée par les Anglais.

— *Ach Dhia*, fit Eva en portant la main à sa poitrine.

Elle regarda Simon qui fronça les sourcils.

— Je... Nous n'en savions rien, dit-il. Depuis leur départ, nous n'avons aucune nouvelle.

— Eh bien, dites-vous que votre forgeron est mort avec les autres. Il paraît que les Français sont dans une situation tellement désespérée qu'ils s'en sont remis à une jeune paysanne. Elle est à la tête de l'armée royale ! Vous imaginez !

— Une fille ? s'étonna Eva.

Son cœur battait la chamade. Personne n'avait reçu de nouvelles de Lachlann ou de ses cousins, mais elle ne pouvait l'imaginer mort.

— Une fille ? répéta-t-elle. Comment est-ce possible ?

— On l'appelle Jehanne la Pucelle. Elle est venue dire au roi que Dieu lui avait demandé de sauver la France, s'esclaffa Colin. Le roi lui a donné une armure et l'a mise à la tête de son armée !

— Ça ne m'étonne pas, protesta Eva. D'après notre légende, la princesse guerrière Aeife gardait l'Épée de Lumière, et ses descendantes ont l'obligation de défendre l'île.

— Vous n'aurez pas à vous en soucier. J'assurerai la sécurité d'Innisfarna, dit Colin en écartant son bol vide. Simon, pourquoi n'es-tu pas parti avec ton père et ton frère ?

— Je suis resté pour protéger ma sœur des loups, répondit le jeune homme en le fixant.

— Je ne savais pas qu'ils nageaient, glousса Colin.

— Certains prennent des bateaux.

— Colin a peut-être des nouvelles du parlement du roi à Inverness, dit Eva pour détendre l'atmosphère.

— Ce n'est pas un parlement, répliqua Simon. C'est un piège. J'ai entendu dire que le roi Jacques est jaloux du pouvoir des Highlanders. Depuis son retour de captivité, il veut concentrer le pouvoir autour de lui, à l'exemple du roi d'Angleterre.

— Vos informations sont fausses, déclara tranquillement Colin, en sirotant son vin.

— D'après la rumeur, le roi punira ceux qui ne se plient pas à son projet. Mais nous ne sommes pas aussi dociles que les Anglais ou les habitants des Lowlands. Si le roi retire aux Highlanders leurs droits, nous nous rebellerons. Ne manquez pas d'en informer le roi. On dit que vous êtes comme cul et chemise avec lui.

Colin le fusilla du regard.

— C'est un grand honneur de servir mon roi.

— Simon, je t'en prie, fit Eva, alarmée par l'agressivité de son frère.

Simon était d'une nature affable, mais il n'aimait pas Colin, et il n'avait pas caché à leur père son opposition au mariage de sa sœur avec cet homme.

Du même âge que leur père, Colin Campbell possédait le château de Strathlan à l'autre extrémité du loch Fhionn, à une cinquantaine de kilomètres d'Innisfarna. Laird puissant, conseiller du roi, il était extrêmement influent, et une alliance avec lui serait précieuse pour le clan MacArthur.

— J'ai des nouvelles, répondit Colin. D'abord, le roi m'a nommé ambassadeur en France.

— Vous allez partir pour la France ? s'exclama Eva.

— Quand partez-vous ? demanda Simon.

— Bientôt. Nous entretenons une vieille alliance avec la France, qui a besoin de troupes et d'aide. C'est un honneur pour moi, bien sûr. Les Campbell sont depuis longtemps indispensables aux rois d'Écosse. Je souhaiterais vous emmener avec moi, Eva – comme épouse, précisa-t-il en souriant. J'en ai discuté avec votre père, il y a plusieurs semaines.

— Je préfère rester à Innisfarna, déclara la jeune fille. Je ne quitterai pas ma maison.

— Suis-je bête ! marmonna Colin en tendant sa coupe. Les femmes au foyer.

Eva la prit, la remplit de vin et la lui rendit. Elle s'en versa une coupe et but une gorgée pour masquer sa panique. Le bordeaux était capiteux et elle ne l'appréciait pas. Elle n'aimait pas non plus l'idée de vivre en France – ou ailleurs – avec Colin.

Mais Lachlann était en France... Elle but une autre gorgée, mais le vin ne pouvait effacer le souvenir de leurs baisers passionnés, tendres et secrets dans la nuit.

Elle but encore et se mit à tousser.

— Six mille Écossais sont partis pour la France, ces dernières années, disait Colin. Certains y gagnent fortune et titres.

— S'ils survivent, protesta Simon.

Eva retint son souffle.

— Tente ta chance et vas-y aussi. Échange ce tartan contre de l'acier. Cela fera de toi un homme.

— Je suis un homme, gronda Simon. Un Highlander.

— Simon et Donal sont les fils du chef, et doivent demeurer en Argyll pour aider leur père, dit Eva.

— J'ai parlé d'Innisfarna avec le roi, avant qu'il parte pour Inverness. Il est d'accord pour y installer une garnison qui assurera une présence militaire. Elle arrivera dans la semaine.

— Une garnison ? s'indigna Eva. Nous n'en voulons pas.

— Nous n'avons pas besoin de protection supplémentaire, renchérit Simon.

— Innisfarna occupe une situation stratégique, mais elle est dirigée par une femme, son frère, quelques serviteurs et aucun homme en armes. Je m'étonne que votre père n'ait jamais songé à protéger correctement cette île.

— Innisfarna n'est pas une forteresse, répliqua Eva. Quels que soient les conflits où la Couronne est engagée, Innisfarna reste neutre.

— Sur ses autres domaines, notre père a des hommes en armes, ajouta Simon.

— L'île est une place stratégique pour la protection des Highlands. Elle doit être fortifiée.

— Dans votre intérêt, dit Eva. Pas dans le nôtre.

— Je veux seulement vous protéger en l'absence de votre père, gronda Colin avec une expression qui lui donna froid dans le dos.

— Elle n'en a pas besoin, déclara Simon en s'avançant.

— Toi, fit Colin avec un geste d'impatience, sors ! J'en ai assez de ton insolence. Je voudrais parler seul à seule avec ta sœur.

Eva se précipita vers Simon et manqua trébucher sur Grainne. Soulevant la petite chienne, elle la déposa dans les bras de son frère.

— Emporte-la, dit-elle.

— S'il ne dépendait que de moi, tu n'épouserais pas cet homme, siffla Simon. Peu importent les intérêts du clan. Eva, je pars pour Inverness prévenir notre père que Colin veut s'emparer d'Innisfarna. Mais je ne veux pas te laisser ici avec lui.

— Je peux me débrouiller seule. Embrasse notre père et Donal pour moi.

— Prends soin de toi, Eva, dit-il avant de disparaître, le chiot dans les bras.

La jeune fille ferma la porte et traversa la pièce. Colin lui tendit sa coupe, sans un mot. Remarquant ses joues empourprées et ses yeux brillants, elle posa la coupe.

— Ce bordeaux est jeune et fort, déclara-t-elle en bouchant la cruche. Je vais vous préparer un vin épicé coupé d'eau. Il vous aidera à digérer.

— Vous ferez une bonne épouse. Je craignais que vous n'ayez la sauvagerie de votre frère – on vous a laissé trop de liberté. Quoiqu'une femme de caractère ne soit pas pour me déplaire, roucoula-t-il.

Elle fut parcourue d'un frisson. Elle n'aimait pas être seule avec Colin, qui la regardait parfois avec un œil lubrique. Après les baisers de Lachlann, la seule pensée qu'il pût l'embrasser la répugnait.

Il avança vers elle en chancelant, signe qu'il avait trop bu. Elle recula.

— Je suis désolée que Simon ait été grossier avec vous, mais je partage son inquiétude. Cette réunion à Inverness ne me dit rien qui vaille. Ne pourrions-nous pas envoyer un messager pour réclamer le retour de mon père ?

— C'est impossible pour le moment, dit-il en approchant. Je pensais que vous seriez inquiète, aussi suis-je venu vous offrir mon réconfort. Quand je serai laird d'Innisfarna, ma générosité ne s'arrêtera pas là. Vous ne voulez pas m'épouser, je le sais, mais j'y vois un effet de votre fougue. J'ai dit à votre père que je saurai être patient.

Il tendit la main pour lui caresser le bras, et elle recula de nouveau.

— Cette île ne peut être dirigée que par moi seule, et vous le savez. En épousant ma mère, mon père a respecté notre antique pacte avec les fées.

— Des fées ! Les femmes d'Innisfarna ont mené leurs hommes par le bout du nez. Je ne suis pas du genre à me laisser faire.

— Si vous ne voulez pas respecter nos coutumes, s'emporta-t-elle, il est impossible que cette île vous appartienne !

— Mesurez votre humeur. La passion chez une femme doit se cantonner à la chambre à coucher, dit-il en l'attirant brutalement à lui. Dieu que vous êtes belle ! Mystérieuse, délicate, fougueuse... Vous avez du sang de fée dans les veines, à ce qu'on raconte. Ça me plaît. Nos fils en auront un peu aussi ; ce seront de beaux jeunes gens.

— Vous prenez vos désirs pour des réalités.

— À juste titre, comme vous allez le voir. Je suis venu m'entretenir avec vous en particulier, mais avant d'entendre les nouvelles que j'apporte, vous aurez peut-être besoin d'un peu de réconfort.

— Quelles... commença-t-elle.

Il prit son visage dans une main. Elle détourna la tête mais, la plaquant contre lui avec l'autre main, il lui couvrit la bouche de ses lèvres. Il empestait le vin.

— Arrêtez ! dit-elle en se débattant, mais il resserra son étreinte.

— Doucement, ma petite.

Il l'embrassa de nouveau.

— Laissez-moi !

Eva essaya de le repousser. En vain. Comme il devenait brutal, elle leva la cuisse et lui administra un coup de genou dans l'entrejambe.

Il la lâcha avec un grognement.

— Votre père m'a trompé ! Il m'a assuré que vous étiez obéissante et douce. Vous êtes une vraie furie, qui plus est frigide. Je vous manifestais mon affection ! Qu'imaginiez-vous ? Que je voulais vous violer ?

— Vous me violentiez, répliqua-t-elle, quelque peu contrite devant son air pitoyable.

— Qu'on me préserve des vierges ignorantes ! fit-il en se redressant. C'est le prélude, ma chère, à l'amour entre un homme et une femme !

L'amour, je sais ce que c'est, eut-elle envie de lui rétorquer.

— Ce n'est pas ainsi qu'on courtise une femme, dit-elle.

— J'ai courtisé ma première femme avant que vous ne soyez née. Mon actuelle amante ne refuse pas les jeux amoureux. Pourquoi les refuseriez-vous ?

— Pour ce genre de jeux, allez donc voir votre maîtresse.

— Vous voulez des baisemains et de la poésie, je suppose ?

Je veux de la douceur, pensa-t-elle. De tendres caresses et des baisers passionnés… de la part d'un homme qui ne reviendra peut-être jamais.

— Tout ce que je veux, c'est que vous me donniez les nouvelles que vous apportez.

— Très bien. Je ne vous épargnerai pas, puisque vous êtes décidée à jouer les furies, grommela-t-il en se frottant le ventre. La vérité, c'est que les choses ont mal tourné à Inverness.

— Que voulez-vous dire ? Vous m'avez assuré que...

— Je pensais que vous aviez besoin de réconfort. Mais une femme capable d'agresser un homme de la sorte est en mesure d'entendre de mauvaises nouvelles.

— Est-il arrivé quelque chose à mon père ? demanda-t-elle, le cœur battant.

— Le roi a donné aux Highlanders une leçon qu'ils ne sont pas près d'oublier. Iain et Donal ont été arrêtés et accusés de trahison, avec quarante autres chefs.

— Quoi ? Ils n'ont pas trahi ! s'exclama-t-elle en s'accrochant au dossier du fauteuil.

— Les Highlanders n'ont pas voulu d'une Écosse centralisée et unie. La plupart des chefs de clans sont ingouvernables et contrarient le projet du roi. Il a dû faire acte d'autorité.

— Où sont à présent mon père et Donal ?

— Ils étaient à Inverness, mais Donal fait partie de ceux qui ont été transférés à Édimbourg. Et vingt chefs, dont votre père, ont été condamnés à mort. J'ai reçu une lettre hier annonçant que la plupart ont disparu.

— Disparu ? répéta la jeune fille, ébranlée jusqu'au plus profond de son être.

— Iain est mort, Eva, dit-il d'une voix adoucie, en avançant la main pour la toucher, mais elle l'esquiva. Il a fait partie du premier groupe à être exécuté à Inverness, il y a quelques jours. Le roi a agi vite et en secret.

— Pourquoi avez-vous attendu le départ de Simon pour me l'annoncer ? Il a pris l'unique bateau pour rejoindre l'autre rive, et à l'heure qu'il est, il galope vers Inverness. Pourquoi avez-vous attendu ?

Elle tremblait de tout son corps, incapable de penser, de respirer.

— Simon est une tête brûlée. J'ai décidé de vous l'apprendre à vous d'abord. Il découvrira à Inverness qu'il est hors-la-loi et que son père est mort. À son retour – s'il n'est pas arrêté – la garnison sera en place et saura le maîtriser, s'il tente de se rebeller. Ce qu'il ne manquera pas de faire.

— Hors-la-loi ?

Quelques instants auparavant, elle croyait ses genoux sur le point de céder sous le choc provoqué par cette nouvelle, mais à présent, un calme étrange l'envahissait, clarifiant ses idées.

— Que voulez-vous dire ? s'enquit-elle.

— J'ai d'autres nouvelles. Êtes-vous assez forte pour les entendre ?

— Dites.

— Le clan MacArthur est dépossédé. Toutes ses terres et ses droits sont confisqués par le roi.

Elle avait les oreilles qui bourdonnaient.

— Et pourquoi ? souffla-t-elle en s'agrippant au dossier du siège.

— Le roi a ses raisons. Eva, vous êtes pâle…

Il emplit une coupe de vin et la lui offrit, mais elle secoua la tête.

— Écoutez-moi, reprit-il. Si nous étions déjà mariés, j'aurais pu aider votre père. En rejetant ma demande, vous avez fait une erreur, mais il est encore temps de sauver vos autres parents.

— *Ach Dhia*, gémit-elle. Comment aurais-je pu le savoir ?

— J'ai quelque influence sur le roi. Je ne peux plus rien pour votre père – et je le regrette sincèrement –, mais je peux demander la grâce de Donal, et la restitution de ses droits. Mais si je vous fais cette promesse, je dois avoir la vôtre en retour.

— Ma promesse de vous épouser ?

— Cela... et Innisfarna, sans conditions.

— Ça, je ne peux pas.

— Eva. Votre père est mort à cause de votre entêtement. Ne laissez pas votre frère Donal mourir aussi.

— Comment pouvez-vous dire ça ? Vous savez très bien que je ne peux pas vous donner Innisfarna. La légende...

— Je connais la légende, et elle ne me fait pas peur. Épousez-moi, donnez-moi cette île, et vous sauverez Donal et Simon, et tous vos proches. Ils sont tous hors-la-loi à présent, moi seul peux les aider.

— Oh... je vous en prie... laissez-moi réfléchir ! dit-elle dans un sanglot.

— Êtes-vous donc sans pitié pour refuser de les aider, et tout ça pour garder un petit château sur une île ?

— Ce n'est pas ça... c'est que...

Elle hésita, incapable de lui avouer qu'elle attendait, qu'elle espérait le retour de Lachlann. Au milieu de la tempête qui l'assiégeait, cet espoir s'était envolé pour n'être plus qu'un rêve impossible.

— Vous êtes très éprouvée. Peut-être ai-je été trop dur. Les femmes sont des créatures fragiles. Venez, dit-il en l'attirant à lui.

Il lui baisa la main, le front – contact humide, insistant, qui la fit tressaillir.

— Laissez-moi, murmura-t-elle, essayant de se détourner.

Il l'empoigna par les épaules.

— Je dois bientôt partir pour la France, mais avant, je veux que nos fiançailles soient prononcées devant un prêtre. Si vous n'acceptez pas, je vous jure que Donal mourra de la même mort que votre père. Une mort affreuse.

— Arrêtez, gémit-elle. Arrêtez, je vous en supplie. Laissez-moi le temps...

— Et je m'assurerai que Simon soit capturé et écorché vif comme un loup. La garnison qui viendra ici sera sous mes ordres, même pendant mon absence. Simon n'échappera pas à son sort, ni aucun des hors-la-loi de votre famille.

— Vous ne pouvez pas faire ça...

— Vraiment ?

Il l'embrassa sur la joue.

— Voilà, le pacte est scellé. Rappelez-vous notre accord. Soyez ma femme, confiez-moi cette île, et vos proches seront épargnés.

— Je... serai votre femme, haleta-t-elle sans le regarder. Mais vous n'aurez jamais cette île !

— Eva, par ce marché, vous pouvez tous les sauver. Sinon, leurs cœurs seront rôtis et servis au roi sur un grand plat. À vous de choisir, conclut-il dans un sourire.

Elle recula avec un sanglot étouffé.

— Bon, ajouta-t-il comme elle demeurait silencieuse. Demain, je ferai venir un prêtre qui recueillera notre promesse de mariage. Durant mon séjour en France, vous serez en sécurité ici, avec la garnison. J'espère que vous avez des femmes pour vous assister, car vous êtes pâle et tremblante...

— Je n'ai pas de femmes, dit-elle en relevant la tête, et je n'en ai pas besoin. Je suis très bien. Laissez-moi.

— À plus tard, donc.

Il se dirigea vers la porte.

Comme vidée de toute émotion, Eva se laissa tomber dans le fauteuil près de l'âtre et fixa les flammes. Son monde, ses espoirs, ses rêves les plus chers venaient de s'écrouler.

4

« Aussy je croy, en bonne foy,
Que les anges l'accompaignassent. »
Martin LE FRANC, *Champion des dames*, 1440.

Perth, Écosse, septembre 1431

— Alors te voilà, MacKerron.

Lachlann leva la tête. Enveloppé dans sa houppelande, Alexander Beaton se dressait au-dessus de lui. Dans l'atmosphère confinée de la taverne bondée, il était comme nimbé par la fraîcheur du soir.

— Aleck, dit Lachlann, masquant sa surprise par un clin d'œil, ce qui provoqua un éclair dans son champ de vision. Tu reviens de France ?

— Oui, et je serai bientôt au pays. Mais je suis venu te trouver à Perth avant de rejoindre Kintail. Depuis quand es-tu ici ? Tu es dans un triste état.

— De la part d'un médecin, cette franchise brutale ne m'étonne pas. Assieds-toi.

Il indiqua le banc en face de lui. Aleck s'assit, dos à la salle bruyante. Lachlann préférait être dos au mur.

— J'ai passé ici une partie de l'été, reprit-il. Je ne t'ai pas revu depuis… que Jehanne a été emprisonnée à Rouen.

— Je suis resté en France plus longtemps que prévu. Je pensais que tu ne quitterais pas l'hôpital du monastère, tant que tu ne serais pas guéri de tes blessures.

— Un Écossais guérit mieux en Écosse. Le duc d'Argyll m'a renvoyé chez moi avec d'autres Écossais, mais je suis d'abord allé à Rouen.

— Tu as vu Jehanne ? Cet ange ? J'espère que tu as eu cette chance.

Lachlann fronça les sourcils et regarda sa coupe.

— Oui, je l'ai vue... Et je t'ai envoyé un message pour te dire que je comptais m'embarquer à Nantes en avril.

— Je ne l'ai jamais reçu. La France connaît une telle pagaille qu'il n'est pas étonnant que ton message ait été perdu. Mais je suis heureux de te trouver ici, vigoureux.

— Vigoureux, si on veut, marmonna Lachlann avant de porter sa coupe à ses lèvres.

— Mon bateau est arrivé à Leith, il y a quelques jours. Un sergent en garnison au château du roi, à Perth, m'a dit qu'on pouvait te trouver chaque soir ici. Je pensais que tu serais retourné en Argyll remettre ta forge en marche. Tu as souvent parlé de le faire.

— Je n'avais pas prévu cette blessure à l'œil. Pour un fabricant de lames, ce n'est pas l'idéal. Une fois mon service de chevalier accompli, j'ai décidé de rester ici et de travailler à la forge du château – à ferrer les chevaux, réparer les armes et les armures, fabriquer des clous. Je peux encore travailler le fer... Si tu veux boire ou manger, appelle la serveuse. Elle se nomme Meggott. Elle aime l'argent et les compliments, précisa-t-il en faisant signe à la fille.

Bien que l'auberge ne fût pas la plus courue de Perth, Lachlann était un client assidu. L'endroit était propre, l'aubergiste relativement honnête. Et Meggott se montrait particulièrement généreuse avec lui ; elle l'invitait souvent à monter dans sa chambre, après la fermeture de la taverne.

Meggott s'approcha en balançant ses larges hanches et ses épaules laiteuses. Lachlann avait passé des heures passionnées en sa compagnie, mais ne lui avait pas donné son cœur.

Et puis, la bière nouvelle estompait les duretés de la vie et apportait l'oubli…

Aleck commanda à boire et à manger. Préférant les gestes aux paroles, Lachlann tendit simplement sa coupe. Meggott sourit avec timidité et versa de la bière aux deux hommes, collant le ventre glacé du pichet contre ses seins généreux.

Ce soir encore, Lachlann chercherait l'oubli auprès d'elle. Il sentit ses cheveux lui effleurer l'épaule et se rappela une autre brune, mince, hardie et gracieuse, dont les baisers étaient comme du feu, brûlants et suaves à la fois.

Il savait pourquoi il allait dans le lit de Meggott, et s'en détestait. Eva hantait ses rêves – il ne pouvait oublier ni ses baisers, ni ses yeux troublants comme un ciel d'orage. Dieu sait pourtant qu'il avait essayé.

À son arrivée à Perth, il avait appris que le roi avait trahi les chefs highlanders à Inverness, trois ans plus tôt. Iain MacArthur était mort, son clan dispersé et ses biens confisqués. Cela avait été un choc pour Lachlann. Il avait en outre appris avec stupeur que des hors-la-loi menés par Simon MacArthur, rebelle à la Couronne, s'étaient repliés dans les collines au-dessus du loch Fhionn.

Il était sûr que sa mère adoptive était en sécurité, car elle n'avait aucun lien de sang avec les MacArthur. Plusieurs mois auparavant, il lui avait envoyé un message, l'informant de son intention de rester un certain temps à Perth pour travailler à la forge du roi.

En vérité, il restait parce qu'il savait la fille du défunt chef MacArthur fiancée à Campbell, ambassadeur du roi. Lachlann ne connaissait que trop le nom de Colin Campbell. Lors de son séjour en France, il avait entendu dire que l'homme était venu à la cour de Charles. À l'heure qu'il était, le mariage avait dû avoir lieu.

Cette raison, plus que toute autre, le retenait à Perth. Il vida sa coupe et la reposa brusquement. La tête lui tournait. Bien, pensa-t-il.

— La bière est forte, fit remarquer Aleck, après l'avoir goûtée.

— Outre la propreté et la très complaisante Meggott, c'est ce breuvage qui m'attire dans cette auberge, dit Lachlann d'une voix traînante.

Meggott apporta à Aleck, sur un tranchoir, du ragoût et des oignons. Lachlann agita sa coupe, et elle la remplit à nouveau. Elle était toute rougissante, mais il ne l'aimait pas – il ne le pouvait pas. Malgré leurs jeux amoureux, leurs rapports lui paraissaient creux.

La passion et l'émotion étaient à présent limitées à l'excitation provoquée par la bière, les nuits tumultueuses avec la fille d'auberge et le rougeoiement du fer qu'il travaillait chaque jour. Ces occupations lui permettaient d'ignorer sa souffrance intérieure : Eva ne l'avait pas attendu. Il en avait le cœur brisé.

Aleck ne le lâchait pas des yeux. Lachlann se mit à boire, bien qu'il n'en eût pas vraiment envie. Il ignorait ce dont il avait envie.

— Tu n'arrives pas de France uniquement pour me voir, je suppose ? dit-il en repoussant sa coupe.

Aleck s'essuya la bouche d'un revers de manche.

— Mon service de chevalier est accompli, comme le tien. Comment se fait-il que tu aies quitté la garde du roi pour la forge ?

— C'est sans intérêt. Parle-moi plutôt de toi.

— Quand comptes-tu retourner en Argyll ?

— Peut-être jamais. Et je ne compte pas non plus rallier l'armée du roi. Je suis fatigué d'écharper des étrangers.

— Moi aussi, dit Aleck en repoussant son tranchoir. Cette guerre était d'une violence inouïe.

— Violente pour les femmes aussi.

— Pauvre Jehanne... que Dieu ait son âme. Mais j'éprouve une certaine paix à me dire que nous sommes restés loyaux à cette fille hors du commun.

Lachlann acquiesça.

— Cela a été un privilège extraordinaire de faire partie des gardes écossais de Jehanne la Pucelle. Mais si on m'avait écouté, elle serait toujours vivante et continuerait de harceler les Goddams.

Il eut un petit rire triste, au souvenir du surnom qu'elle donnait aux Anglais.

— Jusqu'à la fin, elle a cru à ses voix. Les saints lui ont promis le salut, mais elle croyait à un salut terrestre, soupira Aleck. Tu as donc pu la voir à Rouen ?

— Brièvement. Pendant le procès. J'ai été autorisé à lui rendre visite dans sa cellule avec d'autres. Elle était... pitoyable. Affamée, sale. Mais toujours enflammée, obstinée, fidèle à ses voix et à sa mission. Certains ont prétendu que sa foi avait faibli, à la fin, mais je n'ai rien vu de tel. Nous avons échangé quelques mots en privé. Jehanne n'est plus, soupira-t-il.

Il secoua la tête et se passa les doigts sur le visage.

— J'ai pu la voir plusieurs fois, moi aussi, déclara Aleck. Et j'ai réussi à introduire clandestinement un prêtre dans sa cellule, pour prier avec elle et lui donner l'absolution. Ses geôliers ne voulaient même pas qu'elle se confesse.

— Ce que tu as fait lui a été, j'en suis sûr, d'un grand secours.

— Tu as quitté la France avant la fin du procès ? Avant… ?

— J'étais en route pour Nantes, quand j'ai appris que le procès était terminé. Je suis revenu sur mes pas, mais je suis arrivé… trop tard, dit Lachlann d'une voix brisée. C'était fini pour elle, depuis plusieurs jours.

— Nous ne devions pas y assister, sinon Dieu aurait fait que nous soyons sur cette place, assura Aleck. J'en suis certain. Rien de ce qu'auraient pu faire ses amis ne l'aurait sauvée. Je trouve quelque réconfort à savoir qu'elle a enfin trouvé la paix, et qu'elle est avec les anges.

Lachlann ferma les yeux et tapota ses paupières. Des éclairs lui traversèrent l'œil gauche, et la tête lui tourna comme une toupie, pleine d'images et de bruits. Il n'avait pas assisté à sa mort, mais il avait entendu de nombreux récits de cette journée à Rouen. Trop.

— Comment vont tes blessures ? demanda Aleck en l'observant d'un air soucieux.

— Quelle barbe de connaître un chevalier écossais qui est aussi médecin, grommela Lachlann. Tu poses trop de questions.

Aleck eut un petit rire et leva son verre, attendant une réponse.

— Ça va, fit Lachlann. Je vois toujours mal de l'œil gauche, mais c'est peut-être la bière nouvelle.

— Ta vision ne sera jamais parfaite, comme je te l'ai dit, mais ton œil droit est bon. Quand un coup violent sur la tête endommage la vue, il n'y a pas de remède. Tu as de la chance d'avoir survécu, et de voir encore. Si tu veux que je t'examine, je le ferai. Peut-être y a-t-il un mieux.

— Minime. Quelles sont les nouvelles ? Je ne peux pas m'attarder. La fille m'attend dans sa chambre. Et nous avons, je crois, suffisamment remué le passé. Je n'aime pas parler de mes blessures, ni de ce que j'ai perdu. C'est pourquoi je reste attablé dans cette maudite taverne, nuit après nuit – pour ne pas penser à tout ça.

— Que t'est-il arrivé ? Toi, l'un des gardes les plus proches de Jehanne, l'une de ses meilleures lames…

— Ses gardes proches ? Elle a été capturée à Compiègne sous notre nez.

— Les portes étaient si bien verrouillées que nous n'avons pu l'approcher, avant que les Bourguignons ne s'en saisissent. Aucun de ses gardes n'a pu l'aider. C'était un piège, tu le sais. Tu as failli te faire tuer en la défendant.

— Nous avons tous risqué nos vies à essayer de la protéger. Et pour quoi ? Pour qu'elle soit jugée, emprisonnée, assassinée. Certains voient en elle une martyre.

— *En nom de Dieu !* siffla Aleck en français – les mots qu'aimait à répéter Jehanne. Crois-tu être le seul à avoir de la peine ?

— Non, admit Lachlann avec un grand soupir. Non, je ne le crois pas. Et je sais que nous n'aurions rien pu faire d'autre. Rien, répéta-t-il en tournant la coupe dans sa main.

— Alors, qu'est-ce qui te chagrine tant ?

Lachlann hésita, puis se décida :

— Autre chose. Quelque chose que j'ai appris à mon retour en Écosse...

— Des nouvelles de chez toi ? La perte d'une amoureuse, peut-être ?

— En un sens. La perte de... du rêve qui m'a permis de rester sain d'esprit, durant mon séjour en France. Qui m'a permis de garder l'espoir. Ça ne fait rien, ajouta-t-il avec un haussement d'épaules. De cela aussi, je me remettrai.

— En tout cas, tu es dans un piteux état – pire qu'après ta blessure. Las, nerveux, renfrogné comme un loup en cage. Quasiment ivrogne...

Lachlann leva sa coupe vide et le salua.

— Tu vas te rendre malade, poursuivit Aleck. Tu as les joues bouffies, les yeux cernés et le teint gris. Prends garde. La ville ne te convient pas. La colère et la tristesse vont finir par te miner la santé. Un homme de ta trempe ne peut pas se laisser anéantir par la rage et la boisson.

Lachlann gratta son menton couvert de barbe. Il ne se rappelait pas quand il s'était, pour la dernière fois, payé le barbier, un bain ou une coupe de cheveux. Aujourd'hui, il avait aperçu son reflet dans le bac de trempe de la forge. Il ressemblait à un sauvage avec ses cheveux et sa barbe hirsutes, ses paupières gonflées. Cette image dans l'eau l'avait effrayé.

Il étala ses longues mains aux doigts et aux ongles maculés de suie, malgré le brossage. Il avait parfois l'impression que la saleté l'avait pénétré jusqu'à l'âme.

— Ton médecin te conseille de couper ta bière d'eau, d'éviter le bœuf et la graisse, de manger des légumes et du poisson pendant quelques semaines. Et de dormir davantage. Tu as l'air... hagard.

— Je le suis.

— Veux-tu un traitement pour ton œil, ou pour tes cicatrices au ventre ? Ces blessures conjuguées à la fièvre ont dû t'affaiblir considérablement. Je peux te prescrire des herbes chez un apothicaire. Quelques pincées ajoutées, chaque soir, à du vin activeront la guérison, te redonneront le moral et renforceront ta virilité, si c'est nécessaire.

— J'ai le moral. Et Meggott peut témoigner de ma virilité. Je suis bien. Laisse-moi tranquille.

— Tu renonces donc à avoir ta propre forge pour fabriquer des armes, comme tu rêvais de le faire ? Tu préfères ferrer des chevaux dans une forge qui ne t'appartient pas, boire seul dans des tavernes et courir les filles... C'est ça, être bien ?

— Cesse de me donner des conseils. Je ne veux pas de médecin.

Aleck se pencha en avant.

— D'accord. Je suis venu pour te demander quelque chose. L'épée, mon ami. L'épée de Jehanne. Tu l'as toujours ?

— Crois-tu que je l'aurais perdue ? Elle est morte, et son épée, qu'on disait magique et invincible, est brisée. Elle l'a admis à son procès, quand ses juges lui ont demandé ce qu'elle avait fait de l'épée que sainte Catherine lui avait donnée. Qu'importe où elle est, maintenant ?

— Jehanne leur a dit qu'elle était brisée, mais a refusé de révéler où elle était, ou qu'elle te l'avait confiée. Quelqu'un d'autre sait-il que tu l'as ?

Pensif, Lachlann secoua la tête.

— Après qu'elle s'est cassée à Lagny, Jehanne m'a demandé de la réparer. Je lui ai dit que c'était impossible – en tout cas, au milieu du champ de bataille. Elle m'a alors prié de la mettre en sûreté. Je l'ai toujours.

— Ses persécuteurs craignent le pouvoir de tout ce qui peut lui être rattaché. Avec cette épée, on pourrait lever une armée de fanatiques.

Lachlann frappa la table du poing, faisant osciller les coupes.

— Elle n'est plus, tonna-t-il. On l'a brûlée comme hérétique, alors que ce n'était qu'une jeune fille courageuse et téméraire. Sa cause a disparu avec elle ! Et j'en ai assez de me battre.

— Moi aussi.

— Aleck, je ne sais que faire de cette épée. Ce triste morceau d'acier... Avec ma vue, je ne peux même pas le réparer correctement.

Il poussa un grand soupir. Il voulait une nouvelle coupe de bière. Il avait le cœur en cendres.

— Va-t'en. Laisse-moi seul, dit-il.

— C'est ce que je vais faire. Ton caractère est devenu exécrable. Mais je devais savoir si l'épée était toujours en ta possession. Garde-la, comme elle le souhaitait. Protège-la, car c'est tout ce qui reste d'elle. Et quitte cet endroit. Cache l'épée.

— Merci de ta sollicitude, médecin. Je réglerai ton repas. Bon voyage.

— Dois-je te souhaiter aussi bon voyage ? J'espérais te convaincre de retourner en Argyll.

— Pour rejoindre la rébellion ? Tu as sûrement appris l'exécution des chefs, le bannissement de nombreux Highlanders et la confiscation de leurs biens.

— Je suis au courant. On en parle beaucoup. On dit que le roi va envoyer des troupes au loch Fhionn pour écraser la rébellion. Connais-tu les hommes qui sont impliqués dans les incursions et les échauffourées près de chez toi ?

— Oui, murmura Lachlann en regardant sa coupe, toujours vide. On dit que Simon MacArthur, le frère d'un jeune chef emprisonné, commande des hommes dans les collines qui dominent le loch Fhionn. Je les connais tous les deux, et je connais probablement les rebelles de Simon. Il y avait des MacArthur avec nous en France, si tu te rappelles bien. Ils sont rentrés au pays avant moi.

— Raison supplémentaire à ton amertume. Tes amis sont dans un vrai pétrin. Ils vont s'attirer des ennuis.

— C'est le roi qui s'est attiré des ennuis, en exécutant vingt chefs highlanders à Inverness, rétorqua Lachlann. Je connaissais l'un d'entre eux. Il ne méritait pas ce sort.

— Les MacArthur ne sont pas la seule poche de rébellion dans les Highlands. Nous avons quitté une guerre en France pour en retrouver une dans les Highlands, grâce à notre roi. Si tu y retournes, tu pourrais les aider, dit Aleck en observant son ami.

— Je n'ai aucune envie de me mêler à une rébellion, répliqua Lachlann en dessinant des cercles dans une flaque de bière sur la table. J'ai appris que la fille de MacArthur a épousé Campbell. Cette alliance les aidera mieux que je ne pourrais le faire. Il est inutile que j'y retourne.

— Tu dois protéger l'épée de Jehanne, et tu dois penser à ton bien-être. Dans les deux cas, l'éloignement est souhaitable. Mets en route ta forge, comme tu as toujours eu l'intention de le faire... et avertis tes amis. Dis-leur que le roi a l'intention de les exterminer, s'ils ne mettent pas fin à leur rébellion.

Lachlann se passa les doigts dans les cheveux.

— Je pourrais leur dire ce que j'ai appris...

— Mieux que cela : tu pourrais aller trouver le roi et lui proposer de porter un message aux rebelles. Tu connais la région et les hommes.

Lachlann étudia sa coupe vide en plissant les yeux. Il sentait naître en lui un intérêt nouveau. L'année passée, il avait perdu une partie de sa vision, presque tous ses espoirs, tous ses rêves. Depuis trop longtemps, il se sentait vidé, aussi sombre et froid que le métal qu'il travaillait.

Il avait enfin une raison de retourner chez lui, de retrouver sa forge, le lieu où il avait grandi. Et sa mission était double : cacher l'épée de Jehanne et avertir les MacArthur.

Mais il devrait revoir Eva, et se venger de son mari...

Sa vision réduite lui interdisait de réparer l'épée de Jehanne, et trois années de guerre avaient refroidi son désir de vengeance. Pourtant, ses sentiments pour Eva n'avaient pas changé. Il avait essayé de cesser de l'aimer, mais autant cesser de respirer.

— Bon, fit Aleck en se levant, je vois qu'il n'y a rien à tirer de toi. À ton aise. J'ai dit ce que j'avais à dire, et je dois partir. Je prends le bateau demain à l'aube pour Aberdeen.

Il jeta une pièce d'argent sur la table.

— Attends, protesta Lachlann.

Aleck fit volte-face et sa houppelande tournoya, faisant voler des étincelles dans le champ de vision de Lachlann.

— Je sors avec toi. Je rentre au pays, moi aussi, annonça-t-il en retournant sa coupe dans un geste définitif. Demain matin, je demanderai une audience au roi.

Il se leva. Meggott vint vers eux, prit la pièce d'Aleck et la laissa tomber dans son corsage.

— Où vas-tu ? s'enquit-elle, voyant Lachlann prendre son manteau.

— Chez moi, dit-il en lui effleurant la joue. Je te souhaite bonne chance.

Il l'embrassa comme un frère. Elle le fixa, puis hocha lentement la tête.

— Je savais que ça devait arriver. Ta terre te brûlait le cœur. Bonne chance.

Elle tourna les talons avec un sourire forcé.

Il la regarda, frappé par sa clairvoyance. Sa terre lui brûlait en effet le cœur – et sa terre, c'était Eva.

Il devait la rejoindre, quoi qu'il advienne.

5

La brume tournoyait au-dessus de l'eau, et le calme de l'aube était comme une bénédiction. En attendant Alpin au bord du loch, sous les dépendances de la forge, Eva frissonnait de froid. Refermant les bras autour de son buste, elle se rappela, comme trop souvent, la forte et chaude étreinte de Lachlann. Cette nuit lointaine était comme un rêve très cher qui ne deviendrait jamais réalité.

À travers le brouillard, elle aperçut l'île d'Innisfarna, avec d'un côté son bosquet d'arbres et de l'autre son château massif. Elle n'y avait pas mis les pieds depuis longtemps, et son château lui manquait cruellement.

Grâce à la généreuse hospitalité de Mairi MacKerron, la jeune fille vivait dans la maison du forgeron. La nuit, elle dormait dans le lit de Lachlann, pelotonnée sur son matelas bourré de bruyère. Ses rêves étaient pleins de lui.

Bien qu'Eva se fût montrée coopérative avec la garnison qui occupait le château, il s'était révélé difficile de rester chez elle. En tant que châtelaine et en dépit d'une situation qu'elle réprouvait, elle avait dirigé des serviteurs inconnus, répondant aux exigences d'une immense maisonnée.

Une nuit, après que les soldats eurent frappé, supplié et ricané à la porte de sa chambre – et ce n'était pas la première fois –, elle avait rassemblé ses affaires, fourré Grainne dans un panier et demandé à Alpin de la conduire sur l'autre rive, pour se réfugier chez Mairi MacKerron.

À présent, ses visites dans l'île étaient clandestines. Elle retrouvait souvent Alpin avant l'aube ; soucieux de sa sécurité, il lui avait proposé de lui apprendre le maniement de l'épée. Ces premiers rudiments s'étaient transformés en leçons régulières. Eva y trouvait de plus en plus de plaisir. Ces séances constituaient pour elle un exutoire à l'ennui et à la frustration.

Presque tous les matins, des soldats traversaient le loch pour soigner les chevaux et partir à la recherche des rebelles. Seuls Eva et Alpin savaient où se cachaient les rebelles MacArthur, dans les collines au-dessus du loch.

Elle entendit le clapotement des rames et vit bientôt le bateau émerger du brouillard. Alpin l'immobilisa sur la plage afin que la jeune fille pût y grimper, puis il repartit vers l'île.

— Aujourd'hui, murmura-t-il, nous travaillerons les coups nobles. Baisse-toi jusqu'à ce que nous ayons atteint l'extrémité de l'île, qu'on ne te voie pas.

Elle remonta son tartan sur ses cheveux nattés. Pour les exercices, elle portait généralement un vieux tartan ceinturé et une chemise empruntée au coffre de Mairi, appréciant la liberté et le confort offerts par les vêtements d'homme.

Contournant l'île, Alpin tira le bateau dans une crique bordée d'aulnes et de pins. Eva sauta à terre, tandis que le vieil homme attachait l'embarcation, puis ils se réfugièrent sous le couvert des arbres.

Après lui avoir tendu une épée en bois, il en prit une pour lui, et elle se mit aussitôt en garde, attendant le premier coup. Elle le para avec assurance, s'attirant les félicitations du maître.

Comme d'habitude exigeant, l'entraînement la laissa haletante. Le soleil ne tarda pas à dorer le sommet des collines, chassant la brume, signe que les soldats ne tarderaient pas à sortir du château. Eva suivit Alpin dans sa petite maison sur le rivage, en contrebas du château, pour boire une coupe de bière fraîche et déjeuner.

— Je ne peux pas rester longtemps aujourd'hui, annonça-t-elle. Margaret et son mari, Angus, ont eu un nouvel enfant, et j'ai promis de les aider cette semaine. Leur fille vient d'avoir deux ans, et elle n'aime pas beaucoup son petit frère.

— Je vais t'emmener, dit Alpin. Mais je veux d'abord te parler. Viens dans le jardin.

Il ouvrit la porte, et elle l'accompagna derrière la maison où la pente herbeuse, plantée de rosiers, descendait vers le loch.

Cette roseraie appartenait à la femme d'Alpin, morte quelques années plus tôt. Le vieil homme se plaignait d'être trop occupé à transporter des soldats à travers le loch, pour apprendre à soigner les fleurs.

Pourtant, les roses poussaient à profusion, et Eva soupçonnait Alpin de les bichonner. Elle aimait ce havre, les formes gracieuses des roses, leur parfum délicieux et leurs teintes délicates qui se reflétaient dans l'eau calme.

— Regarde celle-ci, dit-il. Elle s'est ouverte hier.

— Comme elle est belle, Alpin ! Je n'en ai jamais vu de pareille ! Et si tard dans la saison... Y en aura-t-il d'autres comme celle-ci ? demanda-t-elle en se penchant pour la renifler.

— Comment le saurais-je ? Elles éclosent, je les taille, et il en pousse d'autres. C'est une calamité, grommela-t-il en promenant autour de lui un regard serein.

— Que voulais-tu me dire ?

— Selon les soldats, Green Colin va bientôt rentrer de France. Il compte demander au roi la pleine possession de cette île. Eva, nous devons l'empêcher de s'emparer d'Innisfarna – même si nous ne pouvons pas l'empêcher de t'épouser.

Le cœur lui manqua, et elle huma de nouveau la rose, comme si son parfum était un remède à sa crainte.

— Nous sommes légalement fiancés, c'est un engagement presque aussi fort qu'un mariage. Je refuse de renoncer à l'île, et je l'ai dit à Colin avant qu'il ne parte. Si je dois faire moi-même appel au roi, je n'hésiterai pas à le faire. Mon droit est héréditaire, et sans lien avec les MacArthur. J'espère que le roi respectera cette ancienne tradition.

— Tout le monde n'a pas comme toi le sens de l'honneur, et nous savons déjà combien notre roi s'en moque. Cette île doit rester sous ton autorité. Faute de quoi, les conséquences seraient désastreuses pour toute l'Écosse. À présent que tu ne vis plus sur l'île, ta détermination a faibli.

— Je fais ce que je crois être le mieux. Colin m'a envoyé une lettre, l'année dernière, disant qu'il avait sollicité la restitution des droits de mon clan et la grâce de mon frère. Il tiendra sa promesse. La grâce a peut-être déjà été prononcée, ajouta-t-elle en essayant de sourire. Nous le saurons bientôt.

— Bah ! Green Colin sert ses intérêts, pas les tiens ni ceux de ton clan ! Tu n'as guère entendu parler de lui, pendant tout ce temps. Simon et moi voulons que tu rompes ces fiançailles et que tu laisses agir les rebelles. Ne sacrifie pas ton bonheur.

— J'ai donné ma parole en échange de son aide, murmura-t-elle en secouant la tête. Je l'honorerai.

Elle n'avait parlé à personne de la menace de Colin de faire exécuter Donal et de capturer Simon, si elle refusait de l'épouser. Elle caressa les pétales de rose, sans regarder Alpin.

— *Tcha!* dit-il. Entêtée. Où est l'audacieuse Eva que j'ai connue ? Que voudrait-elle ?

— Je veux ce qui est le mieux pour mon clan, et pour Innisfarna. Que pourrais-je vouloir d'autre ?

Autrefois, elle avait souhaité autre chose, mais à présent ces désirs n'apparaissaient qu'en rêve : elle y partageait sa belle île avec un homme aux cheveux bruns qui maîtrisait le feu, pliait le fer à sa volonté, et dont les tendres étreintes l'enflammaient.

— Il y a quelque chose que tu peux faire. Tu portes le nom de la valeureuse Aeife, qui défendit jadis cette île. Fais comme elle. Bats-toi pour Innisfarna. C'est pour ça que je t'apprends le maniement de l'épée, ajouta-t-il en lui lançant un regard étrange.

— Me battre ? Tu m'as appris à me servir d'une arme pour me défendre. Je ne suis pas une guerrière !

— Écoute-moi, dit-il en montrant le loch. L'Épée de Lumière repose dans ces eaux, marquant l'entrée du monde des fées. Seuls toi et moi en comprenons l'importance. Cette île doit toujours rester sous la garde d'une descendante d'Aeife. Regarde ce qui est arrivé depuis que la paix est troublée. L'installation d'une garnison, la confiscation des biens, la mort de vingt chefs highlanders, dont ton père.

— Alpin, ça n'a rien à voir avec la légende.

— Vraiment ? Les légendes sont de puissants mystères. Si Innisfarna est menacée, l'Épée de Lumière l'est aussi, de même que l'Écosse. Tu dois te battre, comme Aeife l'a fait. J'ai vu cela venir, et je t'y ai préparée.

— Pourquoi ne me l'as-tu pas dit plus tôt ?

— Tu aurais refusé. Malgré ton intrépidité, tu n'aimais pas te battre avec les garçons, autrefois, et tu n'aimais pas non plus entendre cet épisode de la légende de ton île. Mais maintenant que tu sais te servir d'une épée, nous trouverons la guerrière qui dort en toi, acheva-t-il avec un sourire mutin.

— Alpin, ce n'est qu'un conte ! Tu ne peux pas me demander…

— Que sont les légendes, sinon pure vérité ? Celle-ci enseigne le courage et la droiture. Nous devons en tenir compte, ou tout perdre.

— Je ne peux rien contre une garnison. Je n'ai pas d'armée, pas d'armes – et aucune envie de me battre !

— Regarde, dit-il en saisissant la fleur. Dis-moi le secret de cette rose.

— Le secret ? répéta-t-elle, perplexe.

— Elle est belle. Prends-la. Allez.

Elle obéit. Une épine lui piqua le pouce, lui arrachant une grimace de douleur. Elle lâcha la tige et regarda Alpin en suçant le sang qui perlait.

— La rose se défend, commenta-t-il, et tu feras la même chose. Tu es forte, vive et intrépide. Emploie tes talents. Tu as un grand potentiel, et déjà une certaine habileté. Et bien sûr, un excellent maître, conclut-il avec un clin d'œil.

— Tu n'es qu'un vieux sournois.

— C'est vrai, Aeife, dit-il, utilisant l'ancienne prononciation de ce nom, *Eh-fah*, d'où dérivait « Eva ».

Elle se rappela les récits des exploits guerriers du vieillard, avant même qu'elle fût née, avant qu'il devînt leur batelier. Il avait appris le maniement de l'épée à ses frères et à d'autres garçons, dont Lachlann, et elle comprenait maintenant pourquoi il avait mis tant d'empressement à lui transmettre son art.

— Je n'ai pas l'intention de jouer cette légende pour te faire plaisir, déclara-t-elle d'un ton ferme.

— Nous en reparlerons.

Il cueillit deux grosses roses sur un autre rosier, sans paraître gêné par les épines.

— Tu as de quoi réfléchir, ajouta-t-il. Tiens, apporte ces fleurs à Mairi MacKerron. Ça lui fera plaisir, même venant d'un vieux batelier.

Il la ramena au bateau et lui fit retraverser le bras d'eau. Assise, les fleurs dans les bras, Eva était en proie à des pensées tumultueuses.

— Nous continuerons à nous entraîner sur le sol d'Innisfarna, dit Alpin, tandis qu'elle posait le pied sur la plage de sable blanc. L'île te donne force et volonté. Viens ici demain à l'aube, et je t'enseignerai le maniement de la longue épée. Il est temps que tu troques le bois contre l'acier.

Elle le considéra, ne sachant que penser.

— Ma fille, poursuivit-il, pour l'instant, tu n'éprouves pas l'envie de te battre, mais cela viendra. Quand Colin essayera de prendre ton île, l'envie jaillira en toi comme un feu. Je te connais, Aeife. Le jour venu, tu ne retiendras pas ton courage. Tu feras ce qui doit être fait. Et je compte t'y aider.

Il reprit les rames et s'éloigna sur le loch.

En montant vers la maison du forgeron, Eva se disait qu'Alpin avait raison. Elle devait défendre Innisfarna ; il convenait donc d'apprendre à se battre, comme la fière et valeureuse Aeife. Bien qu'il lui manquât un cœur de guerrier et des pouvoirs magiques, elle devrait suivre la légende.

Et accomplir sa destinée.

6

C'était la pleine lune. Le ciel étincelait d'étoiles, tandis qu'un vent glacé soulevait sa houppelande. À travers les arbres, il voyait scintiller la surface du loch et reconnut les alentours : loch Fhionn, enfin.

Il guida son solide courtaud sur un chemin dont il connaissait chaque pierre. Acheté à Perth, le cheval convenait à la longue chevauchée qui le ramenait en Argyll. Lachlann se sentait fatigué par le voyage, mais heureux de retrouver ces collines, après des mois de vie citadine.

Il avait passé la dernière semaine à arpenter le château du roi, dans l'attente d'une audience et du message officiel qu'il devait remettre aux MacArthur. Porteur de la lettre du roi, il avait endossé son armure.

Il se dirigeait vers Balnagovan en suivant le bord du loch ; le petit village se résumait en une chapelle et quelques fermes. Auparavant, les terres étaient occupées par les MacArthur, mais la proscription du clan avait dû en chasser la plupart, sinon la totalité. Il n'était pas étonné de trouver des maisons désertes, aux fenêtres bouchées par des planches, et des étables vides.

Au milieu du loch, il distinguait la forme familière d'Innisfarna avec son gros château se détachant, sombre, dans la nuit. Des lumières brillaient aux fenêtres, et il se demanda si Eva y était, avec son mari. À cette pensée, son cœur chavira.

Il approchait de la maison du forgeron. Balnagovan signifiait « village du forgeron » en gaélique. La forge elle-même, avec son écurie, était perchée sur une colline dominant le loch. La maison se trouvait de l'autre côté d'un large pré. Enfin de retour à la maison ! songea Lachlann avec soulagement en pressant sa monture.

La longue construction de pierres sèches, avec son toit de chaume, apparut devant lui. Les volets des deux fenêtres flanquant la solide porte de chêne étaient fermés. On devinait, derrière le bâtiment, l'étable en pierre, les latrines et le grand jardin. Malgré la nuit, on voyait de la fumée sortir de la cheminée. Lachlann entendit un chien aboyer à l'intérieur de la maison.

Solas, pensa-t-il avec un sourire. Sa mère adoptive, Mairi MacKerron – Muime, comme il l'appelait – serait fatalement réveillée par ses aboiements.

Il mit pied à terre et attacha son cheval qui hennit faiblement. Des ébrouements étouffés provenant de l'écurie lui répondirent. Les chevaux qui y étaient abrités devaient appartenir aux habitants d'Innisfarna. Tôt ou tard, il verrait Eva – et son Campbell de mari. Son estomac se noua.

Les aboiements se firent plus puissants, accompagnés par le jappement d'un chien plus petit. Pendant son absence, Muime avait dû acquérir un autre corniaud, songea Lachlann. Il frappa et appela.

Les deux chiens se déchaînèrent, et une voix de femme, pratiquement couverte par le vacarme, tenta de les faire taire.

— Mairi MacKerron, je suis de retour ! dit-il d'une voix forte pour être entendu malgré les aboiements.

— Partez ! fut la réponse.

— Je suis de retour, répéta-t-il. Laisse-moi entrer.

Il tira sur le loquet, espérant qu'il céderait facilement, mais il tenait bon. Il insista. Faute de forgeron pour l'huiler, le fer avait dû rouiller. Au clair de lune, il remarqua de nouveaux rivets, ce qui indiquait qu'on avait ajouté des fermetures à la porte.

— Partez, s'obstina la femme.

— Qui êtes-vous ? demanda-t-il en frappant de nouveau.

Il entendit un bruit sourd et un grattement, comme si un chien sautait contre le battant.

— Femme, ouvrez cette porte ! cria-t-il pour couvrir les hurlements de l'animal.

— Partez ! Solas, descends ! Toi aussi, Grainne ! Laissez-nous, monsieur, les chiens sont énervés ! J'ai une épée, et je sais m'en servir !

— Une épée ! Seigneur, marmonna-t-il. J'habite ici ! hurla-t-il en plaçant sa bouche près d'une fissure dans le chêne. Ouvrez la porte ! C'est Lachlann !

Suivit une pause, comme si la femme et les chiens étaient frappés de stupeur.

— Lachlann MacKerron ?

Maintenant, il l'entendait clairement : une jeune femme à la voix douce comme du miel, une voix merveilleusement familière…

Le cœur en déroute, il appuya les mains et le front contre la porte, d'un geste où se mêlaient gratitude et crainte.

Eva plaqua les mains sur le battant.

— Lachlann ! s'exclama-t-elle.

— Eva, laisse-moi entrer.

Au son de cette voix profonde, qu'elle n'avait pas entendue depuis plus de trois ans, elle fut parcourue de frissons.

Solas sauta contre la porte. Grainne l'imita en jappant furieusement. Eva chassa la petite chienne et chercha le verrou.

— *Ach Dhia,* Solas, tu savais ! murmura-t-elle. Tu savais que Lachlann était à la porte, alors que je le prenais pour un soldat ivre d'Innisfarna !

Elle dégagea la barre de bois et tira sur l'autre fermeture, un moraillon métallique et une chaîne. Le milieu de la petite bâcle était ajusté sur une gâche en fer. Elle tira de toutes ses forces, mais ne réussit pas à les défaire.

— Eva ! appela Lachlann.

— Le verrou est coincé, répondit-elle en tirant en vain. Ça arrive parfois.

Solas hurla à la mort, imitée par Grainne.

— Oh, tais-toi, Grainne ! Et toi aussi, Solas, ordonna Eva.

Elle tira sur la poignée centrale et ouvrit la porte le plus grand possible – quelques centimètres – pour regarder dehors.

Le clair de lune auréolait la tête et les épaules de Lachlann, faisant briller l'acier de sa cuirasse. Son visage était dans l'ombre. Il paraissait encore plus grand et fort que dans son souvenir.

— La bâcle doit être rouillée, dit-il. D'où vient ce verrou ? Ce n'est ni Finlay ni moi qui l'avons mis sur cette porte.

— C'est le forgeron de Glen Brae qui l'a posé.

Elle tira de nouveau pour libérer la pièce de métal, sans succès.

— Comment se fait-il que tu sois ici ? demanda-t-elle, exaspérée.

— J'habite ici. Et toi, pourquoi es-tu là ? Et où est Mairi ?

Solas passa le museau dans l'entrebâillement, et Lachlann lui caressa la tête.

— Alors, Solas, grande sotte, murmura-t-il. Ça fait plaisir de te revoir.

— Je n'y arrive pas, haleta Eva.

— Laisse-moi faire.

Lachlann glissa la main, trouva le verrou, effleurant les doigts de la jeune fille – contact délicieux –, et fit jouer le moraillon. Eva ouvrit la porte, et il se baissa pour entrer.

Dans la lueur rubis du feu de tourbe, il se dressait à son côté tel un roi de légende, sensuel, irrésistible. Abasourdie par son retour, elle l'était plus encore par sa beauté sauvage. Il émanait de lui une virilité plus puissante que dans ses rêves.

Reprenant ses esprits, elle prit une bougie sur une étagère, l'alluma aux braises, puis se retourna en protégeant la flamme. Il était toujours là : ce n'était pas un rêve...

Solas lui sauta dessus, et il rit en la caressant affectueusement. Puis il saisit la tête de la chienne entre ses mains et lui parla tout bas. Grainne regardait la scène en remuant la queue.

— Solas se souvient bien de toi, constata Eva avec un sourire.

— Oui. Et toi ? demanda-t-il en levant la tête.

— Moi aussi. Bienvenue chez toi, dit-elle calmement, comme si son cœur ne battait pas la chamade, comme si ses genoux et ses mains ne tremblaient pas.

Il se pencha pour caresser le terrier.

— Je vois que Mairi s'est trouvé un nouvel ami. Qui est ce petit chien ?

— Elle est à moi. Je l'appelle Grainne.

— Plutôt *cràineag*, ironisa-t-il.

— Elle ne ressemble pas du tout à un hérisson ! s'indigna Eva.

— Petite, ronde et brunâtre avec une fourrure en épis – c'est pourtant tout à fait ça. Alors, petite *cràineag*...

Grainne lui lécha généreusement la main.

— Grain-ne, insista Eva. C'est Colin qui me l'a donnée.

Le sourire de Lachlann disparut. Il pivota, en examinant les lieux. S'approchant de la cheminée, il jeta un coup d'œil dans la petite pièce cachée derrière le mur de l'âtre, la chambre de Mairi. Solas et Grainne ne le lâchaient pas d'une semelle.

— Où est Mairi ? s'enquit-il.

Il se dirigea vers sa propre couche, installée dans une alcôve à l'autre extrémité de la maison.

— C'est là que tu dormais ? demanda-t-il en voyant le rideau ouvert sur un lit défait.

— Oui.

Elle croisa les bras, consciente de son indécence : elle était pieds nus et ne portait qu'une fine chemise de lin, ses longs cheveux défaits lui tombant sur la poitrine.

— Mairi est allée chez sa nièce Katrine et sa famille à Glen Brae, ajouta-t-elle.

— Je pensais trouver sa sœur ici.

Lachlann la fixa d'un regard sévère. Il paraissait soudain sombre et las, avec ses cheveux longs et ses paupières tombantes. Pourtant, ses yeux étincelaient du même bleu vibrant qu'autrefois.

— Sa sœur a passé plusieurs mois ici, dit-elle. Mairi est partie à Glen Brae aider sa nièce, qui a eu des couches difficiles. Elle sera absente un moment… Lachlann, je t'en prie, assieds-toi. Je vais te préparer quelque chose à manger.

— Je vais à Glen Brae. Muime a eu le message que je lui ai envoyé ?

— Nous n'avons rien reçu. Mairi n'est plus à Glen Brae. Elle est allée au nord voir son autre nièce, dont les enfants étaient malades. Alpin saura quand elle doit revenir, car il va souvent de ce côté du loch.

— Pourquoi es-tu ici cette nuit ? Alpin a refusé de te faire traverser ?

— Il me fait traverser quand je veux. J'habite ici.

— Je ne comprends pas, dit-il en se passant une main dans les cheveux.

— Les explications peuvent attendre que tu aies mangé et te sois reposé.

— Je dois d'abord m'occuper de ma monture, répliqua-t-il en pivotant vers la porte.

— Je vais te conduire à l'écurie.

— Je connais le chemin de mon écurie, rétorqua-t-il d'un ton brusque. Et puis, tu n'es pas habillée. Le vent est froid, cette nuit.

— Alors, tourne-toi, dit-elle en rougissant.

Il se dirigea vers la porte et se mit à inspecter les fermetures tandis que, s'approchant du lit, elle décrochait sa robe de serge brune pendue à un clou. Elle l'enfila sur sa chemise, sans se donner la peine de la lacer, puis se retourna vers Lachlann.

Il manipulait les verrous d'une main ferme et sûre. La dernière fois qu'ils s'étaient vus, ils s'étaient embrassés avec passion, et elle lui avait fait des avances qu'il avait sagement repoussées. Depuis lors, elle rêvait de lui, ce qui ne faisait qu'enflammer ses sens.

— Rouillé et de mauvaise fabrication, décréta-t-il en secouant le moraillon. Des verrous, des barres, des fenêtres grillagées… C'est une vraie forteresse.

— Nous ne sommes pas tranquilles comme autrefois, à Balnagovan.

— J'ai entendu dire que les MacArthur se rebellaient.

— Ce ne sont pas les MacArthur qui m'inquiètent.

— Tes proches se cachent ici ? C'est pour ça que vous êtes barricadés ? Où sont Simon et les autres ?

— Je ne peux pas répondre, dit-elle, aussitôt sur ses gardes.

— Pourquoi pas ? J'ai toujours été leur ami.

— Mais tu reviens couvert d'une armure, et avec des armes, sûrement. À te voir, on penserait davantage à un homme du roi, décidé à dénicher des hors-la-loi, plutôt qu'à un forgeron rentrant chez lui pour travailler. Pendant ton absence, nous avons appris la prudence.

— C'est ce que je vois.

— Je suis désolée, soupira-t-elle, désireuse de corriger la mauvaise impression qu'elle avait pu lui donner. Tu mérites un meilleur accueil.

— Oh, on ne pourrait rêver plus agréable retour au foyer. Un bon feu, une maison confortable, et une ravissante femme pleine de détermination. Qui ne s'en contenterait ?

— En tout cas pas toi.

— Ça fait du bien de parler de nouveau gaélique, dit-il avec un sourire forcé. Après plusieurs années à parler français et anglais… Tu as l'air bien, Eva, ajouta-t-il, l'observant d'un regard pénétrant. Plus… féminine.

— Et toi, tu as vieilli, risqua-t-elle en rougissant. Tu parais fatigué.

— J'ai voyagé toute la journée.

— Ce n'est pas ça. Tu es plus mûr et plus fort. Mais je devine en toi… une lassitude.

Elle ne révéla pas le fond de sa pensée – qu'il avait l'air sombre, comme si son âme était en deuil. Il avait une balafre sur la joue qu'elle ne lui connaissait pas, des cernes et de fines rides autour des yeux. Ces derniers, qui avaient la clarté du ciel, étaient devenus durs et froids.

Elle avait envie de lui demander ce qui le troublait, et comment il avait pu autant changer en trois ans. Elle avait envie de savoir ce qui l'amenait ici au milieu de la nuit, mais elle se tint coite.

Elle savait qu'il ne répondrait pas.

7

Lachlann attendait, tenant la porte ouverte. Eva empoigna son châle et passa devant lui. Solas se rua dehors et disparut comme une flèche, tandis que Grainne restait dans la maison. La jeune fille à son côté, Lachlann conduisit le cheval à l'écurie.

— Comment se fait-il que tu arrives en pleine nuit ? Tu vas bien ?... Et cette balafre ? C'est la guerre qui t'a fait ça ?

— Je vais bien, Eva.

— Tu es chevalier à présent ?

— Oui.

— Quand as-tu quitté la France ?

— Il y a quelques mois.

— Chevalier et propriétaire d'une terre ? insista-t-elle. Comment cela s'est-il passé en France ? Il y a longtemps que tu es en Écosse ?

Elle parlait comme une pie, elle le savait, mais c'était plus fort qu'elle. Encore sous le choc de son retour, elle avait besoin de retrouver leur vieille amitié.

— Holà, doucement ! Je n'ai jamais été aussi rapide à répondre à tes questions que toi à les poser, dit-il en riant. Je vais assez bien. Je suis revenu vivant. Je suis chevalier, mais je ne possède pas encore de terre. La France... c'était dur. Je suis revenu en Écosse cet été, et depuis, je suis resté à Perth.

— Mes cousins Parlan et William sont revenus, l'hiver dernier. Ils m'ont parlé de leur séjour en France et m'ont dit que la guerre était dure pour tous – Français, Écossais, Anglais.

— C'est vrai. Pourquoi es-tu ici plutôt qu'à Innisfarna ? Et où est... ton mari ?

— Pour le moment, je ne peux pas rester à Innisfarna. Et Colin n'est pas mon mari – pas encore. Nous... nous sommes fiancés. Il était en France, lui aussi.

— Ah ! fit-il en détournant les yeux. À quand le mariage ?

Elle hésita, ne souhaitant pas répondre, mais il se tourna vers elle.

— Quand il reviendra en Argyll, dit-elle.

— Ah ! répéta-t-il en hochant lentement la tête.

— Colin est ambassadeur en France. Tu l'as vu là-bas ? Mes cousins m'ont dit que tu étais à la cour de France, que tu faisais partie de la garde.

— Je ne l'ai jamais vu, mais il y avait des milliers d'Écossais en France. Je ne suis resté que peu de temps à la cour. Après l'avoir quittée, j'ai fait partie... d'une compagnie particulière. Si tu n'habites pas Innisfarna, qui y habite ? Il y a des chevaux dans l'écurie, remarqua-t-il. À qui sont-ils ?

— Le roi y a installé une garnison, et je refuse de rester au château, seule femme parmi tous ces hommes. Les soldats sont arrivés juste avant que mon père...

Elle ne put continuer.

— J'ai appris la nouvelle, murmura-t-il, adouci. Je suis désolé, Eva.

Elle prit une profonde respiration.

— Il y a ce qu'il faut dans l'écurie pour nourrir et abreuver ton cheval.

Il mena sa monture à l'intérieur. Pendant qu'il cherchait une stalle vide, elle alla prendre un grand seau d'eau au fond du bâtiment. Lachlann vint à sa rencontre.

— Je vais le porter, dit-il en le lui prenant des mains. C'est trop lourd pour toi.

— Ce n'est rien, je suis habituée. Depuis que je suis ici, non seulement je vais chercher l'eau, mais je bine le jardin, soigne le bétail, fais la cuisine, brasse, tisse des paniers et des nattes, et je coupe même la tourbe.

Il porta le seau dans la stalle et le vida dans l'abreuvoir.

— Je croyais trouver une femme gâtée par un riche mari. Je ne pensais pas te voir, travaillant comme une fermière.

— Gâtée ? Tu me connais, tout de même !

— Est-ce que je te connais ? répliqua-t-il doucement.

Leurs regards se nouèrent, puis il se tourna pour desseller le cheval.

— Je vais retourner à la maison te préparer quelque chose à manger, dit-elle, les joues en feu. Demain, je chercherai un endroit où dormir.

— Pourquoi ? demanda-t-il en posant la selle.

— Nous ne pouvons pas habiter ensemble !

— Je ne vais pas te jeter dehors. C'est ta maison, après tout, dit-il en brossant le dos de l'animal. Demain, je dormirai dans la forge, après l'avoir nettoyée. Et je ne resterai peut-être pas longtemps à Balnagovan.

Déçue, elle attendit, espérant en apprendre plus sur ses projets, mais il continua à panser son cheval. Elle examina son armure étincelante, le harnais en beau cuir, la selle en bois sculpté et rembourrée, l'épée dans son fourreau et les autres armes.

— Bel équipement pour un Highlander, commenta-t-elle. Mes cousins disent que tu t'es distingué en France. Que tu étais avec cette femme guerrière qui a voulu sauver son pays. Même ici, nous en avons entendu parler.

— J'appartenais à sa garde écossaise. Nous étions sept, chargés de la protéger.

— As-tu été récompensé pour tes faits d'armes ?

Il la regarda sans répondre, puis se pencha pour soulever le pied arrière du cheval et en examiner le sabot. Ses mains étaient habiles, sa voix calme tandis qu'il parlait à l'animal. Eva l'observait, en proie à des pensées houleuses. Une question la hantait.

— Tu as une femme ? s'enquit-elle, le cœur battant.

— Non, répliqua-t-il sans lever la tête.

— Pourquoi es-tu revenu si soudainement, armé comme un homme du roi ?

— Tu as toujours été curieuse, dit-il en se redressant. Et bavarde. Je vois que ça n'a pas beaucoup changé.

— Pas beaucoup. Et tu as toujours aimé les secrets. Je vois que ça n'a pas changé non plus.

— Il n'y a pas de secrets. Je rentre chez moi, c'est tout.

— Tu ne comptes pas te borner à la forge, dit-elle en croisant les bras.

Il mit une couverture sur le dos du cheval.

— J'ai une lettre pour Simon. Du roi en personne.

— Tu es venu l'arrêter ? Tu ne le trouveras pas facilement !

— Je suis un messager. Seulement un messager. Eva, il est tard. Tu me diras demain où je peux trouver ton frère. Pour l'instant, ce que je veux, c'est dormir. Cette nuit, j'aimerais dormir dans la maison.

— Tu peux prendre le lit de Mairi, dit-elle calmement malgré les battements accélérés de son cœur.

— Bien sûr. Tu croyais que je voulais dormir avec toi ?

Elle réprima un soupir. La solitude et la déception la submergèrent. Il n'était pas l'homme doux et aimant qui hantait ses rêves ; il était froid, cassant, réservé, presque un étranger. Mais que pouvait-elle espérer d'autre de sa part, après si longtemps ?

Elle tourna les talons et s'enfuit.

En revenant dans la maison, Lachlann caressa les chiens qui lui faisaient fête et jeta un regard à Eva, occupée à remuer la marmite sur le foyer. Elle avait les joues brillantes, et il se demanda si c'était le feu ou le bouleversement provoqué par son arrivée.

Il déboucla les lanières de cuir qui maintenaient sa cuirasse à la taille et aux épaules.

— Je vais t'aider, déclara-t-elle en s'approchant.

Il se pencha sans un mot. Elle lui effleura le cou et lui caressa la joue de son souffle. Une fois le plastron et la dossière séparés, il les mit de côté et délaça sa veste matelassée, attachée aux manches et au col de mailles. Eva souleva le lourd vêtement et le posa sur un tabouret.

Lachlann était maintenant torse nu, avec son seul pantalon de laine brune et les bottes fatiguées qui ne l'avaient pas quitté depuis son départ pour la France. Il sentait le regard de la jeune fille sur son torse et ses épaules, couverts de cicatrices.

— Oh, Lachlann... murmura-t-elle, emplie de compassion.

Elle toucha le long croissant rose qui lui barrait le flanc gauche. Le souvenir de cette blessure – reçue au moment de la capture de Jehanne à Compiègne – était plus vif que la cicatrice à présent guérie. Au contact des doigts d'Eva, son cœur chavira.

— La blessure était sérieuse, dit-elle.

— C'est du passé.

Elle lui tendit une chemise et le tartan qu'il portait autrefois. Depuis son départ pour la France, il ne s'était pas habillé en Highlander. Il enfila la chemise par la tête, et Eva l'ajusta sur ses épaules.

— Tu ferais un bon page, plaisanta-t-il. Pour le moment, je me contenterai de la chemise. Je mettrai le tartan demain.

Il alla s'asseoir à table. La jeune fille posa un bol de porridge fumant devant lui et versa de la bière dans une coupe de bois. Comme il était étrange, pensa-t-il, que ce soit Eva et non sa mère adoptive qui lui donne son repas...

Il goûta la bouillie d'avoine.

— Excellente, approuva-t-il. Chaude, salée et douce, et d'une consistance parfaite. Tu as appris à faire la cuisine, ajouta-t-il avec un petit sourire.

— J'ai toujours su, répliqua-t-elle sèchement. Tu l'ignorais, c'est tout.

— Je te taquinais. Ça fait du bien de manger de nouveau l'avoine des Highlands. On n'en trouve pas en France, et à Perth elle n'est pas aussi bonne qu'ici. Je te remercie pour le repas, et je m'excuse de t'avoir tirée du lit en pleine nuit.

Elle rougit, et il se rendit compte qu'il avait usé d'un ton trop intime. Il voulait rester distant, mais lui parler était aussi naturel que de boire de l'eau. Il l'avait toujours connue – il avait même assisté à ses premiers pas – et était heureux de la revoir.

Il comprit soudain que, malgré tous ses efforts, il n'avait jamais cessé de l'aimer.

Il se remit à manger, tout en l'observant. Elle avait toujours été jolie, fantasque, gracieuse, mais opiniâtre. Avec le temps, elle était devenue une beauté, plus sombre toutefois que dans son souvenir. Sa bouche et son petit nez étaient restés malicieux, mais ses lèvres étaient plus sensuelles. Sa mâchoire volontaire trahissait le même trait de caractère que ses sourcils droits et noirs, au-dessus de ses captivants yeux gris-vert. Séduisante, mais innocente, pensa-t-il. Un visage qu'on ne pouvait pas oublier, qu'on ne se lassait pas de regarder.

Elle sourit timidement. Il détourna les yeux.

Il but de la bière avec parcimonie, de peur de s'enivrer.

— Elle est bonne, commenta-t-il. Légère et un peu douce. C'est toi qui l'as brassée ?

— Oui. Mairi m'a appris. Elle est trop douce pour ton goût ? demanda-t-elle en s'asseyant face à lui.

— Elle est bonne. La bière française est forte et amère, et celle de Perth tellement forte qu'une seule coupe suffit à vous décaper l'estomac et vous faire tourner la tête. Rien d'aussi délicat que ça.

— C'est la bruyère. Mairi m'a montré comment en récolter les meilleures fleurs pour les ajouter au malt, avec un peu de miel.

Il hocha la tête, termina son porridge et jeta un regard circulaire. Les murs de pierre avaient besoin d'être chaulés. Le sol de terre battue était couvert de nattes de roseaux récemment tressés. Le toit de chaume avait été rafraîchi. Des ustensiles de cuisine et des paniers étaient suspendus aux chevrons noircis par la fumée. Plusieurs paniers paraissaient neufs.

À l'extrémité de la pièce, l'âtre de pierre, qui servait de séparation et avait toujours été la fierté de sa mère adoptive, avait été balayé. Les morceaux de tourbe incandescents répandaient une odeur douceâtre, et la fumée disparaissait dans le conduit, sans enfumer la maison. Il l'avait construit avec Finlay, pour remplacer le cercle de pierres qui tenait auparavant lieu de foyer.

Son regard s'arrêta sur le lit confortable à l'autre bout de la maison, avec sa couverture de fourrure. Il imagina Eva y dormant.

— La maison est bien tenue, dit-il. Elle est exactement comme je me la rappelais.

— Quand on est occupée, on se sent moins seule.

— Seule ?

— C'est si calme ici, en ce moment. Je m'occupe de la maison et des animaux, je vois souvent Alpin, quoique je n'aille plus au château. Je vois parfois Simon, ou Mairi, ou le prêtre – le père Alasdair ne vient plus qu'une ou deux fois par mois à l'église ; il dessert quatre paroisses depuis que la nôtre est devenue si petite. Je rends visite à Margaret, bien que ses enfants lui prennent beaucoup de temps. Autrefois, il y avait tant de choses à faire… avant tous ces changements.

— La vie change, Eva. Nous avons changé. Parle-moi de Margaret. Elle est mariée ?

— Elle a épousé Angus Lamont, le charpentier. Ils ont deux enfants.

— Je suis content pour eux.

— Tu les verras bientôt. Ils n'habitent pas loin d'ici. Autrement, peu de gens sont restés dans cette vallée. La plupart des MacArthur s'étaient installés ici quand mon père a épousé ma mère, mais maintenant ils sont partis – à cause du roi, précisa-t-elle, la gorge serrée.

Il eut envie de la réconforter, mais elle se tourna vers le feu.

— J'ai appris ce qui est arrivé, et j'en suis désolé, Eva. Iain MacArthur méritait mieux.

— Au début, j'étais triste et en colère. À présent, je suis résignée.

Elle se tenait de profil, les yeux brillants de larmes, la mâchoire crispée.

— J'ai perdu Finlay peu avant mon départ, dit-il en s'approchant d'elle. Le chagrin s'estompe, avec le temps.

— La mort de mon père était injuste, et les gens de mon clan ont souffert. Mon chagrin est profond.

— Eva, je suis désolé, je n'étais pas là pour toi... pour vous tous.

— Mon frère Donal est toujours en prison. Nous n'avons plus qu'un espoir, maintenant : c'est que Colin obtienne sa libération et le pardon pour le clan. Il a promis de les demander.

L'attente d'un secours de son fiancé fut pour Lachlann comme une douche d'eau glacée. C'était lui rappeler qu'Eva n'avait pas besoin de lui.

— Je suis sûr que tout s'arrangera.

— Je... Nous pensions que tu étais mort, lança-t-elle brusquement. Mes cousins disaient que tu étais avec la jeune Française qui menait l'armée, mais ils ne savaient pas ce que tu étais devenu après sa capture. Elle a été brûlée vive, paraît-il. Encore une mort horrible et injuste.

La compassion adoucit le regard d'Eva, mais il détourna les yeux. Il ne voulait pas parler de cette période de sa vie.

— Si j'avais su que Muime et toi me croyiez mort, je vous aurais envoyé d'autres nouvelles, dit-il.

— Je voulais t'écrire, mais je ne savais pas où te joindre. Je voulais te dire pour mon… père.

Elle étouffa un sanglot. Il lui toucha l'épaule.

— Je suis désolé, murmura-t-il en se penchant vers elle.

Tout en sachant que ce serait déplacé, il avait envie de la prendre dans ses bras, de l'embrasser.

— Je suis contente que tu sois revenu, Lachlann, soupira-t-elle. Et je n'ai pas oublié notre… nos adieux.

Il n'avait pas non plus oublié, et il luttait contre l'attirance qu'il éprouvait pour elle. Il secoua la tête et sourit.

— Tu veux parler de la nuit du 1er mai ? demanda-t-il d'un ton qu'il souhaitait léger. Nous étions jeunes alors. Mais à présent, tu vas bientôt te marier. Mieux vaut oublier, mon amie… Il est tard, et je suis fatigué. Bonne nuit.

Au coup d'œil qu'elle lui jeta, il sut l'avoir blessée. Bien qu'elle fût toujours la fille audacieuse qu'il avait connue, le chagrin et les épreuves l'avaient rendue vulnérable. Tournant les talons, elle traversa la pièce, grimpa dans le lit et ferma les rideaux de l'alcôve.

Troublé, il gagna la petite chambre de Mairi, enleva ses bottes et se laissa tomber sur le moelleux matelas de bruyère, qui dégageait une odeur légèrement sucrée.

Demain, pensa-t-il, il déménagerait ses affaires dans la forge.

8

Eva se réveilla avant l'aube, encore émerveillée par un rêve où elle s'était retrouvée dans les bras de Lachlann. Elle s'assit en passant une main dans ses cheveux en désordre, puis se rappela qu'il était revenu et qu'il était ici, dans la maison. Rougissant de son rêve, elle se glissa hors du lit et enfila en hâte la chemise, le pantalon en laine et le tartan qu'elle portait pour l'entraînement. Elle passa sur la pointe des pieds à côté des chiens endormis ; habitués à ses levers matinaux, ils ne saluèrent son passage que d'un discret coup de queue.

Elle jeta un coup d'œil derrière l'âtre. Lachlann dormait profondément ; ses faibles ronflements et sa longue silhouette allongée sous la courtepointe avaient quelque chose de rassurant. Elle le regarda un long moment puis, se rappelant qu'Alpin l'attendait, elle fit volte-face.

Elle fourra une galette d'avoine dans son ballot, en laissa pour Lachlann – hors de portée des chiens. Après s'être débattue avec le moraillon, elle ouvrit doucement la porte et sortit dans l'air froid et vif du matin.

Elle jeta un peu de nourriture aux poulets et aux chèvres, avant de traire la vache puis de la mener au pré. Elle devait s'acquitter de ces tâches, car elle comptait s'absenter la plus grande partie de la journée. Après son entraînement avec Alpin, elle irait trouver Simon dans les collines pour lui annoncer le retour du forgeron.

Elle courut jusqu'au loch, où Alpin l'attendait. Elle grimpa sans un mot dans le bateau et remonta le tartan sur sa tête et ses épaules afin de se cacher. Elle était impatiente d'annoncer la nouvelle, mais elle attendit d'être sous l'abri des arbres.

— Lachlann MacKerron est revenu la nuit dernière à Balnagovan.

— Le gars du forgeron ? Il a survécu à la guerre en France. Tant mieux ! Nous avons besoin d'un bon forgeron.

Les cheveux blancs en bataille, le visage tanné et ridé, ses yeux bleus plissés par la curiosité, Alpin n'était guère plus grand qu'elle, mais solide comme un chêne.

— Il ne compte pas rester longtemps. Il a proposé de s'installer dans la forge pour me laisser la maison.

— Ah, celui-là, il t'a toujours aimée… remarqua-t-il avec un clin d'œil.

— Il me supportait, c'est tout. Il est chevalier, maintenant, et homme du roi.

— Je veux entendre ses aventures. Tes cousins m'ont dit qu'il était avec cette extraordinaire paysanne. Envoyée de Dieu, paraît-il. Les Français voyaient en elle un sauveur, les Anglais une sorcière – et ils l'ont brûlée. Quelle pitié ! marmonna-t-il. D'après ce que j'ai entendu, c'était une fille audacieuse au cœur généreux, qui s'est sacrifiée pour son peuple.

Eva poussa un soupir et regarda le château en hochant la tête. Le ciel pâlissait et elle ne pouvait pas s'attarder.

— Lachlann aura des histoires à raconter ! continua le batelier.

— Il ne paraît guère disposé à parler de la France – ni d'autre chose, d'ailleurs. Je ne sais pas très bien pourquoi il est revenu. Je crois qu'il cache quelque chose.

— Ce garçon a toujours été renfermé. Mais c'est un bon forgeron, nous en avons besoin. Et Mairi MacKerron sera contente.

— Il veut aller la voir à Glen Brae.

— Dis-lui que je le conduirai en bateau dès qu'elle sera de retour.

Eva entendit un froissement dans les arbres, puis un bruit sourd. Elle regarda autour d'elle et crut distinguer un éclair doré et un petit visage, un visage de fée, qui disparut aussitôt.

— Il y a quelqu'un ! chuchota-t-elle. J'ai vu un visage !

— Il n'y a personne. Tu as peut-être vu une loutre, dit Alpin en haussant les épaules. Eva, j'ai des nouvelles, moi aussi. Un messager est venu à Innisfarna. Il est allé à l'extrémité du loch et a appelé le batelier – il aurait pu y rester toute la journée, si je n'avais pas regardé dans cette direction. Pendant qu'il était avec les hommes du roi, je me suis attardé pour écouter.

— Apportait-il un message du roi ?

— De Green Colin. Il est à Édimbourg.

— Il est donc revenu… murmura-t-elle, anéantie par cette nouvelle.

— Il ne peut pas venir tout de suite, mais bientôt.

— Sais-tu s'il a dit quelque chose à propos de Donal ou de ma demande de grâce pour mon clan ?

— Il n'y a rien de tout ça dans son message à Robson, mais il s'inquiète de ta sécurité et de ton bien-être.

— Si Robson a répondu à Colin, j'espère qu'il lui a dit que j'avais quitté Innisfarna. Y a-t-il autre chose ?

— Les Campbell se sont apparemment plaints au roi Jacques d'incursions et de bétail volé par les hors-la-loi MacArthur. D'après le messager, le roi va dépêcher un homme pour remettre un avertissement aux renégats, et des soldats seront envoyés pour réprimer cette rébellion par le feu et l'épée.

Eva en avait le souffle coupé. Le feu et l'épée – la brutale persécution d'un clan par des soldats du roi pour écraser une rébellion – étaient une punition exceptionnelle et impitoyable.

— Lachlann dit qu'il a un message du roi pour Simon.

— C'est donc lui l'envoyé, conclut Alpin en se frottant le menton. Le mariage devrait avoir lieu tout de suite après l'arrivée de Colin… à moins que tu changes d'avis, comme certains le suggèrent.

La jeune fille détourna la tête. Ses proches, dont Alpin et Simon, désapprouvaient son mariage. Mais elle ne leur avait jamais avoué la menace de Colin à l'encontre de ses frères.

— Je ne peux pas changer d'avis, déclara-t-elle. Je suis piégée.

Le batelier la considéra en fronçant les sourcils, mais elle ne voulait pas en dire plus. Le retour de Lachlann ne faisait que compliquer les choses. Pendant des années, elle avait espéré son retour, redoutant qu'il ne revînt pas de la guerre. Maintenant, au lieu de voir ses rêves devenir réalité, elle se trouvait prise au piège par sa promesse à Colin.

— Lachlann a donc refusé de te dire ce qu'il venait faire, reprit Alpin. Mènerait-il les troupes du roi contre les nôtres ?

— Je ne sais pas.

Elle secoua la tête, refusant de croire que le fils du forgeron, qui avait grandi au milieu des siens, pourrait les trahir. Pourtant, il n'était plus le même homme. Il cachait quelque chose.

— Eva, murmura Alpin. Le messager a dit que le roi pourrait te déchoir de tes droits sur Innisfarna, et les céder à un homme qui servirait ses intérêts dans les Highlands.

— Tu veux dire un homme qui soutiendrait le gouvernement ?

— Je veux dire Colin. Pour l'obtenir, il léchera les bottes du roi et arrivera ici avec l'acte dans sa poche. On ne peut pas le laisser s'emparer de l'île.

— Je suis d'accord. Et j'ai mon mot à dire.

— En effet, et c'est pour cela que je t'entraîne.

— Eh bien, allons-y ! décida-t-elle en se dirigeant vers l'arbre où Alpin avait laissé les deux épées de bois qu'ils utilisaient généralement.

Eva saisit son arme, la lame de chêne poli brilla dans la lumière matinale. Elle fit face à Alpin qui tenait, lui aussi, une épée d'entraînement en bois sculpté. Bien qu'elle utilisât à présent l'acier, elle préférait en rester au bois. Alpin avait enveloppé les lames de chiffons, pour étouffer les bruits et ne pas éveiller l'attention.

Adoptant une garde classique, elle avança le pied droit, s'équilibrant sur ses deux pieds, les genoux légèrement pliés. Elle leva l'épée et attendit.

Alpin leva la sienne et l'abaissa en un mouvement que la jeune fille para aussitôt. Les lames de bois se heurtèrent, et elle ressentit la vibration jusque dans ses os. Attaquant à son tour, elle le surprit en se fendant de biais.

Elle retomba en garde et attendit l'attaque suivante, puis ils refirent le même exercice, tournant comme des danseurs dans le bosquet d'aulnes.

Elle se défendait quand il attaquait, puis ils échangeaient les rôles.

L'intensité de l'entraînement la laissa haletante et le cœur battant. Elle regagna ensuite la plage avec Alpin et grimpa dans le bateau. Tandis qu'ils retraversaient le loch, l'aube colorait les flots de touches roses et lavande.

Derrière eux, Innisfarna s'embrasait. La légende d'Aeife exigeait d'Eva qu'elle se batte pour l'île. Maintenant qu'elle savait manier une épée, elle se sentait davantage prête à réclamer ses droits – à la pointe de l'épée, s'il le fallait.

Elle ne l'aurait jamais avoué à Alpin, mais cette perspective l'effrayait. Il comptait sur elle pour suivre l'exemple d'Aeife la Radieuse.

Mais elle ne se faisait aucune illusion sur elle-même. Elle n'était pas une princesse guerrière aux pouvoirs magiques. Elle était une fille ordinaire, sachant un peu manier l'épée, capable de simuler la bravoure, mais incapable de faire du mal à quiconque.

Elle regarda en soupirant les eaux calmes et lisses, et se demanda si Aeife et son prince avaient existé – ou si elle ne défendait qu'un conte, aussi beau et vide que la brume.

Lachlann s'arrêta sur le seuil ensoleillé de la forge et respira l'air vif du matin. Puis il contempla le loch, qui brillait en contrebas des collines tapissées d'ors. Une nuit de repos avait un peu amélioré sa vue, mais le soleil étincela sur l'eau, faisant réapparaître ces maudits éclairs.

Une brise fit voleter ses cheveux et souleva le bas de son tartan. Mettant la main en visière, il promena le regard sur les prés et les collines, se demandant où était Eva. À son réveil, il n'avait trouvé que les chiens, et en avait été déçu. Son absence gâtait le plaisir de ce premier matin à la maison.

Tournant les talons, il entra dans la forge. Rien n'avait bougé, et il huma les odeurs familières de fer, de charbon et de pierre. Ses pas résonnaient sur le sol d'ardoise.

La forge était dans l'ombre, telle une bête endormie. Il toucha la pierre froide, puis se dirigea vers l'énorme soufflet derrière la cheminée. Ses doigts laissèrent une trace dans la poussière qui recouvrait le cuir.

L'enclume en fer, aux extrémités relevées comme des cornes, était arrimée à un gros rondin. Des outils – pinces, marteaux, ciseaux, étampes, tisonniers, pelles et pointes – étaient suspendus à des râteliers sur les murs. D'autres étaient rangés dans un coffre en bois, posé sur une table. Dans un autre coffre, il y avait des clous, des rivets, des fioles d'huile pour le polissage, des morceaux de cuir pour envelopper les poignées et fabriquer des fourreaux.

Une cuve de bois attendait près de la porte, à côté de seaux vides. Des gants et des tabliers de cuir pendaient à des crochets. Tout était recouvert de poussière et de suie. Le stock de fer protégé par une toile – morceaux brisés, barres et lingots – devrait être trié et nettoyé.

Il soupira en pensant à tout ce qu'il y avait à faire, avant de se mettre au travail.

Il alla chercher son ballot, puis il ferma la porte. Fouillant dans ses affaires, il retira un objet enveloppé dans un linge et le posa sur l'enclume. Il dénoua les liens avec précaution et retira les différentes couches de tissu.

Deux moitiés d'une épée brisée brillèrent dans la pénombre. Il passa les doigts sur le pommeau de cuivre et la poignée de cuir. La première fois qu'il avait vu cette arme, elle brillait comme de l'or en fusion, reflétant le soleil couchant. C'était en France, et c'était une jeune fille éclatante de courage qui la tenait.

L'épée était simple mais élégante, avec des quillons courbés. La lame brisée en deux était effilée, sa cannelure gravée de cinq fleurs de lis. Il prit la garde de cuir et fit pivoter l'épée, pointe vers le haut.

Les incrustations d'or scintillèrent. Même brisée, cette épée était belle, pensa-t-il, et il était fier d'en avoir la garde. L'acier attrapa la lumière, s'embrasant dans ses mains. Il tourna la lame qui tel un diamant brilla de tous ses feux.

Épées magiques et pucelles, songea-t-il. Étrangement, les choses semblaient se répéter dans sa vie. Soupirant tristement, il enveloppa de nouveau la lame.

Jehanne lui avait dit de garder cette épée, parce qu'un jour il saurait quoi en faire. Mais il n'en avait aucune idée.

Il ne pensait pas pouvoir la réparer, pas tant à cause de sa vue abîmée que par crainte de mettre au feu cette lame exceptionnelle.

Il glissa le paquet sur une haute saillie et s'en alla.

9

— Il faut connaître les intentions de Lachlann, déclara Simon en fronçant les sourcils.

Dans un silence lourd, Eva leur avait appris ce qu'elle savait.

Une partie des quatorze hommes de la bande de Simon s'était réunie dans une clairière, sur une colline surplombant le loch Fhionn. À travers les feuilles d'automne, on apercevait le loch. Au loin, Innisfarna et son château semblaient flotter sur les eaux.

— Il doit être le messager du roi, ajouta Simon.

— Si c'est le cas, nous ne pouvons pas lui faire confiance, dit Iain Og.

Il était le plus vieux des MacArthur – malgré son surnom, Og, qui signifiait « le Jeune ». Iain était énorme, grand et large, bien qu'il ait maigri depuis qu'il avait rejoint les rebelles, remarqua Eva. Il se tenait à l'écart des autres, les bras pliés, le front plissé sous ses cheveux grisonnants.

— Tu ne le connais pas, Iain Og. Lachlann était digne de confiance, avant. Pourquoi aurait-il changé ? demanda Parlan.

Comme ses quatre cadets, le frère aîné de Margaret était maigre et brun ; ils avaient tous les cinq les mêmes traits fins.

— Eva prétend qu'il a changé, leur rappela Simon.

— Nous avons tous changé, rétorqua Micheil, un autre frère de Margaret. Certains d'entre nous sont allés en France, comme Lachlann, Parlan et William, pour prendre part à une guerre qui n'était pas la nôtre. Les autres sont restés ici – Simon et Andra, Fergus et moi, et d'autres – pour être trahis par notre roi. Nous avons été dépouillés de nos terres, notre vieux chef est mort, notre jeune chef est en prison, et notre réputation a été souillée. Comment n'aurions-nous pas changé ?

Eva acquiesça d'un hochement de tête. Les siens avaient envoyé leurs familles en lieu sûr avant de se réunir en bande, et de se cacher dans les collines pour combattre ceux qui avaient pris leurs terres.

— MacKerron le forgeron n'est pas dépossédé comme les MacArthur, fit remarquer Iain Og. Il ne nous est pas inféodé. C'est un homme du roi – même s'il a grandi à Balnagovan.

— Nous avons grandi ensemble, protesta Fergus.

— Et nous étions avec lui en France, ajouta Parlan en regardant William, son jumeau. Je lui ferai confiance, quel que soit son message.

William acquiesça.

— Moi aussi, approuva Andra.

À près de seize ans, le plus jeune des renégats MacArthur, cheveux brun clair et taille élancée, avait transformé son côté espiègle en un vrai talent pour l'espionnage, qu'il déployait dès que les hommes du roi patrouillaient.

— Eva, qu'en penses-tu ? s'enquit Simon en passant le pouce sur son menton couvert de barbe, ses cheveux noirs étincelant au soleil.

— Interroge-le toi-même.

— Quel que soit son message, ou ses intentions, rien ne nous fera renoncer, dit Simon. Nous recouvrerons nos droits, et nous dénoncerons les torts qui ont été faits à notre peuple.

Tous approuvèrent.

— Ce n'est pas par des incursions nocturnes que vous y parviendrez, répliqua la jeune fille.

— Tu crois que Colin résoudra nos problèmes ? fit Simon.

— Et toi, tu crois que des attaques nous rendront nos droits et sauveront Donal ?

— Ce n'est pas Greene Colin qui le fera. Tu fais grand cas de ses promesses, mais nous ne voyons rien venir.

— Donal est toujours vivant.

Elle tourna la tête en soupirant. Simon et elle se disputaient si souvent, ces derniers temps, qu'elle ne reconnaissait plus le frère accommodant d'autrefois.

— Peut-être Colin aime-t-il vraiment Eva et ses intentions sont-elles bonnes. Qui peut résister à notre Eva ? dit Micheil en adressant un clin d'œil à sa cousine.

— Peuh ! grommela Simon. Colin aime surtout l'île de ma sœur. Il a gardé les terres qu'elle devait recevoir en dot, et il y a installé sa famille.

— Dommage que les vaches et les moutons disparaissent de ces terres, intervint Fergus d'une voix traînante. Les pillards posent un vrai problème, à ce que j'ai entendu dire… À moins que le bétail soit somnambule ?

Andra rit.

— Si nous continuons à mener de si belles bêtes sur les marchés des Lowlands, nous allons être riches, poursuivit Fergus en souriant.

— Je vous supplie d'être prudents, dit Eva, les sourcils froncés. Voler des bêtes au cousin de Colin n'aidera pas la cause de notre clan.

— Et nous te supplions de reconsidérer ce mariage, répliqua Simon. Il y a d'autres moyens de récupérer nos terres.

— Pourquoi crois-tu que je m'esquinte à apprendre le maniement de l'épée ? Je dois penser à mes propres droits. Tu ne te battras pas pour Innisfarna, et je le comprends. L'île ne fait pas partie de ton héritage, et tu as d'autres soucis. C'est à moi de m'en occuper.

— C'est pourquoi Alpin veut faire de toi une guerrière... C'est aussi stupide que d'attendre quoi que ce soit de Colin, marmonna Simon.

— Stupide ? répéta Micheil. Tu l'as vue se battre ? Elle n'est pas si mauvaise. Quand il reviendra, Colin aura intérêt à se mettre à l'abri... et vite !

— Il n'aura pas à le faire, car Eva déteste se battre, rétorqua Simon. Le moment venu, elle ne le fera pas.

Il y avait du vrai dans ce que disait son frère. Elle prenait plaisir à manier l'épée, mais ne pouvait supporter l'idée de faire du mal à quelqu'un, pas plus qu'elle ne voulait risquer d'être blessée.

— Et puis, il y a l'Épée de Lumière à considérer, dit Fergus. Elle doit être protégée, sinon toute l'Écosse en pâtira.

— Tu devrais demander à ta mère de te raconter des contes, mon petit, et ne pas nous faire perdre notre temps avec ces bêtises, marmonna Iain Og. Eva, si tu tires l'épée contre ton mari, assure-toi de ne pas le rater.

— Elle ne fendrait pas une pomme avec son épée, par crainte de lui faire mal, protesta Simon.

— Ce n'est pas en la brandissant que tu feras peur à Green Colin et qu'il quittera ton île, ajouta Parlan. Nous connaissons la guerre. Il n'est pas facile de reconquérir des terres sur l'ennemi. Fais attention, Eva.

— J'ai l'intention de montrer à Colin que je ne renoncerai pas à mon privilège, répondit la jeune fille. Moi seule ai des droits sur l'île. Je l'épouserai, s'il le faut, mais je ne lui céderai pas Innisfarna.

— Ne te sacrifie pas pour nous. Nous pouvons nous sacrifier nous-mêmes, si nécessaire, dit son frère sur un ton sarcastique.

— Oh, Simon, je t'en supplie, que la paix règne à nouveau entre nous deux...

Pour toute réponse, il détourna les yeux en soupirant.

— Si vous avez fini de vous chamailler, intervint Parlan, nous avons des questions urgentes à examiner. Notre seul espoir est la rébellion.

— Bel espoir, en effet, ironisa Eva. Si c'est pour y laisser votre vie et ne rien obtenir pour votre clan, à part la mort de Donal ! Vous n'êtes que quatorze, avec peu d'armes et pas d'armures !

— Quinze, si nous pouvons faire confiance au forgeron, dit Parlan.

— Seize avec Eva. Dix-sept avec Alpin, rectifia Fergus.

— Dix-sept, ce n'est rien, insista la jeune fille.

— Depuis les arrestations à Inverness, les insurrections se sont multipliées dans les Highlands, lui rappela Simon. Chaque petite rébellion est une poche de feu. Si ces flammes se rejoignent, cela fera un grand brasier.

— En plus, nous avons quelque chose que nous n'avions pas auparavant, renchérit Fergus avec un sourire.

— Un maître armurier ! s'exclama Andra.

— C'est vrai, admit Simon. Voilà qui peut faire la différence. Lachlann a l'art de fabriquer de bonnes armes.

— A-t-il l'art de détourner les forces du roi et de le faire changer d'avis ? demanda Eva. Voilà ce qui serait nécessaire.

— Nous pourrions prendre Innisfarna et en faire notre place forte, proposa William.

— J'y ai pensé, dit Simon.

— La légende prétend... commença Eva en secouant la tête.

— Fiche-nous la paix avec ta légende ! gronda Iain Og, agacé. Une princesse des fées et son épée magique ! Quelle blague ! Armons-nous et prenons Innisfarna. Voilà qui épargnera des soucis à Eva.

— Écoutez-moi, supplia-t-elle. Je montrerai mon épée à Colin, et je lui prouverai que la légende dit vrai.

Iain Og renifla de mépris. William soupira.

— Des rêves, cousine. Si tu veux un résultat, il n'y a qu'un moyen d'utiliser une épée.

— Eva, ce que nous faisons peut, un jour, devenir une vraie guerre, déclara Simon. Avec de vraies batailles. Nous avons besoin de ce forgeron. Cherche à savoir à qui va sa loyauté. Tu es une femme, et c'est un homme. Sers-toi de ton charme pour obtenir son aide.

— Je n'userai pas d'un tel stratagème, s'indigna-t-elle.

— Le connaissant, je devine qu'il n'y verrait rien à redire, murmura Simon.

— Si Eva épousait le forgeron plutôt que Colin, nous pourrions compter sur sa loyauté – et sur son art ! s'amusa Parlan.

— Voilà qui me plaît, tonna Iain Og.

— Intéressant, fit Simon en regardant sa sœur.

— Ridicule, protesta-t-elle, le cœur battant. Ça ne vous donnerait rien de plus ! Il ne peut rien faire pour sortir Donal de prison !

— Ça te donnerait au moins un meilleur mari que Colin, répliqua Parlan, tandis que son jumeau approuvait d'un hochement de tête.

— Épouse le forgeron ou couche avec lui, prépare-lui à dîner ou reprise son tartan, lança Simon. Mais débrouille-toi pour savoir ce qu'il compte faire et pour qui il travaille. Fais vite.

— Et s'il vous veut du mal ?

— Convertis-le à notre cause. Quand tu laisses de côté ton mauvais caractère, tu peux être assez charmante. Si Lachlann n'est pas l'homme du roi, alors il est notre homme.

— Et si ce gars est avec nous, nous serons bientôt une armée ! triompha Iain Og.

Lachlann fourrageait dans le tas de ferraille recouvert d'une toile. Il avait trouvé plusieurs épaisses barres de fer et deux gros lingots, du fer brut, uniquement propre à la fabrication de crémaillère et de lourdes chaînes. Il mit de côté un élément de charrue cassée, dont le fer pourrait être réemployé.

Il repéra contre le mur un tas de barres de fer forgé, de meilleure qualité. Il se rappelait les avoir achetées, des années plus tôt, au ferronnier de l'autre côté du loch. La toile les avait en grande partie protégées de la rouille, et les quelques taches disparaîtraient facilement au feu. Le fer de qualité servait à fabriquer des petits couteaux, des haches, des ustensiles de cuisine, des verrous et autres objets d'utilisation courante.

Plusieurs fers à cheval étaient éparpillés par terre, d'autres étaient accrochés à des clous. Ils pourraient être réadaptés pour d'autres chevaux, ou utilisés pour forger tout autre chose.

Seul le meilleur fer pouvait servir à fabriquer l'acier des armes et des épées. Il considéra ses réserves en fronçant les sourcils. La fabrication de bonnes armes exigeait des matériaux de qualité...

On pouvait remédier au manque de matériaux, mais pas au manque de compétence. Et à cause de sa mauvaise vision, son rêve de faire des lames ne se réaliserait peut-être jamais. Il possédait les techniques et le talent, mais le travail de l'acier dépendait beaucoup de la vue, les nuances de couleur du métal chauffé étant essentielles pour la fabrication d'une bonne arme. Une arme défectueuse pouvait se briser, entraînant la mort de son détenteur.

Il se frotta les paupières. Depuis qu'il avait été blessé, les couleurs étaient parfois sombres. Un jour, il le savait, cette faiblesse de l'œil pourrait empirer jusqu'à la cécité ; au mieux, elle se stabiliserait.

Son expérience de forgeron à Perth lui avait prouvé qu'il était encore capable de forger des fers à cheval, des clous, des crémaillères ou des verrous. Il pouvait même discerner le rouge cerise. Le travail du métal noir ne lui posait pas de problème, pour le moment, et lui plaisait.

Le travail du métal blanc – l'acier – était différent et le fascinait depuis l'enfance. Les forgerons étaient, par tradition, considérés comme des magiciens. L'aptitude et le courage nécessaires pour plier à leur volonté le métal brûlant les rendaient indispensables et leur obtenaient le respect de leurs communautés. Ils gardaient précieusement leurs secrets. Mais Lachlann craignait de ne plus pouvoir utiliser pleinement les connaissances apprises de Finlay.

Des voix d'hommes dans la cour le tirèrent de ses rêveries, et il alla ouvrir la porte de la forge.

Plusieurs hommes portant armures, épées et armes emplissaient l'espace compris entre la forge et l'écurie. Lachlann fronça les sourcils et sortit dans la cour.

Il tourna les yeux vers la maison. La nuit dernière, Eva était rentrée si tard qu'il s'était nourri en piochant dans les réserves de Mairi, avant de s'installer une paillasse dans un coin de la forge. Réveillé au milieu de la nuit par les aboiements des chiens, il était allé à la porte et avait aperçu de la lumière aux fenêtres de la maison. Ce matin, il s'était levé juste après l'aube, mais Eva était de nouveau partie, et malgré l'heure avancée, elle n'était toujours pas revenue.

Il se porta à la rencontre de deux hommes, un vieil Highlander en tartan, ses cheveux blancs éclatant dans le soleil, et un soldat blond en cuirasse d'acier, tunique, pantalon et bottes. Le vieillard salua d'un geste de la main.

Lachlann lui répondit de même en souriant.

— *Failte,* Alpin MacDewar, comment allez-vous ? demanda-t-il en gaélique.

— *Failte, gobha* – mes salutations, forgeron ! Il est heureux que tu reviennes robuste et entier, après trois ans de guerre !

Alpin sourit, dévoilant des dents de travers et le même charme bourru dont se souvenait Lachlann. Il serra la vieille main noueuse et fut surpris par sa force.

— *Gobha,* voici sir Johan Robson, l'homme du roi, dit Alpin en gaélique. Il parle la langue du Sud, j'espère donc que tu ne l'as pas oubliée, après t'avoir empli la tête de tout ce français. *Gobha* veut dire « forgeron », expliqua-t-il à Robson en anglais et d'une voix forte, comme si celui-ci était à moitié sourd.

— Je suis Lachlann MacKerron, fit Lachlann en tendant la main. Je dispose de Balnagovan en accord avec son seigneur, bien que je me sois absenté longtemps.

— John Robson, capitaine de la garnison du roi au château d'Innisfarna, répondit l'homme. Alpin m'a dit que vous étiez arrivé, depuis peu de temps, de France.

— Et j'ai dit que tu étais un excellent artisan, déclara Alpin en gaélique. C'est un bon *gobha*, ajouta-t-il en anglais à l'adresse de Robson.

— Nous sommes contents d'avoir un forgeron si près, reprit Robson. Il y a bien un gars à Glen Brae, mais il n'est pas très compétent.

— Il aime la boisson et déteste le travail, marmonna Alpin.

— Nous avons beaucoup de travaux à faire, poursuivit le capitaine. Plusieurs chevaux sont à ferrer, et nos harnachements ont besoin d'être réparés. Êtes-vous compétent en matière d'armes ?

— Dites toujours, et je verrai ce que je peux faire.

— Il fait tout, annonça fièrement Alpin. Acier et fer, il fait tout.

— Un armurier ? Voilà qui est utile, approuva Robson.

— J'en ai fait un peu dans le passé. Mais il n'est pas facile de se procurer de bons matériaux, dit Lachlann en foudroyant Alpin du regard pour le sommer d'arrêter ces vantardises.

— Pour l'instant, nous avons deux montures à ferrer : la jument baie et le courtaud brun.

— Je regarderai les autres, proposa Lachlann.

— Parfait. J'ai remarqué de la rouille sur les attaches du harnais. Si vous pouviez vous en occuper rapidement, vous me direz ce que je vous dois. Plusieurs de mes hommes ont des armes à réparer. Je vous les ferai porter.

— Je peux faire ça aussi. Où allez-vous ainsi armés, prêts à la guerre ? s'enquit-il, voyant les hommes sortir les chevaux de l'écurie.

— Faire du grabuge, grommela Alpin en gaélique.

— Patrouiller à la recherche des rebelles, sur ordre du roi.

— Ah, fit Lachlann, vous savez donc où ils se cachent ?

— Pas encore, mais s'ils continuent à faire des incursions dans cette vallée, ça ne saurait tarder. Nous sommes chargés de maintenir la paix dans la région. Un messager est arrivé l'autre jour avec des nouvelles. Le roi a envoyé un homme en Argyll pour parlementer avec les rebelles MacArthur. Êtes-vous au courant de quelque chose ?

— Je suis cet homme, répondit Lachlann.

— Ah, je le savais ! s'exclama Alpin.

— Alors vous connaissez ces bandits, dit Robson.

— Oui, et c'est pourquoi on m'a chargé de leur parler et de remettre le message du roi à leur chef. Mais je ne peux pas le faire, tant que je ne saurai pas où ils sont.

— Eh bien, bonne chance. Même la sœur du chef rebelle, damoiselle Eva, ignore où ils se terrent. Vous avez sûrement rencontré la dame qui habite la maison ?

— Je lui ai parlé. Je la connais depuis longtemps.

— Et où demeurez-vous ? demanda le capitaine, l'air soupçonneux.

— Dans la forge. Eva MacArthur est propriétaire de la maison, et y habite avec ma mère.

— Ah bon ! Mais méfiez-vous : damoiselle Eva est fiancée à un homme puissant, un Campbell. Il n'appréciera pas de trouver, à son retour, un homme chez sa bien-aimée.

— Sa bien-aimée n'a rien à craindre ici, lança sèchement Lachlann.

— Le *gobha* l'aime comme un frère, intervint Alpin. N'est-ce pas ?

— Comment pourrait-il en être autrement ? acquiesça le forgeron.

— Très bien, dit Robson. Vous pouvez m'aider en la surveillant. Je suis chargé de la protéger, mais comme elle ne veut pas rester à Innisfarna, c'est difficile.

— À ce que j'ai entendu, elle ne s'y sent pas en sécurité.

— Certains vauriens de ma garnison manquent de manières. Ils ont été punis. Elle pourrait revenir dans le château, mais elle est têtue.

— Il est normal qu'elle refuse la protection d'hommes qui pourchassent les siens.

— Il est évident que ça ne lui plaît pas, marmonna Alpin en anglais.

Robson le regarda, mais la remarque du vieillard parut le laisser froid. L'homme connaissait manifestement bien le batelier.

— Les MacArthur sont les plus embarrassants des rebelles, déclara le capitaine. Nous postons des sentinelles pour éviter de nouveaux vols de bétail et de nouveaux incendies de granges. Leurs incursions sont de plus en plus fréquentes. Si nous les trouvons, il leur en cuira. Vous êtes un homme du roi, sieur MacKerron. Armez-vous, mettez-vous en selle et venez avec nous. Nous serons heureux d'accueillir parmi nous un homme qui connaît la région.

Lachlann fronça les sourcils et regarda Alpin, qui haussa une épaule, mais pour une fois ne dit rien.

— Bientôt, peut-être... répondit-il.

— Vous êtes porteur d'un message pour les rebelles. Il serait bon que vous soyez avec nous quand nous les trouverons, insista Robson.

— Je préfère les rencontrer seul, sans les hommes du roi.

— Je comprends, mais je vous exhorte à la prudence. Prévenez-moi quand vous aurez accompli votre mission.

Un des hommes devant l'écurie appela Robson, et celui-ci agita la main.

— Bonne journée, forgeron.

Les bras croisés, Lachlann fit un signe de tête, tandis que le capitaine s'éloignait et montait sur le noir destrier qui avait été harnaché pour lui. Les hommes du roi, plus d'une douzaine en tout, pivotèrent dans un même mouvement et sortirent de la cour.

— Où est Eva ? s'enquit Lachlann en se tournant vers Alpin.

— Comment le saurais-je ? Je ne suis pas sa nounou. Elle est peut-être avec Margaret. Content de t'avoir vu, forgeron. Je dois partir et transporter ces trois-là, dit-il en montrant deux chevaliers et un petit garçon blond, sûrement un page.

Il s'éloigna.

Lachlann rentra dans la forge, se demandant si Eva était avec sa cousine – ou avec son frère et les rebelles. Perplexe, il prit un balai en bruyère et balaya le sol de la forge.

10

— Quand tu te fends, veille à ton équilibre, dit Alpin.

S'approchant d'Eva, il corrigea l'angle de son pied du bout de sa chaussure.

— La jambe de l'épée en avant, ma fille. N'oublie pas. Essaye de nouveau.

Il se mit en garde et leva son épée. L'aube était si froide qu'il avait le bout du nez tout rouge.

— La jambe en avant, lui rappela Alpin en évitant sa lame.

— Je me sens drôle avec la jambe droite en avant, protesta-t-elle en s'arrêtant, la main sur la poignée de l'épée de bois. Je n'y arrive pas, ajouta-t-elle, découragée.

— Que veux-tu, tu es une fille... Ce n'est pas facile pour toi.

— Tu veux que je te traite de vieillard ? explosa-t-elle.

Il sourit.

— Je savais que cela te ferait réagir. Tu es douée, Eva, gracieuse et rapide, mais tu hésites trop à blesser ton adversaire. Frappe-moi sans arrière-pensée. Défoule-toi. Je peux me défendre, alors ne crains pas de frapper. Allez !

Eva tourna autour de lui, brandissant son épée. Alpin contra l'attaque, mais elle lui porta une botte dans le bas de la jambe. Il approuva d'un grognement et frappa à son tour. Elle arrêta sa lame de bois. Imitant sa position, elle tourna autour de lui, lames croisées, puis répéta l'enchaînement.

Finalement, le batelier abaissa son épée et s'inclina.

— Ah, beaucoup mieux ! Tu as des pieds de danseuse, et le vieillard que je suis ne peut pas suivre. Mais tu es trop raide. Détends-toi. Tes bottes n'en seront que plus rapides et précises.

Elle acquiesça d'un hochement de tête et recommença.

— Et garde cette jambe gauche en arrière ! Quand tu n'y penses pas, tu l'avances. Avance la droite pour mieux te protéger.

— Là, je n'ai rien à protéger, contrairement aux hommes, dit-elle en montrant son entrejambe.

— C'est vrai ! s'esclaffa-t-il. Mais attention à ta poitrine !

Pivotant sur ses pieds, elle se fendit à nouveau.

— Frappe plus fort, conseilla-t-il. Allez !

Elle répéta plusieurs fois l'exercice, jusqu'à être hors d'haleine. Les lames de bois, enveloppées de tissu, se heurtaient sans bruit, tandis que la lumière du matin prenait une teinte argentée.

S'immobilisant pour reprendre son souffle, elle écoutait Alpin lui expliquer comment changer rapidement sa prise sur la poignée, quand un mouvement dans les buissons et un éclat doré au milieu des feuilles d'automne captèrent son attention.

— Alpin, chuchota-t-elle. On nous observe ! Ce n'est pas la première fois.

— *Ach*, c'est encore le gamin dans les arbres... Descends, garçon !

— Quel garçon ? s'étonna-t-elle.

— Le petit page du château. Ça fait des semaines qu'il court ces bois, mais j'ai fini par le rencontrer, et maintenant nous sommes amis. Cet enfant a besoin d'un ou deux amis, ajouta-t-il tout bas. Sors, ne crains rien !

Les feuillages s'écartèrent, et une petite forme sauta par terre. Un enfant s'avança, vêtu d'un tartan élimé et d'une chemise beaucoup trop grande pour lui. Il s'arrêta à l'ombre des arbres, la brume matinale tournoyant autour de lui. Les oiseaux gazouillaient au-dessus de sa tête. Il avait un visage étroit et pâle, de grands yeux bleus et une épaisse tignasse blonde.

— Voici Eva, dit le batelier en faisant signe au garçon d'avancer. C'est mon amie, elle sera aussi une amie pour toi.

Une main sur la bouche, les yeux écarquillés, il regarda successivement Alpin, puis Eva. Il ne bougeait pas, tendu, prêt à fuir. Il lui rappelait quelqu'un, songea la jeune fille, mais elle n'aurait su dire qui. Petit et timide, il pouvait avoir neuf ans, et n'avait pas la hardiesse de la plupart des garçons de son âge. On aurait dit un faon égaré.

— Bonjour, dit-elle gentiment. Je suis Eva. Qui es-tu ?

— Nyahn-yahn, répondit-il avec effort, la main toujours sur la bouche.

Intriguée par ce son nasal, elle interrogea Alpin du regard.

— Ninian, traduisit le batelier.

— Ninian ? s'étonna-t-elle en considérant l'enfant. Ninian, le fils de Colin Campbell ?

Le petit garçon hocha affirmativement la tête, et sa chevelure dorée se rabattit sur ses yeux. Alpin acquiesça aussi, montrant qu'il n'était pas surpris par l'identité de l'enfant.

— Je l'ai rencontré il y a peu, expliqua-t-il, mais voilà des semaines que je l'aperçois sur l'île, se cachant dans les arbres. Ninian grimpe comme un chat sauvage.

Le garçon acquiesça.

— Tu es page au château ? demanda Eva.

Il acquiesça de nouveau, la main toujours sur la bouche, comme s'il était extrêmement timide.

— Il vagabonde dans l'île, et Robson lui laisse quelque liberté – un brave homme, ce John Robson, et suffisamment inefficace pour ne pas inquiéter les tiens. Ninian m'a aidé, cette semaine, dans la roseraie. Je lui ai donné un petit couteau pour couper les roses fanées, et il s'en est très bien tiré. Viens ici, dit-il. Les soldats ne te verront pas de ce côté de l'île. Et Eva ne dira à personne que tu t'es soustrait à tes devoirs au château.

La jeune fille sourit et lui fit signe d'approcher. Remarquant que l'enfant contemplait son épée de bois avec un réel intérêt, elle la leva.

— Voudrais-tu la tenir, Ninian ?

Il avança, le poing toujours sur la bouche, et saisit la poignée de l'autre main. Bien que maculés, ses doigts étaient élégants.

— Tu peux montrer à Eva, dit Alpin. Ça ne la gênera pas. Et tu as besoin de deux mains pour tenir cette grande épée.

Ninian les regarda tous deux avec circonspection, puis retira sa main de son visage.

Eva cacha sa surprise. La lèvre supérieure de l'enfant avait été recousue, et ses dents étaient petites et de travers. Mairi lui avait parlé de ces malformations. Certains des bébés qu'elle avait aidé à mettre au monde avaient les lèvres fendues, ou même des trous dans le palais. Nombre de bébés affligés de cette infirmité ne survivaient pas longtemps, faute de pouvoir se nourrir normalement.

Ce garçon paraissait fort et sain. La fissure de sa lèvre avait été refermée, mais sa façon de parler indiquait qu'il avait toujours le palais fendu. L'enfant avait manifestement été bien soigné pendant les premières années de sa vie, il avait appris à parler – ce qui démontrait de la détermination et de l'intelligence. Il n'était pas idiot, malgré ce que lui avait assuré Colin.

Au souvenir des remarques déplaisantes de Colin sur son fils, elle fronça les sourcils. Si elle avait su, elle n'aurait pas toléré un tel manque de compassion.

Ninian la dévisageait, la mâchoire serrée, les joues roses. Il s'attendait sans doute à une réaction de répulsion de la part d'Eva. Avec calme, elle plaça les petits doigts de l'enfant sur la poignée.

— Tiens-la comme ça, dit-elle. Sers-toi de tes deux mains. Ça te plaît ?

Il acquiesça et se détendit. Alpin corrigea sa position, et le félicita avec tant de chaleur que la jeune fille sourit. Son maître d'armes était d'habitude plutôt avare de compliments !

Malgré sa cicatrice à la lèvre, Ninian avait des traits fins et de magnifiques cheveux dorés. Il tenait probablement sa délicatesse de sa mère. Il était mince, avec des jambes et des bras musclés et bien faits. Attentif à ce qu'Alpin et Eva lui montraient, il ne tarda pas à avoir une position et une prise presque parfaites.

— Un jour, tu seras un bon chevalier, promit-elle. Tu sais, Ninian, je connais ton père.

— Tcholin Cambuh, dit-il avec effort. Serez-vous… ma mère ?

Les mots étaient presque incompréhensibles, mais Eva comprit et sourit. Ninian la contemplait avec de grands yeux bleus emplis d'espoir.

— Ton père et moi sommes fiancés. Je serai donc peut-être un jour ta belle-mère.

Malgré l'engagement contracté, elle avait du mal à admettre qu'elle serait la femme de Colin. Elle poussa un soupir.

— Vivrez-vous avec moi et mon père ? demanda-t-il.

— Je ne sais pas encore ce qu'il en sera. Colin m'a parlé de toi. Il m'a dit que son fils était grand et n'avait pas besoin de mère. Je te croyais plus vieux – un jeune homme, même.

Ninian leva deux fois la main, doigts écartés.

— Tu as dix ans ? s'étonna-t-elle.

— Et je n'ai pas besoin de mère.

Chaque mot était déformé, car il émettait certains sons par le nez. Mais à présent, elle le comprenait clairement. Il lui avait juste fallu un peu de temps pour s'adapter à sa prononciation.

— Bien sûr, à ton âge, tu n'as pas besoin de mère… pour beaucoup de choses. Tu te débrouilles tout seul. Et je suis sûre que tu es un excellent page, car tu es intelligent et vif d'esprit, dit Eva, écœurée par l'attitude révoltante de Colin vis-à-vis de son fils.

Il sourit, ravi du compliment.

— Cependant, ajouta-t-elle, même des garçons plus vieux ont de temps en temps besoin d'une mère, ou d'une amie qui soit comme une mère. Quand ils sont malades, quand ils ont faim ou ont envie d'écouter une histoire…

— J'aime les histoires, dit-il.

— Moi aussi. J'aurai plaisir à t'en raconter. Alpin pourra peut-être t'amener chez moi. J'habite près de la forge.

— Près de l'écurie ? J'y suis allé avec les soldats, mais je ne vous ai pas vue.

Eva fronça les sourcils, car il s'était mis à parler plus vite. Il répéta patiemment.

— D'habitude, quand les soldats arrivent, je vais ailleurs, expliqua-t-elle. Mais si tu viens le soir avec Alpin, je te ferai souper et te raconterai une histoire. Tu pourras aller voir les chevaux dans l'écurie, et jouer avec la chienne que tu m'as donnée.

— Je me souviens d'elle. J'ai demandé à mon père de vous l'apporter. Il vous l'a dit ?

— Oui, Ninian. C'était très gentil à toi, et je n'ai pas eu l'occasion de te remercier. C'est une merveilleuse petite chienne, bien qu'elle ne soit plus un bébé. Viens la voir. Je l'appelle Grainne.

Ninian avait les yeux brillants de plaisir. Eva lui sourit et caressa ses cheveux dorés ; ils étaient épais et doux sous ses doigts.

Elle avait envie de donner à cet enfant l'affection qui lui manquait. Elle lui sourit de nouveau. Il grimaça un sourire et s'empressa de se couvrir la bouche.

Un après-midi, plusieurs jours après son arrivée, Lachlann considéra la forge avec satisfaction. Il avait essuyé la poussière, enlevé la rouille des outils, huilé le cuir du soufflet et vérifié son mécanisme. Il avait aiguisé les lames des ciseaux, réparé les manches des marteaux, graissé et ajusté les pinces, récuré l'enclume, rempli les cuves d'eau et balayé le sol. Après avoir brossé la suie de la forge et ramoné le conduit, il avait ramassé du petit bois et du charbon.

Il s'essuya le front et s'arrêta pour admirer la propreté qui régnait dans son atelier. Le désordre au milieu duquel il aimait travailler ne tarderait pas à s'y installer. En partant, il avait laissé la forge en ordre, mais personne n'y avait travaillé depuis des années; la poussière et la saleté s'y étaient accumulées, le temps avait corrodé les outils. Le nettoyage de la forge était pour lui un rituel nécessaire, un premier pas vers la reprise du travail.

Il avait fait l'inventaire de ses outils et de son stock, et savait ce qui était utilisable et ce qu'il fallait acheter. Il commencerait par de petits travaux, et ferait les réparations demandées par Robson. Pour l'acier, il verrait plus tard.

Il leva les yeux vers le corbeau supportant les chevrons, où l'épée de Jehanne était dissimulée. Il n'était pas encore prêt à s'y attaquer. Le serait-il jamais?

Son estomac gronda. Depuis qu'il était levé, se rappela-t-il, il n'avait pris qu'un repas, tôt le matin. Aussi décida-t-il d'aller voir dans la maison, s'il y avait du fromage ou des galettes.

Comme à son habitude, Eva était partie si tôt qu'il avait eu juste le temps de la voir disparaître, du côté du loch. Il l'avait aperçue, un jour, dans le bateau d'Alpin. Il était descendu, espérant parler au vieil homme, mais une fois sur la plage, il n'avait trouvé que les flots vides. Depuis son retour, il avait à peine adressé la parole à la jeune fille.

Remarquant qu'il était occupé dans la forge, peut-être préférait-elle le laisser tranquille? Et il était beaucoup trop attiré par elle pour l'approcher sans une raison valable. Le désir qu'elle avait éveillé en lui, la nuit de son arrivée, l'incitait à garder ses distances.

Entendant Grainne et Solas aboyer avec enthousiasme, il alla jeter un coup d'œil par la porte. Eva traversait justement le pré. Le fait qu'elle apparaisse au moment où il pensait à elle le fit sourire. Il serait difficile de briser les liens qui les unissaient.

Elle portait dans un tartan un énorme ballot. Sa natte brune lui tombait sur l'épaule et elle se déplaçait avec grâce, la tête haute, les épaules droites, le corps souple.

Son fardeau paraissait lourd, mais il se garda de lui proposer de le porter. Eva MacArthur revendiquait son indépendance ; il se rappelait ses protestations, autrefois, dès que lui-même ou ses frères voulaient la ménager.

Précédée par Solas et Grainne, elle rejoignit la maison, ouvrit la porte et entra. Bien qu'elle n'eût pas regardé dans sa direction, Lachlann interpréta comme une invitation le fait qu'elle laissât la porte ouverte.

Son estomac protesta de nouveau. Espérant qu'elle s'apprêtait à préparer le souper, il se dirigea vers la maison.

11

Il frappa à la porte et entra. Eva était assise par terre au milieu d'une montagne de bruyère. Devant ce spectacle charmant, et en réponse au sourire chaleureux qu'elle lui adressa, son cœur se mit à battre plus fort.

Solas et Grainne se ruèrent vers lui en remuant la queue. Il caressa la première, puis se tourna vers la seconde.

— Petite *cràineag*, as-tu trouvé le renard que tu poursuivais ?

Ravie, la chienne se dressa sur ses pattes arrière.

— Lachlann, dit Eva, sans se départir de son sourire. Regarde !

— Quoi ? Tu veux que je te caresse la tête, toi aussi ?

Il ne savait ce qui le mettait en joie. La gaieté des chiens ? Ou bien le spectacle d'Eva après une journée sans elle, des années sans elle…

— *Tcha*, répondit-elle. Regarde ce que je t'ai apporté.

— Ah, de la bruyère ! dit-il en croisant les bras. Cela m'a manqué en France, mais tu n'avais pas besoin d'en ramasser. Tôt ou tard, je serais allé l'admirer.

Elle rit, puis poussa un cri quand Grainne plongea dans la masse fleurie. La chienne agita sa queue et s'enfouit dans les fleurs, les éparpillant dans tous les sens. En se jetant sur elle, Eva et Lachlann se heurtèrent. Un genou dans la bruyère, il coinça le terrier sous son bras.

La jeune fille se redressa avec un rire qui se transforma en gloussement.

— Qu'y a-t-il ? demanda Lachlann.

Il remarqua alors Grainne, la fourrure et le museau parsemés de fleurs de bruyère. La chienne cligna des yeux et dressa la tête. Lachlann la brossa, puis adressa un sourire à Eva.

— Pourquoi as-tu ramassé toute cette bruyère ? Sinon pour exciter notre petit hérisson ?

Elle rit de nouveau, son argentin qui résonna dans le cœur du jeune homme.

— J'étais contente d'en trouver autant en fleur, si tard dans la saison. Tu en es couvert, toi aussi, ajouta-t-elle en lui brossant le bras, puis son tartan.

Ce faisant, elle lui effleura les cuisses et il s'immobilisa, pétrifié par ce contact innocent. Elle suspendit son geste et rougit. Il lui retourna la main et y déposa les brindilles qui s'étaient amassées sur ses genoux. Leurs regards se croisèrent. Elle avait une fleur accrochée au-dessus de l'oreille ; il l'arracha et la glissa dans sa natte.

— Voilà, murmura-t-il. C'est joli.

Elle sourit timidement et brossa Grainne, tandis que Lachlann tenait la petite chienne. En manque d'affection, Solas s'approcha de lui et le poussa du museau.

— Tu es jalouse, ma fille ? dit-il en lui ébouriffant la tête. Ne t'en fais pas, je t'aime toujours. Oh, et toi aussi ! ajouta-t-il comme Grainne se mettait à japper.

Il regarda Eva, conscient de ce qu'il avait dit – et de ce qu'il avait omis de dire...

— Tu as ramassé de la bruyère pour fêter mon retour ? s'enquit-il en repoussant doucement Solas.

— Bien sûr que non. C'est pour ton lit.

— Celui dans lequel tu dors ?

— Pour te faire un bon lit dans la forge. Il faut que je la trie, mais je vais d'abord faire le souper. Tu restes ?

— Certainement, dit-il, content qu'elle le lui ait proposé.

Grainne se tortilla et essaya de sauter à nouveau dans la bruyère, mais il l'écarta.

— Que vas-tu faire de toutes ces fleurs ? demanda-t-il.

— Elles seront utiles. Au lieu de rester assis là à ne rien faire, Lachlann MacKerron, tu pourrais aussi être utile...

— À ne rien faire ? J'empêche cette idiote de détruire ta récolte !

— Tu pourrais enlever les tiges. Une fois séchées, elles serviront à faire des nattes et des paniers. Je vais utiliser quelques fleurs en infusion. La bruyère est excellente contre la toux et le rhume. Mairi en fait toujours du sirop et des infusions.

— Je me rappelle. Comme toi, j'ai baigné toute ma vie dans la bruyère. Autrefois, elle me paraissait commune, mais il est merveilleux de la retrouver, de sentir son parfum dans la maison.

Il se mit à séparer les tiges, tout en continuant à chasser Grainne. Indifférente aux espiègleries de sa compagne, Solas dormait près de l'âtre.

Eva raviva le feu de tourbe, puis accrocha la marmite à sa longue chaîne, après y avoir versé de l'eau.

Lachlann la regarda aller de l'âtre au placard et à la table. Elle éminça des oignons et des carottes, puis les jeta dans la marmite avec de l'orge et une poignée de sel. Ensuite, elle se retourna pour préparer des galettes. Elle émietta de l'avoine avec du beurre et du sel. De ses doigts agiles, elle leur donna une forme, avant de les glisser sur une plaque.

— Muime t'a bien appris, constata-t-il. Je suis désolé d'avoir cru que tu serais l'épouse gâtée d'un riche laird, avec des servantes pour faire le travail à ta place. Cela arrivera trop tôt à mon goût, ajouta-t-il d'un ton qu'il aurait souhaité plus léger.

Eva fronça les sourcils, mais ne répondit pas. Elle flanqua le reste des galettes sur la plaque brûlante, sa bouche crispée trahissant son irritation.

— J'ai vu Simon, l'autre jour, annonça-t-elle enfin. Je lui ai dit que tu voulais le voir.

— Où l'as-tu trouvé ?

— Je ne peux pas te le dire.

Elle remua le contenu de la marmite, puis alla prendre des bols et des coupes sur une étagère et les posa sur la table.

— Je ne suis pas sûre de ta mission, ajouta-t-elle.

— Je suis porteur de propositions de paix.

— Et où cela nous mènera-t-il ? Mon frère ne veut pas de la paix, il veut retrouver les droits de son clan et la libération de son frère. Ton engagement dans l'armée du roi t'a donc tellement changé que tu ne peux pas comprendre notre cause ?

Elle souleva une cruche et emplit de bière les deux coupes.

Se redressant, il s'approcha d'elle et s'appuya des deux mains sur la table.

— Quoi que tu penses de moi, je ne suis pas un traître. Je ne suis pas différent de l'homme que j'étais, quand je suis parti d'ici.

Elle lui fit face de l'autre côté de la table, ses yeux gris-vert étincelant comme des éclairs dans un ciel d'orage.

— Tu as changé, dit-elle.

— Je ne suis pas un traître, répéta-t-il. Tes rebelles doivent me faire confiance.

— Puis-je le croire ?

— Crois ce que tu veux.

Fronçant les sourcils, elle se retourna pour remplir les bols et les posa sur la table. Puis elle attrapa les galettes avec des pinces et les glissa sur un plat en bois. Lachlann l'en débarrassa, pendant qu'elle allait chercher un pot de beurre dans le placard.

— Ça va refroidir, dit-elle. Assieds-toi et mange.

Il lui fit signe de s'asseoir la première, ce qu'elle fit après avoir murmuré un bénédicité auquel il répondit. Puis il plongea sa cuillère de bois dans le brouet et mangea en silence.

Solas et Grainne rôdaient autour de la table, emplies d'espoir. Lachlann rompit une galette et leur en lança des morceaux. Levant les yeux vers Eva, il vit qu'elle l'observait. Elle détourna la tête, les joues en feu.

Pour faire la paix, il beurra une galette et la lui tendit à travers la table. Elle la prit, en cassa un morceau qu'elle jeta à Grainne.

— Tu n'as pas faim ?

Elle haussa les épaules.

— Je pensais que tu serais affamée, insista-t-il. Tu as passé la journée à ramasser de la bruyère, et rendre visite aux rebelles dans les collines... n'est-ce pas ?

Il mordit dans une galette et plongea sa cuillère dans la soupe.

— Je ne te dirai pas où sont les rebelles. Simon te trouvera, quand il sera prêt à écouter le message du roi. Et je ne peux pas manger si je suis contrariée, ajouta-t-elle en repoussant son bol.

— Contrariée par quoi ?

— Par rien.

Elle se leva, retira les deux bols et vida les restes dans un plat de bois posé sur le sol. Les chiens s'y ruèrent avec avidité.

— Eh, je n'ai pas fini ! protesta-t-il.

— Comment peux-tu manger au milieu d'une dispute ? s'enquit-elle en essuyant vigoureusement les bols avec du sable et de la cendre.

— Je n'ai pas l'estomac délicat. Et je ne savais pas que nous nous disputions.

Il se leva et contourna la table, mais la jeune fille s'écarta. Prenant un autre bol, il se resservit et mangea debout près de l'âtre. Eva essuya les bols avec un chiffon puis les remit à leur place, sans prononcer un mot.

Elle avait toujours été versatile, têtue et coléreuse, mais elle était honnête. Si elle était en colère, elle devait avoir une bonne raison. Qu'avait-il bien pu faire pour provoquer sa fureur ?

Il l'observait, tout en mangeant. Elle était tendue. Peut-être s'inquiétait-elle pour les siens ? Elle ne pouvait pourtant pas douter de sa loyauté envers ses amis.

Lorsqu'il eut fini, il posa le bol.

— Dis-moi, es-tu fâchée contre moi parce que je suis porteur d'un message du roi Jacques ?

Elle garda les yeux fixés sur les flammes en silence.

— Si je ne m'étais pas proposé, le roi aurait fait porter son avertissement par les soldats, poursuivit-il. J'ai préféré une méthode plus pacifique. Mais je dois savoir où est Simon.

— Si je te le dis, tu pourras révéler au roi où se cachent les rebelles, et il enverra contre eux le feu et l'épée. Nous savons qu'il veut étouffer la rébellion MacArthur.

— Comment l'as-tu appris ?

— Alpin a dit qu'un messager en a apporté la nouvelle à Innisfarna.

— J'ai rencontré John Robson, l'autre jour. Il n'en a rien dit. S'il s'agissait d'un messager du roi, je l'aurais su. Robson est au courant de ma mission.

— Le message venait de Colin, répliqua-t-elle, sombre. Il est rentré de France et sera bientôt ici… très bientôt, à ce qu'on raconte.

— Ah ! Ça t'ennuie ? Je pensais que tu attendais avec impatience le retour de ton promis.

Bien qu'il l'aurait voulue neutre, sa voix était teintée d'amertume.

— J'ai fait une promesse à Colin et à mon père. Malgré ce qui est arrivé, je dois l'honorer.

— Tu es une femme d'honneur. Colin Campbell a bien de la chance.

Elle leva les yeux vers lui, et le regard du jeune homme s'arrêta sur ses lèvres roses et pulpeuses. Si l'atmosphère avait été différente – si la vie avait été différente –, il l'aurait embrassée. Malgré les barrières qui les séparaient, la tentation était forte.

— Dis-moi une chose, fit-elle en le transperçant d'un regard d'acier.

— Oui ?

— Es-tu disposé à prouver ta loyauté envers les MacArthur ?

Ce fut lui, soudain, qui se sentit trahi. La méfiance d'Eva le blessait, et la nouvelle de l'arrivée imminente de Colin ne faisait que retourner le couteau dans la plaie.

— Écoute-moi, gronda-t-il en se penchant vers elle, menaçant. Je suis un forgeron MacKerron. Les miens servent les MacArthur depuis des générations. Aucun de vous ne devrait mettre en doute ma loyauté. Toi moins que quiconque. Tu me connaissais bien, autrefois.

— Nous avons convenu d'oublier ce qui s'est passé entre nous la nuit du 1er mai, dit-elle en détournant les yeux.

— Est-ce que j'en ai parlé ?

Les joues en feu, elle alla ranger les galettes dans le placard.

Il poussa un soupir, regrettant son accès d'aigreur. Un feu brûlait entre eux ; il en reconnaissait les signes. Les brasiers, quels qu'ils soient, n'avaient pas de secret pour lui, et ce feu-ci, il le sentait brûler en elle. Bien que leur passion dût être réprimée, elle s'exprimait par de perpétuels éclats, chez l'un comme chez l'autre.

Il regrettait ces chamailleries, car il chérissait l'amitié d'Eva. Il s'approcha doucement. Elle se retourna, se cognant à lui, et il la retint d'une main sur l'épaule. Elle tressaillit.

— N'étions-nous pas amis autrefois, Eva MacArthur ? murmura-t-il.

— Si. Mais tu as changé. Tu es plus… réservé. Tu as des secrets. Je le sens.

Il resserra son étreinte, décidé à ne pas lui révéler ces secrets. Pourtant, elle le perçait jusqu'à l'âme de ses yeux clairs. Sa nature franche et intuitive discernait ce qu'il voulait cacher.

— Je suis plus vieux et plus sage, dit-il. J'ai vu et appris beaucoup de choses... que j'aurais préféré ne pas connaître. C'est cela que tu sens, ajouta-t-il en s'écartant. Rien d'autre n'a changé.

— Que s'est-il passé en France, Lachlann ?

— Rien de plus que ce qui arrive à chaque homme. En tout cas, je n'aime pas que ma loyauté soit mise en doute, déclara-t-il pour éviter d'autres questions.

— Prouve ton soutien aux miens. Ils souhaiteraient que tu leur fabriques des armes. Ils veulent mesurer ta loyauté. Avant de te rencontrer, Simon veut être sûr de toi.

Il fronça les sourcils.

— J'imagine que ces armes ne serviraient pas uniquement à la chasse.

Elle le fixa sans répondre – une réponse en soi.

— Tu es fiancée à un Campbell. Tu me demandes d'armer les tiens contre les Campbell, et contre le roi ?

— L'influence de Colin peut un jour leur obtenir le pardon. Mais pour l'instant, ils doivent être capables de se défendre. Et leur rébellion est juste. Tu ne peux pas dire le contraire.

— En effet. Mais cela ne signifie pas que je les aiderai.

— Pourquoi pas ?

— Pourquoi accepterais-je d'épouser cette cause, avant même de m'être entretenu avec Simon ? Fabriquer des armes qui seront utilisées contre la Couronne, c'est de la trahison.

— Alors, Simon ne te rencontrera pas.

En proie à toutes sortes de sentiments – la peur, la colère, la passion –, il la saisit par les bras, avec plus de force qu'il ne l'aurait souhaité. Elle s'accrocha à lui, oppressée.

— Si tu doutes de ma loyauté, mets-la à l'épreuve, gronda-t-il. Il y a un moyen de savoir.

Avant qu'elle n'ait le temps de dire ouf, il s'empara brutalement de sa bouche. Eva répondit par un faible gémissement et se laissa aller contre lui.

Le baiser se prolongea, s'intensifia, et il sentit leurs désirs se rejoindre, flamme contre flamme, vrai, violent.

Perdu. Il était totalement perdu. Corps et âme. Des rêves, des années de rêves le submergeaient. En l'invitant à le mettre à l'épreuve, c'était lui-même qu'il mettait à l'épreuve.

Arrête ! s'ordonna-t-il. Avant qu'il ne soit trop tard.

Hors d'haleine, il s'écarta, les mains toujours sur les bras d'Eva, qui s'appuya contre son torse, comme pour éviter de trébucher.

— Maintenant, dit-il d'un ton sévère, demande à ton cœur de femme si je suis digne de confiance.

Il la lâcha, se dirigea vers la porte, l'ouvrit et sortit, soulagé d'offrir son visage au vent froid du soir.

12

— Je devrais lui faire un lit de ronces, marmonna Eva en préparant deux gros tas de bruyère.

Au souvenir du baiser de Lachlann, ses joues la brûlaient. Le soleil sombrait à l'horizon, et il n'était pas revenu.

Malgré tous ses efforts, elle ne pouvait oublier le cercle de ses bras, la chaleur de sa bouche. Elle s'exhorta cependant à se rendre à la forge, pour lui dire qu'elle ne tolérerait pas de telles avances.

En vérité, elle aurait voulu l'embrasser à nouveau. Mais bien que cette étreinte eût ranimé ses rêves les plus tendres, et l'eût rendue vulnérable, elle ne pouvait compromettre son mariage, au risque de mettre en danger les siens. Il serait fou d'autoriser Lachlann à être autre chose qu'un ami.

Ce n'était pourtant pas l'envie qui lui en manquait. Comprenant que leur ancienne amitié ne serait plus jamais la même, elle gémit et ajouta quelques brins aux tas. Cet arrogant baiser n'était décidément pas inspiré par un sentiment fraternel !

C'est ce qu'elle devait lui dire : qu'il lui donne son amitié ou la laisse tranquille. Prenant un tartan, elle l'étala sur le sol, y plaça la bruyère et en noua les coins. Puis elle jeta le balluchon sur son épaule et ouvrit la porte. Solas et Grainne se ruèrent dehors. Après avoir claqué la porte de chêne, elle traversa la cour.

Lachlann inspectait le tas de ferraille pour voir ce dont il disposait, mais n'arrivait pas à se concentrer. Il essaya de bouger la charrue qui occupait presque tout l'angle. N'y parvenant pas, il donna un coup de pied dedans, et elle se renversa avec fracas. Un nouveau coup de pied lui permit de libérer quelque peu sa fureur.

Ce qu'il désirait le plus au monde lui était interdit : travailler l'acier ; aimer Eva de tout son cœur et de toute son âme.

Pourtant, il l'avait prise dans ses bras et l'avait embrassée comme si elle était à lui. À ce souvenir, son corps réagit et il brûla de suivre le cours naturel de son désir. Il avait dû concentrer toute sa volonté pour la laisser.

Revenir à Balnagovan avait été stupide ; cela pourrait même se révéler désastreux, pour elle, pour lui et pour d'autres. Il se passa les doigts dans les cheveux, puis alla ouvrir la porte. L'air glacé apaisa le trouble de son esprit. Il regarda en direction de la maison, baignée par la lumière ambrée du couchant.

Eva approchait, son balluchon sur l'épaule, d'un pas qui trahissait son irritation.

Habitué aux emportements de la jeune fille, il s'appuya au chambranle et croisa les bras. Elle lui balança son fardeau avec une telle force qu'il recula. Puis elle le poussa dans l'atelier.

— Voilà ton lit, lança-t-elle en passant devant lui.

Elle jeta le balluchon dans un coin. Les nœuds s'ouvrirent et la bruyère se répandit.

— Fais-le toi-même, et puisses-tu ne pas y trouver un instant de paix ! C'est tout ce que tu mérites ! déclara-t-elle avant de tourner les talons.

— Eva...

Il lui saisit le bras, mais elle se dégagea d'un mouvement brusque.

— Tu ne m'attraperas pas une seconde fois !

— Eva, je te demande pardon.

— De quoi ?

— Pour le baiser. C'était... idiot de ma part.

— Tu reviens à Balnagovan, tu m'embrasses comme si tu n'étais jamais parti, et tu me demandes ensuite de ne pas en tenir compte ? Toi, tu le peux sans doute, mais pas moi. Pour moi, maintenant, c'est grave, même si pour toi ça ne l'est pas.

— Maintenant ? Que veux-tu dire ?

— Je suis une femme, aujourd'hui, je ne suis plus une sotte qui ignore ce qu'elle ressent. Ces dernières années ont été difficiles, je me suis sentie... seule. Et j'essaye... de toutes mes forces... balbutia-t-elle, tentant de combattre ses larmes. J'essaye de faire ce que je crois être bien, même si je ne le veux pas. Et puis tu reviens et... oh ! fit-elle, levant les bras, vaincue. Je ne dis pas ce que j'ai envie de dire !

Il ébaucha un sourire. Il n'aurait pas dû se féliciter de son trouble. Pourtant, il s'en réjouissait. Elle était si passionnée. Si sincère.

— Que veux-tu dire ?

— Je ne sais pas, admit-elle en croisant les bras.

Quelque chose jaillit alors en lui : l'espoir. Il n'en avait pas éprouvé depuis longtemps, mais il reconnut aussitôt ce sentiment. Il plissa les yeux et les petits éclairs, comme des lucioles, dansèrent de nouveau dans son champ de vision ; il les remarqua à peine.

Un baiser, et la chance avait tourné. Voyant combien elle était en colère contre lui, il reprenait espoir. Il connaissait son caractère, il la connaissait. Elle était remuée jusqu'au tréfonds. À ce baiser, elle avait répondu avec une égale ferveur.

Peut-être les sentiments qu'elle éprouvait pour lui allaient-ils au-delà de la simple amitié. Peut-être ces années passées à rêver deviendraient-elles réalité – si elle ne voulait vraiment pas de ce mariage avec Colin. Il osait à peine y penser, mais cette éventualité lui faisait l'effet d'un arc-en-ciel.

Voyant son menton trembler, il voulut l'attirer dans ses bras. Attends, se dit-il. Si ce qu'il espérait était vrai, si leurs sentiments se répondaient, ils seraient irrépressibles.

— Je te demande pardon. J'étais furieux, et je souhaitais te prouver que tu peux me faire confiance.

— Ce baiser ne prouvait rien, répliqua-t-elle en levant le menton.

— Tu es fiancée. C'était déplacé de ma part. Nous n'avons jamais été destinés l'un à l'autre, murmura-t-il, bien qu'il fût convaincu du contraire.

— Jamais destinés l'un à l'autre… répéta-t-elle en détournant les yeux, un pli entre les sourcils.

— La fille d'un chef de clan et un fils de forgeron – ton père ne l'aurait jamais accepté. Il a choisi le mari qu'il estimait le mieux pour toi, et tu dois honorer sa volonté.

— Je… je le dois. Et je désire ce qui est le mieux pour mon clan. Mais je n'ai jamais voulu – je ne veux pas…

Elle fit un geste vague.

Il se demanda si c'était Campbell qu'elle ne voulait pas, ou le fils du forgeron. Il lui laissa le temps de poursuivre, mais elle se mordit la lèvre, l'air misérable.

— Bon, enfin, tu as mes excuses. Cela ne se reproduira pas.

— Le baiser, ou les excuses ? s'enquit-elle d'une voix étonnamment douce.

— Que voudrais-tu ? Les excuses ou le baiser ?

Eva battit des paupières et, au lieu de répondre, elle alla s'agenouiller dans la bruyère qu'elle avait renversée. Comme elle mettait de l'ordre dans cet enchevêtrement, il s'approcha.

— Je suis désolée, dit-elle. J'étais en colère.

— C'est sans importance. Je jetterai un tartan dessus, et ça fera un lit parfait.

— Je vais t'arranger ça.

Elle étala le tartan et ne disposa la bruyère que sur une moitié du tissu.

Lachlann s'agenouilla pour l'aider. Ils travaillèrent en silence, puis la jeune fille recouvrit le lit de bruyère avec l'autre partie du tartan.

— Je vais t'apporter la peau de loup, dit-elle. Les nuits sont fraîches.

— Tu en as besoin pour toi.

— Les murs de la maison sont épais et gardent la chaleur de l'âtre jusqu'au matin. Ce lit n'est jamais froid.

— Je sais. J'y ai dormi toute ma vie.

Elle rougit et lissa le tartan. Elle lui effleura par mégarde le genou, et il fut enveloppé par son parfum, chaud et féminin.

Envahi de désir, il s'imagina roulant avec elle sur le lit de bruyère. Il en avait plus d'une fois rêvé. En France, il avait survécu grâce à des rêves qui étaient étonnamment proches de ce qui était arrivé depuis son retour : Eva dans sa maison à lui,

Eva devant son âtre, Eva dans ses bras... Eva avec lui sur un lit de bruyère.

Il avait le corps en feu, mais était décidé à ne pas perdre le contrôle. Il devait se montrer prudent. L'espoir avait fleuri, et il s'agissait de le cultiver...

— Eva... fit-il, avançant la main vers son épaule.

Mais elle se pencha en avant pour border le matelas. Sa taille et ses hanches se balancèrent avec une grâce sensuelle.

— Voilà, conclut-elle en s'asseyant sur ses talons. C'est fait.

— Ce tartan appartenait à Finlay, dit Lachlann. Il le portait pour les fêtes, les mariages et les funérailles.

— Oh ! Je ne savais pas... Je vais en chercher un autre. Mairi en a une réserve.

— Ça ne me peine pas, au contraire. Laisse-le.

Elle leva les yeux. Il se pencha, songeant à l'embrasser de nouveau – avec tendresse, cette fois. Elle regarda sa bouche, et il eut la conviction qu'elle partageait la même pensée, le même désir.

Elle ferma les yeux, ploya le cou. Il lui toucha la joue, glissa les doigts dans la soie de ses cheveux.

— Je suis désolé pour ce que j'ai fait tout à l'heure, murmura-t-il.

— Désolé ? Je ne le suis pas.

— Oh, Eva ! chuchota-t-il, le cœur battant. Qu'y a-t-il entre nous ?

Dans les profondeurs gris-vert de son regard, il lut la douceur d'une affection vraie, en même temps que de la douleur et de la prudence – reflet de ce qu'il ressentait lui-même.

Elle faisait partie de lui, et il se demandait si elle éprouvait le même sentiment. Elle ne lui était pas promise, bien que dans un monde meilleur, elle aurait dû l'être. Ce qui existait entre eux était fort et pur, comme si des anges les avaient destinés l'un à l'autre avant leur naissance. Mais les hommes avaient résilié ce marché. Pourrait-il le rétablir ?

Sottises, se dit-il. Ce n'était que les désirs d'un homme seul, depuis longtemps pris d'amour, et dans l'impossibilité de le déclarer.

Il se pencha et l'embrassa, avec mesure. Mais elle répondit à ce baiser avec tant d'ardeur qu'il faillit en perdre le souffle, la raison, qu'il faillit la coucher dans la bruyère.

Seules leurs bouches s'unirent, mais cette simple fusion possédait une plénitude qui ne ressemblait à rien de ce qu'il avait ressenti jusque-là.

S'écartant enfin, elle posa la tête sur l'épaule de son ami d'enfance et émit un soupir chargé de tristesse. Il lui caressa les cheveux.

— Qu'y a-t-il entre nous ? répéta-t-elle. Je ne sais pas. Mais je crois que c'est là depuis longtemps.

Elle leva la tête, et il appuya le front contre le sien.

— Que veux-tu faire ?

Elle soupira, puis se leva.

— Rien, dit-elle. Il n'y a rien à faire. Tout doit rester en l'état.

Elle traversa la pièce d'un pas assuré, le laissant seul, agenouillé à côté du lit de bruyère.

13

La pluie crépitait sur le toit de chaume. Eva ajouta de l'avoine dans une marmite d'eau bouillante et la laissa cuire. Le temps qu'elle donne à manger aux poulets et râtelle le foin dans l'étable pour la vache de Mairi, il s'était mis à pleuvoir à torrents. L'eau tombait avec une telle force, qu'elle prit son temps pour traire la vache à l'abri du toit de chaume de l'étable. Puis elle courut, le seau à la main, jusqu'à la porte de la maison. Sa robe était trempée, ses pieds nus couverts de boue, et le lait allongé d'eau.

Un cri retentit et elle regarda en direction de la forge, espérant que c'était Lachlann qui l'appelait. Mais la porte de l'atelier était fermée, bien que de la lumière filtrât à travers les volets. Quand le reverrait-elle ?

Il travaillait depuis plusieurs jours dans la forge, nettoyant, rangeant, réparant le toit. Lorsqu'elle l'avait vu debout sur le toit d'ardoises, par un après-midi ensoleillé, sans chemise et dans son seul tartan, elle en avait eu le souffle coupé. Il avait souri et lui avait fait un signe de la main, qu'elle lui avait aussitôt rendu. Il était ensuite rentré dans la forge, mais cet instant était resté gravé dans son cœur.

Il avait également travaillé dans l'écurie, à réparer les portes, changer la paille et accomplir les tâches difficiles qu'elle n'aimait pas faire. Il se promenait tous les jours à cheval dans les collines, et elle se demandait s'il cherchait Simon.

Son frère, se rassurait-elle, ne se laisserait trouver que lorsqu'il le déciderait.

Le cri retentit de nouveau, et elle regarda en direction du loch. Cette pluie torrentielle retiendrait Alpin et les soldats à Innisfarna. Ces derniers temps, elle les avait souvent vus partir en expédition et les avait, comme d'habitude, évités. Elle s'était entraînée avec Alpin, elle était allée proposer son aide à Margaret et Angus. Un autre jour, elle avait cueilli des pommes et trouvé un endroit discret pour ferrailler avec un bâton.

Occupés par ces tâches paisibles, les jours passaient rapidement. Eva était consciente de la présence de Lachlann, mais le voyait peu. Même quand elle l'invitait à partager son repas, leurs discussions se bornaient aux nécessités quotidiennes.

Aucun des deux ne parlait de rebelles, d'armes ou de message du roi. Aucun des deux ne parlait de rêves, de baisers ou de désir. Pourtant, elle était en proie à la plus grande confusion, et se félicitait de ce répit qui lui permettait de mettre de l'ordre dans ses sentiments.

Elle ne pensait pas que Lachlann sortirait de la forge par une pluie pareille. Il avait des provisions et s'était installé un coin confortable, de sorte qu'il venait moins souvent à la maison – et il lui manquait.

Perdue dans ses pensées, elle contempla la forge dans l'espoir que la porte s'ouvre, tandis que la pluie trempait sa robe de lainage. Assises devant l'âtre, Solas et Grainne l'observaient, l'air de se dire qu'elle était folle de rester dehors, au lieu de venir au chaud.

Elle entendit de nouveau crier et regarda en direction du pré. Encadrant un poney, un homme et une femme se dirigeaient vers la maison. La femme se protégeait sous un tartan, et l'homme tenait un autre tartan au-dessus du poney, bâté de deux paniers, d'où sortaient deux petites têtes. La femme fit un signe de la main, auquel Eva répondit en riant.

— Margaret ! appela-t-elle, ses mains en portevoix. Angus !

Ils avaient dû quitter leur maison, située à une lieue dans les collines, avant que la pluie ne se mît à tomber si fort. À présent, ils couraient, la tête sous les tartans en protégeant leurs enfants.

Eva posa le seau de lait à l'intérieur et se précipita vers la forge, ses pieds s'enfonçant dans la boue. Elle frappa à la porte. Lachlann ouvrit aussitôt.

— Eva, que se passe-t-il ?

Elle sourit et lissa ses cheveux mouillés. Lachlann secoua la tête en gloussant.

— *Ochan*, fille, tu ressembles à une naïade surgie du loch ! Rentre te réchauffer, dit-il en s'écartant pour la laisser passer.

Elle lui prit le bras en riant, heureuse de sentir sa force, sa chaleur.

— Sors avec moi sous la pluie ! décréta-t-elle.

Il la regarda comme si elle était devenue folle.

— Viens à la maison ! insista-t-elle. Margaret et Angus sont là !

Elle indiqua l'écurie, où le couple menait le poney. Il hocha la tête en signe d'acquiescement, puis entra dans la forge chercher un tartan qu'il tendit au-dessus de leurs têtes.

— Cours ! dit-il.

Elle lui passa un bras autour de la taille et se lança avec lui sous la pluie glacée, leurs pieds claquant dans la boue.

Arrivés à la maison, ils étaient trempés, mais joyeux. En attendant sur le seuil qu'Angus et Margaret les rejoignent, la jeune fille leva les yeux vers Lachlann, qui tenait toujours le tartan au-dessus de leurs têtes.

Il lui sourit et écarta de son front quelques mèches mouillées.

— Regarde-toi, petite naïade, la taquina-t-il.

— Et toi, triton, rétorqua-t-elle en passant les doigts dans sa chevelure qui lui tombait en vagues sur le front.

Sous l'abri du tartan, le sourire de Lachlann disparut, ses yeux s'assombrirent de désir. Elle perçut ce changement avec autant de netteté que s'il l'avait touchée de façon plus explicite. Un frisson la parcourut.

— Lachlann MacKerron ! cria Margaret.

Il tourna la tête, et cet instant de grâce s'évanouit. Eva laissa tomber la main et pivota en même temps que son compagnon.

— Tu te souviens de moi ? demanda Margaret en s'approchant.

— Margaret MacArthur, comment pourrait-on t'oublier ? rétorqua-t-il du ton léger qu'il prenait toujours pour s'adresser à la cousine d'Eva.

— Par un jour pareil, un bon bouillon chaud sera le bienvenu, dit Eva.

Elle alla remuer le contenu d'une petite marmite, puis ranima le feu de tourbe qui se mit à craquer.

— Margaret et moi l'avons préparé pendant qu'Angus et toi étiez dans la forge, ajouta-t-elle à l'adresse de Lachlann, qui était revenu en courant sous la pluie avec son ami.

Il s'installa sur un tabouret à côté de l'âtre et présenta ses bottes à la chaleur du feu.

Assis à table, Angus et Margaret nourrissaient leurs enfants : une petite fille qui mangeait maladroitement sa bouillie, refusant l'aide de son père, et un bébé qui tétait sa mère. Angus pencha sa tête rousse vers celle, blond doré, de Margaret.

Lachlann caressa Solas, couchée à ses pieds.

— Un bouillon, voilà une bonne idée, approuva-t-il. Bien que l'Eva MacArthur que je connaissais autrefois n'aurait pas su faire un bon bouillon.

— Elle a changé, répliqua-t-elle d'un ton pincé.

— Elle sera bientôt une épouse, ajouta Margaret.

— Et une bonne épouse, renchérit Angus. En l'absence de Mairi, elle tient bien sa maison.

Assise sur un tabouret en face de Lachlann, Eva étendit ses jambes nues à la chaleur des blocs de tourbe incandescents. Il admira l'élégance de ses chevilles et de ses pieds, en harmonie avec le reste de sa personne – ses longues jambes, ses hanches minces, son ventre plat, ses seins fermes, ses épaules carrées, sa gorge gracieuse, son visage pâle éclairé par le feu… Elle offrait un spectacle apaisant, même lorsque des éclairs apparaissaient dans son champ de vision.

Elle se pencha pour remuer la marmite.

— C'est prêt, et ça va nous réchauffer, dit-elle en se levant pour aller chercher des coupes.

Je n'ai pas froid quand je te regarde, songea-t-il. Et quand ils étaient assis ensemble comme un vieux couple, heureux et paisibles comme l'avaient été ses parents adoptifs, comme l'étaient manifestement Angus et Margaret.

Eva remplit quatre coupes du mélange fumant d'avoine et d'eau, puis elle ajouta de la crème, du miel et du *uisge beatha* – du whisky – et mélangea avant de servir.

— *Slàinte!* Santé! dit-elle en levant sa coupe.

Lachlann leva à son tour la sienne et but. La chaleur du breuvage le réconforta. La pluie cisaillait le toit de chaume, le vent hurlait.

— Il y avait beaucoup de pluie en France, mais pas de bouillon pour réchauffer son homme, fit-il remarquer.

— Qu'y avait-il alors pour le réchauffer? demanda Eva en riant.

Il aurait préféré que ses cheveux ne frisent pas si délicieusement autour de son visage, que ses joues ne rougissent pas si facilement, car il ne pouvait en détacher les yeux.

— Pas grand-chose, répondit-il. Nous dormions le plus souvent dehors, ou bien nous nous entassions dans des pièces ou sous des tentes, où il y avait moins de paillasses et de couvertures que d'hommes.

— Dormir les uns sur les autres, cela réchauffe, commenta Margaret.

— Mais on y attrape des puces, se moqua Angus.

Tous rirent en chœur.

— Maintenant que tu es de retour, je n'aurai pas à aller jusqu'à Glen Brae pour trouver des clous, ou ferrer mon cheval et mon bœuf, reprit Angus.

— Et grâce au Ciel, tu es sain et sauf, ajouta Margaret. Tu vas avoir du travail par-dessus la tête. L'autre forgeron est un incapable.

La petite fille, qui s'appelait Maeve, descendit du banc et trottina vers Eva qui la prit sur ses genoux. Aussi blonde et jolie que sa mère, l'enfant regarda, fascinée, Eva tresser des bouts de ficelle pour en faire un berceau miniature.

— Lachlann, j'aurai besoin de louches, d'un tisonnier et de couteaux de cuisine, dit Margaret.

Il hocha la tête en signe d'acquiescement.

— Oh, si tu savais comme tu nous as manqué ! insista-t-elle.

Il ne put s'empêcher de contempler Eva. Elle l'observait par-dessus la tête de l'enfant.

— J'espère que tu n'as pas trop manqué à ma femme, grommela Angus. Car autrefois, elle t'aimait bien...

Lachlann sourit, tandis que Margaret donnait un coup de coude à son mari.

— À propos, je te dois des remerciements pour ce que tu as fait, il y a des années, poursuivit celuici en levant sa coupe.

— Qu'est-ce que j'ai fait ? s'étonna Lachlann.

— Tu te rappelles cette nuit du 1er mai, avant ton départ pour la France ? Margaret espérait que tu lui ferais la cour, mais tu l'as laissée avec moi pour rejoindre Eva. Margaret t'en a voulu... aïe ! fit-il, comme son épouse lui administrait un violent coup de coude. Mais, à la fin de la nuit, elle s'en est félicitée, précisa-t-il avec un clin d'œil à sa femme.

— C'est vrai... et toi encore plus, murmura Margaret en tapotant la joue couverte de barbe de son mari.

Angus partit d'un grand rire.

— Eh bien, j'en suis ravi, déclara Lachlann. Vous me semblez parfaitement assortis.

— Dommage que tu ne te sois pas trouvé une femme, cette nuit-là, dit Angus, malgré l'air horrifié de Margaret. S'il en avait trouvé une, il serait resté ici, nous évitant de gaspiller notre argent avec l'autre forgeron, commenta-t-il à l'adresse de sa femme.

Lachlann regarda de nouveau Eva. Elle avait les joues en feu.

— Cet ivrogne de Glen Brae n'est pas un MacKerron, voilà l'ennui, continua Angus. Les MacKerron ont ça dans le sang depuis des générations.

— On raconte que les MacKerron ont du sang de fée, ajouta Margaret. C'est de là qu'ils tiennent leur adresse, leurs cheveux bruns et leurs yeux clairs. Eva aussi a du sang de fée, par Aeife la Radieuse. Tu connais l'histoire, Lachlann.

— Il y a longtemps que je ne l'ai pas entendue, répondit-il.

Margaret cala le bébé sur son épaule et lui tapota le dos.

— Peut-être Eva racontera-t-elle l'histoire à notre petite Maeve, qui ne la connaît pas encore…

— Maeve est trop jeune, mais moi j'aimerais l'entendre, dit Angus. Les meilleures histoires sont celles racontées par mauvais temps au coin du feu. Si Eva veut bien nous faire ce plaisir, avant que nous partions…

— C'est d'accord, mais vous devriez passer la nuit ici, car la pluie n'est pas près de s'arrêter, dit Eva, tandis que Maeve descendait de ses genoux et trottinait vers Solas afin de lui montrer son jeu.

Comme Lachlann tendait la main pour empêcher l'enfant d'approcher de l'âtre, elle le lui offrit. Il sourit et elle grimpa sur ses genoux.

— Nous serions ravis de rester, acquiesça Angus. Maeve, viens ici.

— Elle est très bien là, assura Lachlann en caressant les boucles de la petite fille qui se laissa aller contre lui.

Eva commença :

— Écoutez-moi, je vais vous raconter une histoire digne d'être racontée…

Lachlann, la petite fille sur ses genoux, se renversa contre les pierres chaudes de l'âtre. Contée de la voix veloutée d'Eva, cette histoire familière avait pour lui un charme nouveau.

— ... Et quand Aeife leva l'épée, celle-ci était souple et légère comme une plume dans sa main, avec une lame comme le soleil, une poignée d'or et un pommeau comme une pierre précieuse aux mille couleurs...

Lachlann fronça les sourcils. Jadis, il avait espéré fabriquer une telle épée, merveilleuse, unique, magique. Mais les rêves ne sont que des rêves, se rappela-t-il. Ils ne deviennent jamais réalité.

Lorsque Eva eut achevé son récit, Margaret essuya une larme, et Angus renifla. Lachlann regarda l'enfant qui dormait contre sa poitrine. Il la souleva doucement et la tendit à son père.

Puis il adressa un sourire à la conteuse, dont les yeux étincelèrent.

— Et la tradition se poursuit avec notre Eva, la radieuse, descendante d'Aeife, dit-il. Merci pour cette belle histoire, digne d'être racontée.

Les braises rougeoyaient comme des rubis dans la forge, se reflétant sur l'épée brisée. Lachlann fit lentement tourner la poignée. Incapable de dormir, malgré le confort de son lit de bruyère et le bruit apaisant de la pluie, il s'était levé avant l'aube et avait sorti l'épée de Jehanne de sa cachette. À présent il l'étudiait, l'acier frais dans ses mains, la chaleur du feu sur sa peau.

Le souvenir du visage douloureux de Jehanne lui était toujours pénible, mais il se félicitait d'avoir eu le privilège de l'accompagner. Il souffla, et la tristesse parut se dissoudre quelque peu, comme si le fardeau s'était allégé. Le retour chez lui et surtout la présence d'Eva avaient commencé à le guérir.

Il ferma les yeux, et ces maudites étoiles qui flottaient si souvent dans son champ de vision apparurent. Son œil ne guérirait probablement jamais. Il jura tout bas et posa l'épée sur la forge. La lueur du feu se déversa sur l'acier comme du sang.

Jehanne lui avait dit qu'il saurait un jour quoi faire de son épée. Mais il ne le savait toujours pas. Il n'était ni indécis ni paresseux, mais n'avait pas rempli sa promesse de la réparer. Il ignorait s'il le pourrait.

Après avoir écouté Eva raconter l'histoire d'Aeife et de l'Épée de Lumière, il était retourné dans la forge. Allongé tout éveillé, il avait pensé à Aeife, à Jehanne, à Eva et aux deux épées, l'une réelle, l'autre légendaire.

Il imaginait Eva, l'épée à la main comme Aeife et Jehanne, forte et belle, déterminée à défendre son île et la tradition. Il regarda la lame brisée en soupirant.

Trois jeunes femmes fascinantes : l'une, héroïne d'un vieux conte ; la deuxième, auréolée de gloire ; et la troisième, l'aimée de son cœur. Eva faisait inextricablement partie de son être. Vivre sans elle serait une déchirure inguérissable.

Comme il tournait le pommeau dans sa main et remettait la lame dans son enveloppe de tissu, il eut soudain la conviction qu'il devait agir. Il avait besoin d'Eva et devait la conquérir.

14

Assise dans le bateau, Eva contemplait, derrière Alpin, son île, verte et inébranlable sur la surface de l'eau ; le château de pierre se dressait au milieu d'une couronne d'arbres et de rochers.

— Innisfarna est toujours aussi belle, commenta Lachlann en suivant son regard. Elle n'a pas changé.

— Innisfarna ne changera jamais, affirma Eva d'un ton farouche. Elle doit rester à jamais telle qu'elle est.

— Depuis quand n'y es-tu pas allée ? demanda-t-il.

— Trop longtemps, dit-elle en jetant un coup d'œil complice à Alpin.

— Elle y retournera un jour en triomphe, assura le batelier. Quand elle se sera battue pour son île.

— Alpin ! s'exclama Eva.

— Quand elle se sera battue pour son île ? répéta Lachlann, stupéfait.

— Green Colin la veut, mais nous ne le laisserons pas la prendre, dit Alpin en tirant sur les rames. Le moment venu, Eva sera prête à la défendre.

La jeune fille le foudroya du regard.

Lachlann fronça les sourcils, mais ne dit rien. Aidé par le courant, le bateau dépassa Innisfarna.

Une aiguille rocheuse cacha l'île, à l'exception du sommet des arbres et des créneaux du château. Tandis qu'ils mettaient le cap vers le nord, Lachlann se retourna pour admirer la côte.

Eva le regardait avec curiosité. Il semblait détendu, en dépit d'une légère crispation de la bouche. Était-il impatient ou inquiet à l'idée de revoir Mairi ? se demanda-t-elle.

Le batelier était venu, au petit matin, les prévenir que Mairi MacKerron était de retour à Glen Brae et attendait son fils adoptif. Lachlann avait voulu partir aussitôt à cheval, mais Alpin avait insisté pour l'emmener avec Eva en bateau.

— Voici Glen Brae, annonça-t-il en montrant les collines arrondies qui s'élevaient au nord du loch. Le château est sur cette colline.

Il indiqua une tour de pierre, se dressant sur une pente boisée.

— Ça fait des années que je ne suis pas venu de ce côté, dit Lachlann. Finlay et moi y allions parfois à cheval, acheter du fer et du charbon de bois, mais il y a plus de cinquante kilomètres de distance, et cela prenait tellement de temps que nous achetions généralement notre charbon plus près de la maison. Si je me souviens bien, le château de Glen Brae est tenu par les Stuart.

— Il appartient actuellement au sieur Patrick Stuart, confirma Eva. Un lointain cousin du roi. Il a épousé la nièce de Mairi.

— Celle qui a beaucoup d'enfants ?

Elle acquiesça. L'odeur de fumée apportée par le vent avait disparu, laissant place à celle de l'eau.

Le cœur battant, Eva contempla le profil de Lachlann, incapable d'oublier ses baisers passionnés. Envahie par une vague de désir, elle détourna les yeux.

L'autre nuit, si elle était restée dans la forge et avait répondu différemment – honnêtement – à ses questions, au lieu d'aller s'enfermer dans la maison, il aurait pu se passer autre chose entre eux. Ses rêves auraient pu devenir réalité.

Elle poussa un soupir et remarqua qu'il la regardait fixement. Il devait percevoir la passion qui brûlait entre eux. Combien de temps serait-elle capable d'y résister ? Dès qu'elle était en sa présence, tous ses sens s'embrasaient.

Une fois le bateau amarré, ils suivirent un sentier qui grimpait vers le château ; même pour ceux qui étaient habitués à courir les collines autour de Balnagovan, la montée était pénible.

Les grilles étaient ouvertes et la sentinelle, qui connaissait le batelier, les laissa passer. Comme Alpin demandait à voir Mairi MacKerron, l'homme eut un large sourire et leur fit signe de pénétrer dans la cour. Accompagnés d'une servante, ils gravirent les marches du porche.

Après avoir parcouru d'interminables couloirs, ils s'arrêtèrent devant une large porte cintrée.

La servante frappa, ouvrit, dit quelque chose, puis s'effaça. Lachlann entra le premier.

— Oh, Lachlann ! s'exclama Mairi de sa voix chaude et profonde.

Se levant de son siège, elle courut à sa rencontre. Voyant Mairi embrasser son fils adoptif avec chaleur, Eva sourit à travers ses larmes. Bien qu'ils ne soient pas du même sang, ils se ressemblaient par la taille, la forte charpente et la couleur des cheveux – quoique ceux de Mairi, sous son fichu de lin, soient mêlés de fils blancs.

— Tu n'étais pas à Balnagovan pour m'accueillir, à mon retour, la taquina-t-il. Mais j'ai eu la surprise de trouver Eva à la maison – et je suis content que tu lui aies appris à faire la cuisine. Elle m'a bien reçu. Elle fait une bière aussi bonne que la tienne, et elle tient bien ton ménage.

— Je suis heureuse de l'entendre, dit Mairi en riant. Voilà plus de trois ans que tu es parti, mon garçon. Tu ne pensais tout de même pas que je resterais les bras croisés à t'attendre ? J'ai beaucoup à faire, même si, chaque jour, j'ai pris le temps de prier pour toi… Ah, Eva, viens ici ! fit-elle en lui tendant les bras. Ça me fait plaisir de te voir.

— Mairi ! s'exclama la jeune fille en tombant dans ses bras.

— Je suis contente que tu aies été là pour le retour de Lachlann. Tu lui as toujours été chère, et je pense que ta présence lui a été droit au cœur… Alpin MacDewar, reprit-elle, n'attendez pas de baiser de moi, espèce de vieux bouc !

— Mince alors ! Ce n'était pas la peine que je me lave !

Habituée au badinage des deux vieux compères, Eva éclata de rire.

Lachlann prit sa mère adoptive par les épaules et la conduisit jusqu'à un banc couvert de coussins, à côté d'une immense cheminée de pierre. Plusieurs enfants se trouvaient dans la vaste salle, assis sur des tabourets ou par terre.

— Présente-nous ta famille, Muime, dit-il en souriant à deux petites filles qui le regardaient bouche bée, leurs poupées de chiffon serrées contre elles.

— Les quatre, près de l'âtre, sont les enfants de ma nièce Katrine et de son mari Patrick Stuart. Les autres – les petites filles et les deux garçons près de la fenêtre – sont leurs cousins Stuart. Je les garde, en ce moment. Lachlann, assieds-toi. Eva, Alpin, vous aussi. La servante va apporter des rafraîchissements – pour vous aussi, ajouta-t-elle à l'adresse des enfants.

Pour faire de la place à Eva, Mairi poussa un jeu de dames posé sur un autre banc. Un pion tomba sur le sol et un bambin, émergeant d'on ne sait où, le ramassa et le fourra dans sa bouche. Eva le lui retira, tandis que Mairi prenait l'enfant sous son bras.

— Patrick est un petit curieux, grommela-t-elle. Elspeth et Robbie, portez votre jeu là-bas. Les adultes veulent parler.

Le garçon et la fille ramassèrent leur jeu et s'installèrent près d'une fenêtre avec leurs cousins.

Mairi s'assit sur le banc, Patrick sur ses genoux, et d'un mouvement du pied elle se mit à balancer le berceau à côté d'elle. À l'intérieur, Eva remarqua deux minuscules poings roses et un petit visage paisible, au milieu d'une montagne de couvertures.

— Voilà donc le dernier-né de Katrine, dit-elle.

— Elle s'appelle Aileen, précisa Mairi en regardant Lachlann.

Eva vit une ombre traverser le visage du jeune homme.

— C'était le prénom de ma mère, expliqua-t-il en s'asseyant à côté de Mairi. Je ne m'étonne pas que tu ne sois pas encore retournée à Balnagovan, car tu es très occupée ici. Combien de temps comptes-tu rester ? Jusqu'à ce que ces petites créatures aient grandi ?

Il sourit à Patrick, qui le considérait avec de grands yeux bruns.

— Katrine et son mari cherchent deux jeunes nounous pour leur nichée, dit Mairi. Je resterai jusqu'à ce qu'ils les aient trouvées. Maintenant, raconte-moi ce que tu as fait, Lachlann. Tu as une cicatrice sur le menton – comment est-ce arrivé? s'enquit-elle en lui caressant la mâchoire d'un geste maternel.

— J'ai reçu une flèche anglaise, à Orléans.

— Orléans! Où la jeune Française l'a emporté? J'ai entendu dire que tu faisais partie de sa garde! J'en étais fière.

— Nous, les Écossais, sommes restés à ses côtés pendant toute la bataille. Après que j'ai été blessé, elle m'a essuyé le visage avec sa manche.

Eva le regardait, étonnée, car il avait peu parlé de ses aventures.

— J'ai entendu dire que c'était une fille courageuse et remarquable. Tu la connaissais bien? demanda Mairi.

— Jehanne était mon commandant, et je l'admirais. Elle a été capturée, jugée, condamnée pour hérésie et exécutée. Que dire de plus?

Il s'exprimait avec douceur, mais Eva percevait une certaine tension dans sa voix. Tournant son attention vers Patrick, il se mit à agiter les doigts devant lui.

— Tu étais avec elle, quand elle est morte? insista Mairi.

— Je n'étais pas à Rouen à ce moment-là. Je me remettais de mes blessures.

— C'était grave? s'inquiéta-t-elle.

— Une entaille dans le flanc et un coup sur la tête. C'est guéri, mais je vois moins bien qu'avant.

— Raconte-nous comment c'est arrivé.

Il haussa les épaules.

Patrick gloussait, impatient de recommencer à jouer avec les doigts. Le jeune homme agita la main, et il se jeta en avant, bras tendus. Lachlann prit sur ses genoux le bambin aux yeux bleus et aux cheveux bruns. Eva sentait qu'il dissimulait quelque chose.

— Vous vous ressemblez tellement que cet enfant pourrait être le tien, commenta Mairi en regardant son fils adoptif jouer avec Patrick. Après tout, vous êtes cousins.

— Comment cela ? fit Lachlann.

— Cousins ? s'étonna Eva.

— Son père – qui n'est pas ici pour le moment, sinon je vous aurais présentés – est ton cousin germain. Vos mères étaient sœurs. Je pensais que Finlay te l'avait expliqué, avant de mourir.

Lachlann secoua la tête.

— Finlay m'a parlé de mes parents, mais pas en détail. Qu'y a-t-il d'autre à savoir ?

Eva remarqua l'air troublé d'Alpin. Tout ce qu'elle savait, c'était que les parents de Lachlann étaient apparentés à Finlay, et qu'ils étaient morts quand leur fils était encore bébé.

— Tant que tu étais petit, dit Mairi, Finlay tenait à te cacher la vérité. Il comptait te la révéler plus tard, mais en repoussait sans cesse l'échéance. Puis il est mort si brutalement...

Elle laissa échapper un soupir, et Lachlann lui prit la main.

— J'avais tellement de chagrin que je n'ai pas pu écouter ses dernières paroles, reprit-elle. Quand j'ai eu la force d'en parler, tu étais sur le point de partir pour la France. J'ai attendu ton retour. Lachlann, je suis désolée...

— Je comprends. Dis-moi ce que tu sais.

Il se tourna vers Eva et Alpin pour ajouter :

— J'ai confiance en vous. Il est bon que tu sois au courant, dit-il à l'adresse de la jeune fille.

Comme le petit garçon se mettait à gigoter et à pleurer, Lachlann le tendit à Mairi qui le calma, sans cesser de bercer Aileen.

— Je me rappelle la nuit où tu nous as été apporté à Balnagovan, la nuit où tes parents sont morts, commença-t-elle. Tu avais à peine plus d'un an, l'âge de ce petit.

— Qui m'a apporté ?

— Le charbonnier et sa femme. Le vieux qui vit dans la forêt, au-dessus de Strathlan. Je crois qu'il y vit toujours... Alpin ? interrogea-t-elle en se tournant vers le batelier.

— Oui, mais ils sont tous les deux fous. L'homme fait du bon charbon de bois, mais ses bizarreries lui font perdre beaucoup de clients.

— Je m'en souviens. Finlay lui achetait parfois du charbon. Continue.

— Le charbonnier sait ce qui s'est passé, la nuit où tes parents sont morts. Finlay prétendait qu'il était le seul à connaître la vérité, mais que je sache, il n'en a jamais rien dit à personne. Lachlann, ton père était un MacKerron, un maître dans la fabrication des lames. Ça, tu le savais, n'est-ce pas ?

— Oui. Tomas, mon père, et Finlay étaient cousins. Ils avaient appris leur art du même homme, le père de Finlay. Et je découvre maintenant que je suis apparenté à cet enfant par ma mère... dit-il en regardant Patrick, endormi sur la poitrine de Mairi. Raconte-moi, je veux tout savoir.

— Sa grand-mère et ta mère étaient sœurs, toutes deux filles d'un Stuart, parent du roi. La petite sœur de Patrick, qui est dans ce berceau, porte le nom de ta mère, Aileen.

— Je ne savais pas que ma mère était une Stuart de Glen Brae.

Il se rappelait ce que Finlay lui avait raconté sur son lit de mort et en était encore glacé. Il avait accusé Colin Campbell d'avoir assassiné son père, et avait incité Lachlann à se venger. À l'époque, celui-ci ne savait pas grand-chose de Colin ; il ne l'avait vu qu'une ou deux fois. Mais, durant les semaines qui avaient suivi la mort de Finlay, on avait de nouveau prononcé le nom de Colin – comme prétendant d'Eva.

— Le feu s'est déclaré de nuit, alors que Tomas travaillait dans la forge, comme à son habitude, raconta Mairi. Finlay et toi le faisiez souvent aussi.

— Les changements de couleur sont essentiels dans la fabrication de l'acier, expliqua-t-il, mais ils sont subtils et mieux visibles de nuit.

— Ta mère était avec Tomas. Elle était ravissante, brune et mince. Tu as les mêmes yeux bleu vif, Lachlann. Comme elle t'adorait !

Il sourit à cette évocation, mais éprouva un serrement de cœur. Il aurait tant souhaité la connaître.

— Elle aidait parfois Tomas à la forge, reprit Mairi. Cette nuit-là, tu dormais dans la maison. Le temps que les voisins remarquent le feu, Tomas et Aileen étaient morts. Le charbonnier t'a sauvé et t'a porté à Balnagovan. Je n'avais pas d'enfant, et je t'ai aimé comme mon propre fils.

— Je sais. Je l'ai toujours su.

— Qui... qui a tué les parents de Lachlann ? questionna Eva.

— Finlay m'a dit que Colin Campbell avait provoqué l'incendie, déclara le jeune homme.

— Colin ! fit Eva en le dévisageant, horrifiée.

— Finlay l'a su par le charbonnier, précisa Mairi. Colin – qui était alors jeune homme – est ensuite venu chez nous réclamer le fils de Tomas, car il avait entendu dire que nous l'avions adopté. Il s'est dit désolé de ce qui était arrivé et a proposé de l'argent pour l'enfant. Finlay a refusé. Mon mari jurait que c'était un assassinat, mais Colin a nié toute implication – il a prétendu faire une visite de sympathie et s'est montré blessé de l'accusation. Les Campbell étaient puissants, et les MacKerron peu nombreux. Finlay ne pouvait le poursuivre.

— Vous avez fait ce que vous pouviez, intervint Alpin. Vous avez élevé le fils de Tomas et d'Aileen et en avez fait un bon forgeron.

— C'est vrai, admit Mairi avec un triste sourire. Lachlann, nous ne t'avons pas révélé tout cela, parce que nous ne voulions pas semer la haine dans ton esprit. Finlay comptait t'apprendre la vérité, mais il n'a pas eu le temps de te dire tout ce qu'il savait.

— Il m'a poussé à me venger de Colin.

— Il trouvait cela légitime.

— Depuis la mort de Finlay, dit Eva à Lachlann, tu as donc des raisons de haïr Colin...

— En effet, j'ai des raisons de le haïr.

— Je comprends que tu veuilles venger la mort de tes parents. Mais tu ne peux être sûr que Colin en soit la cause.

— C'est vrai.

— Demande au charbonnier, suggéra Alpin. Il est fou, mais il se rappelle peut-être ce qui s'est passé.

— Je le ferai. Muime, est-ce que Colin me connaît ? Je me souviens de lui, se faisant transporter à Innisfarna pour voir les MacArthur.

— Je ne pense pas qu'il se souciait beaucoup de nous. Il prenait parfois le bateau d'Alpin, mais s'adressait rarement à Finlay, sinon lorsqu'il le payait pour garder son cheval.

— Et maintenant, je suis fiancée à lui, soupira Eva.

— Le monde est empreint d'ironie, fit Mairi en hochant la tête.

— Où habitaient mes parents ? demanda Lachlann.

— Sur une colline surplombant un petit loch, au-dessus de Strathlan, au nord-est du loch Fhionn, répondit Mairi. Les bâtiments ont disparu, mais leurs tombes sont dans le cimetière voisin. Lachlann, je t'en supplie, pardonne-nous de t'avoir, pendant si longtemps, caché la vérité. Finlay n'aimait pas en parler. Et quand tu es devenu un homme, il n'a pas voulu t'emplir le cœur de haine. Il t'aimait, Lachlann. C'est pourquoi il a attendu.

Les yeux brûlants de larmes, le jeune homme acquiesça sans un mot. Prenant la main de sa mère adoptive, il lui pressa les doigts.

La compassion qu'il lut dans les yeux d'Eva le rasséréna, mais il détourna la tête avec un soupir.

L'eau clapotait contre les flancs de l'embarcation, tandis qu'Alpin les ramenait chez eux. La lanterne brillait sur son crochet, répandant une lumière dorée sur leurs têtes et leurs épaules. Eva était assise à côté de Lachlann sur le banc, l'autre étant occupé par les balluchons que Mairi leur avait donnés – de la nourriture ainsi que des tonnelets de bière et d'*uisge beatha* de sa fabrication.

Protégée du vent par le corps de Lachlann, son bras pressé contre le sien, Eva se sentait bien. Il regarda la lanterne en fermant un œil, puis lui sourit.

— Ton œil te gêne ? demanda-t-elle. Tu n'as pourtant pas de cicatrice. Je ne savais pas qu'il était abîmé.

— C'est à l'intérieur que ça se passe. J'ai reçu un coup sur le côté gauche de la tête.

— Tu te battais aux côtés de la Pucelle ?

— D'une certaine façon.

— Tu as toujours mal ?

Il secoua la tête.

— Parfois, je vois des lumières et des couleurs qui ne sont pas dans la réalité. En ce moment, je vois des étincelles et des étoiles autour de ta tête. Tu ressembles à un ange, avec une auréole et une couronne d'étoiles. Ça te va bien – quand on ne connaît pas, comme moi, ton tempérament diabolique...

Eva fit une grimace et rit.

— Comment as-tu été blessé ? s'enquit-elle.

Il s'assombrit.

— J'ai été frappé en essayant de sauver Jehanne, mais elle a été prise aux portes d'une ville, malgré notre intervention pour empêcher sa capture. Peut-être suis-je condamné à voir des anges, des auréoles et des étoiles, pour ne jamais oublier celle qui voyait elle-même des anges...

Eva en avait les larmes aux yeux. Intriguée par la nature des sentiments de Lachlann pour cette Française, elle poussa un soupir. Avait-il laissé son cœur en France ? se demanda-t-elle. Et après ? N'était-elle pas elle-même promise à Colin ?

Ses sentiments pour Lachlann devenaient chaque jour plus forts. Quel que soit le chemin qu'ils prendraient l'un et l'autre dans la vie, il resterait son ami. Ce lien existerait toujours, bien que son cœur réclamât beaucoup plus.

Au bout d'un moment, sous le couvert de leurs tartans, Eva chercha sa main, et ils joignirent leurs doigts.

Si je ne peux rien avoir d'autre de toi, avait-elle envie de lui dire, je veux au moins chérir ton amitié…

Mais elle se contenta de soupirer, gardant ses pensées pour elle, et sa main dans la sienne.

15

Debout dans la forge, Lachlann frottait du silex contre un bâton pour allumer le feu. Il aurait pu prendre une braise dans l'âtre de la maison, mais Finlay lui avait appris qu'une forge froide, allumée avec une étincelle neuve, portait bonheur. Et au moment de la remise en route de la forge, il en avait bien besoin.

Il frotta, jusqu'à ce qu'un filet de fumée s'élève. Lorsqu'une étincelle et une flamme minuscule jaillirent, il posa le bâton dans le foyer de la forge et ajouta du petit bois.

— Bonjour, dit Eva.

Il tourna la tête. Elle se tenait dans l'embrasure de la porte, qu'il avait ouverte pour laisser entrer l'air frais et le soleil. Plus que le feu nouveau, son sourire le réchauffa.

— Bonjour, répondit-il en se retournant pour surveiller son feu.

Il se sentit soudain gêné sous son regard, comme s'il était toujours le jeune amoureux dégingandé qui essayait de se donner une contenance.

— Que vas-tu faire ? demanda-t-elle en s'approchant. Des armes ?

Il la dévisagea.

— En tout cas, pas d'armes pour tes rebelles.

— Je sais.

La lueur des flammes mettait en valeur sa peau laiteuse, faisait briller ses cheveux et rehaussait le gris de ses yeux. Il remarqua que sa vision n'était pas gênée par d'intempestifs éclairs.

— Il y a à faire à la maison, reprit-elle. La chaîne qui maintient la marmite sur l'âtre est rouillée, la poignée de la plaque est fendue, et le verrou de l'étable a du jeu.

— Je les réparerai, promit-il en attisant le feu.

— Oh, et il n'y a plus de crochet disponible ! Pourrais-tu en faire de nouveaux pour des paniers et des bouquets d'herbes et d'oignons ? Et pourrais-tu aiguiser les couteaux et fabriquer un petit couteau pour couper les légumes ? Les anneaux des rideaux du lit sont rongés par la rouille et auraient besoin d'être remplacés.

— C'est tout ? demanda-t-il en riant.

— Encore une chose. J'ai une broche en argent dont le fermoir est cassé. Il faudrait…

— Je sais, murmura-t-il. Je me rappelle.

Il se souvenait de cette nuit, des années auparavant, quand la broche s'était cassée ; quelques instants après, il l'avait embrassée. Jamais il n'oublierait ces instants magiques.

— Que veux-tu, dit-elle, nous avons été longtemps sans forgeron, et je sais que Mairi aimerait que tout cela soit réparé.

— Ce sera fait. Y a-t-il autre chose ?

— Non. À moins que tu veuilles fabriquer des armes…

Il lui lança un regard de côté et rit. Elle détourna les yeux en rougissant, et il regretta d'avoir ri, car il devait rester ferme sur le sujet. Mais son entrée dans la forge l'avait mis de bonne humeur. Elle lui avait toujours fait cet effet, même à présent – surtout à présent – que la tristesse et le regret brouillaient ses émotions.

L'étincelle d'espoir était toujours là, plus forte même, nourrie par quelques baisers, par sa présence délicieuse, par leur visite à Mairi – et le geste d'Eva, la nuit dernière, quand elle lui avait pris la main.

Les chiens se mirent à aboyer, et elle regarda par la porte.

— Vas-y, dit-il. Je comptais aller à la maison enlever les verrous.

Elle acquiesça et sortit, tandis que Lachlann rassemblait les outils dont il aurait besoin – lime, ciseau, marteau à panne, clous – avant de sortir à son tour.

Il traversa la cour à la suite d'Eva, admirant sa démarche assurée, la grâce fluide de ses hanches. Ce spectacle charmant fouetta ses sens, et il détourna les yeux en fronçant les sourcils.

Il entra dans la maison, baissant la tête pour ne pas heurter le linteau, et se mit au travail sous le regard d'Eva. Après avoir limé le moraillon, il s'arrêta.

— Il faut le chauffer et le refaçonner, dit-il.

Prenant un ciseau, il souleva le rivet et dégagea le moraillon.

— Le fer sous le rivet est fendu. Il faut en fabriquer un autre.

Il rassembla les pièces de fer et ses outils, et sortit.

— Je peux te regarder travailler ? demanda-t-elle en le suivant.

Il la précéda dans la forge avec un haussement d'épaules.

Le feu brûlait bien, à présent ; limité à un petit carré, le foyer suffisait à la plupart des tâches. Le long manche de corne qui actionnait le soufflet était suspendu sur la gauche de la forge. Lachlann abaissa la poignée pour faire sortir un peu d'air et nourrir le feu. Pendant que la chaleur montait, il étudia comment réparer les verrous et les perfectionner.

— Tu as toujours aimé cet aspect de ton travail, murmura Eva à côté de lui.

Lachlann leva la tête, surpris. Il était si absorbé qu'il en avait oublié sa présence.

— Quel aspect ?

— Le côté cérébral du travail. J'aimais bien vous regarder travailler, Finlay MacKerron et toi. Je m'émerveillais de votre force et de votre habileté à transformer le métal en quelque chose d'aussi utile qu'une crémaillère ou d'aussi beau qu'une épée.

— Il suffit d'avoir un peu de métier. Cela ne nécessite pas beaucoup de force.

Se tournant vers le feu, il en balaya le pourtour avec un balai de brindilles humide. Eva avait raison : il trouvait autant de satisfaction dans la part cérébrale du travail que dans la part physique. Il aimait à forger l'objet dans sa tête. Une fois qu'il lui semblait parfait, il pouvait le reproduire dans la réalité.

— Le feu est-il assez chaud ? s'enquit-elle.

— Presque.

Il tira de nouveau la poignée du soufflet. Les flammes bondirent joyeusement. Malgré la simplicité de la tâche qu'il s'apprêtait à faire, il se sentait tout excité.

Il avait toujours été sensible à la fumée, au craquement du feu, à son cœur rougeoyant. Depuis l'enfance, il respectait le feu, en comprenait les humeurs, les dangers, et il aimait les difficultés qu'il présentait. Il se demanda un moment pourquoi il avait hésité à reprendre ce travail.

Puis il se rappela. Sa vision recommença à lui jouer des tours et il ferma un instant les yeux. Comme le feu de la forge, l'espoir et la passion s'étaient ravivés en lui, grâce à Eva surtout.

Prenant le moraillon avec des pinces, il le plaça dans le feu. Le fer rougit, puis devint incandescent. Lorsqu'il fut rouge orangé, il le posa sur l'enclume. Saisissant un petit marteau, il appliqua quelques coups sur le métal ramolli, changeant sa forme comme si c'était de l'argile.

— On dirait de la magie, souffla Eva. Tu mets le fer au feu, et tu le transformes en flamme solide.

Ces mots firent monter en lui une brusque spirale de désir. Il la regarda.

— Tam Lin, dit-elle en souriant.

Tout en continuant à travailler, il leva un sourcil interrogateur.

— Tu ne connais pas l'histoire ? s'étonna-t-elle. Tam Lin fut enlevé par la reine des fées, et son amante jura de le sauver. Il vint à elle dans un rêve pour lui expliquer ce qu'elle devait faire. « Je grandirai dans tes bras, mon amour, comme le fer dans le feu, chanta Eva. Mais tiens-moi fort, ne me lâche pas... »

Il tapa de nouveau le métal et des étincelles jaillirent.

— Continue, dit-il. Je l'ai déjà entendue, mais je l'ai oubliée.

— « Je suis le désir de ton cœur », acheva-t-elle.

Levant les yeux, il la vit rougir.

— Ah, murmura-t-il, je me rappelle ça !

Le désir de ton cœur... pensa-t-il, se concentrant sur son travail. Insensé ! Désirer la fiancée d'un autre homme, la fiancée de son ennemi. Insensé, se répéta-t-il en frappant une nouvelle fois. L'aimer à la folie, et se retenir... Le coup final entama profondément le métal.

La pièce devait encore être chauffée et reformée. Il retourna au feu, conscient du regard de la jeune fille. Combien de temps encore devrait-il supporter de la voir tous les jours, en l'aimant de tout son être sans pouvoir le montrer – sauf quand il perdait la maîtrise de lui-même ? Combien de temps avant qu'il ne l'embrasse de nouveau, sans pouvoir s'arrêter là ?

Et que ferait-elle alors ?

Mais que voulait-elle vraiment ? Il devait le savoir afin de trouver un peu de paix.

Fronçant les sourcils, il se concentra sur le métal qui rougeoyait, sortit la pièce du feu et la posa sur l'enclume. Puis il la retourna avec les pinces et la tourmenta à l'aide du marteau, jusqu'à ce que le métal se plie à sa volonté et se rapproche de l'image qu'il avait en tête.

Lorsque le moraillon fut parfait, il le trempa dans le bac d'eau puis le reposa, grésillant, sur l'enclume.

— Voilà ta nouvelle serrure, annonça-t-il.

— Dans les contes, les forgerons sont souvent des sorciers. Maintenant, je comprends pourquoi. Cette métamorphose relève de la magie. Ça a l'air tellement facile.

— Parfois ça l'est. Parfois ça ne l'est pas.

— Je serais curieuse d'essayer.

Levant un sourcil, il choisit sans un mot une paire de gants et un jeu de pinces.

— Prends cette tige de fer et mets-la dans le feu. Vas-y, l'encouragea-t-il, la voyant hésiter.

Elle prit maladroitement les pinces, saisit une courte barre, qu'elle faillit laisser tomber, et en glissa une extrémité dans le lit de braise. Sous l'effet de la chaleur, elle fit une grimace.

— Attention, dit-il. Pose-la. Maintenant, donne de l'air au feu – juste un peu. Tire sur la poignée... plus fort.

Elle tira sur la poignée de corne, puis la relâcha. Le feu se renforça.

— Ça suffit. Quand le fer sera rouge cerise, il pourra être travaillé. « Rouge cerise à bleu pigeon, l'acier est bon, la trempe est uniforme », récita-t-il. Finlay m'a appris ça, quand j'étais jeune. Les couleurs sont capitales. Elles indiquent au forgeron ce qu'il faut faire.

— Le rouge tourne au doré, remarqua-t-elle.

— Sors-la. Travaille rapidement, car la chaleur tombe vite.

Lorsqu'elle transféra la tige sur l'enclume, Lachlann posa la main sur sa main gantée pour en assurer la prise sur les pinces. Avec un petit marteau, il frappa le métal jusqu'à ce qu'il plie. Puis tendit le marteau à Eva.

Elle donna un timide coup sur le métal brûlant, mais ne tarda pas à prendre de l'assurance. Il la regardait en souriant.

Puis elle frappa si violemment qu'une gerbe d'étincelles jaillit. Elle recula avec un petit cri et lui marcha sur le pied.

— Doucement, dit-il, la gardant enfermée dans le cercle de ses bras, afin de l'aider à manier les pinces et le marteau.

— Ça ne rougeoie plus, dit-elle, déçue.

— Remets-la à chauffer.

Elle recommença avec plus d'assurance, jusqu'à former une boucle. Elle rit, enchantée, et Lachlann sourit.

— Que veux-tu faire ? lui demanda-t-il.

— Je n'y ai pas pensé ! Puis-je faire un crochet à partir de là ?

— Tu peux faire ce que tu veux. Sois vigilante, détendue, et décidée. C'est là que réside le secret du forgeron.

— La volonté. C'est ça le secret ?

— Le feu, le fer et les outils peuvent être utilisés par n'importe qui. C'est la volonté, le dessein, l'imagination qui font la différence.

Il aimait enseigner à Eva. La pensée qu'il aimerait aussi l'initier au désir et à l'amour lui traversa l'esprit. Comme elle lui jetait un regard intrigué, il se demanda si elle lisait sa pensée.

Elle remit le morceau de fer à chauffer et le martela à nouveau. Des étincelles jaillirent sur l'avant-bras de Lachlann.

Il tressaillit, secoua le bras et le plongea dans le bac d'eau froide.

— Oh ! s'exclama Eva. Je suis désolée…

— N'arrête pas. Et quand tu t'excuses, regarde où tu promènes tes outils. Continue.

Elle réussit à courber le métal pour en faire un crochet, puis elle le plongea dans l'eau et le brandit en souriant fièrement. Lachlann la félicita, prit une tige qu'il avait préalablement chauffée, et montra à la jeune fille comment l'aplatir pour en faire une lame.

— C'est ainsi qu'on fabrique les couteaux, expliqua-t-il.

— Oh, alors, je pourrais faire moi-même des armes…

— Pour armer les tiens avec de petits couteaux de cuisine ?

— Montre-moi d'autres choses. Ça me plaît.

— Ça te plaît trop, protesta-t-il en lui prenant des mains le marteau et les pinces. Tu jouerais toute la journée, et moi, quand pourrais-je travailler, hein ?

— Je ne t'embêterai pas longtemps aujourd'hui. J'ai promis de retrouver Alpin. Mais je peux t'aider, si tu veux. Je pourrais t'aider tous les jours, être ton assistante.

Tandis qu'il façonnait un autre crochet, il fronça les sourcils, réfléchissant à ce qu'elle venait de dire. Il préférait travailler seul, mais ne pouvait résister à la perspective de passer plus de temps avec Eva.

— Avec deux paires de mains, le travail avancerait plus vite, admit-il. Les clous, les fers à cheval et ce genre de choses...

— Je pourrais faire des crochets et des chaînes, acquiesça-t-elle, les yeux brillants.

— Si tu veux être mon apprentie, tu devras t'appliquer. Il y a beaucoup à apprendre, dit-il en remettant la tige à chauffer.

— Je peux apprendre. Autrefois, Finlay et toi ne vouliez pas de moi.

— Les forgerons n'aiment pas être distraits pendant qu'ils travaillent. En regardant une fille plutôt que le fer chaud, on peut se brûler.

— Étais-je une distraction, à l'époque ?

Il retira la tige du feu.

— Parfois.

— Et aujourd'hui ?

— Sans aucun doute. Maintenant, tais-toi. Les forgerons aiment le silence. Ne reste pas si près. Quand tu es à côté, les étincelles volent comme des étoiles filantes. À croire que c'est toi qui les produis.

Elle recula en riant.

— Pourquoi utilises-tu ce type de marteau ? Que fais-tu à présent ?

— Chut.

Avec des gestes vifs et précis, il forgea des crochets aux formes élégantes. Le travail était facile, mais fabriquer des pièces utiles et belles lui procurait une grande satisfaction.

La présence d'Eva lui apportait aussi beaucoup de plaisir. Il lui jeta un coup d'œil. Avec ses boucles noires et ses joues roses, elle était une véritable distraction. L'atelier s'était réchauffé, et la sueur lui perlait sur le front. Il s'essuya la figure.

Une ombre brouilla sa vision, et il cligna des yeux pour la chasser. Réussirait-il à forger autre chose que des formes simples ?

À Perth, il n'avait travaillé que le fer. À Balnagovan, il retrouvait des souvenirs et des rêves. Une épée magique et l'épée de Jehanne l'attendaient.

Lorsque le brouillard se fut dissipé, il regarda Eva, plus rayonnante que jamais. Il se sentait bien en sa présence, et se demandait s'il pourrait jamais lui exprimer sa gratitude ou son amour.

Il baissa la tête et s'exhorta à ne penser qu'à sa tâche. Le feu brûlait joyeusement et le fer était chaud, exigeant un traitement rapide.

La forge de Balnagovan reprenait vie.

16

Émergeant d'un rêve merveilleux, Eva s'étira. La chaleur et la joie du rêve se prolongèrent : Lachlann se tenait devant une forge ardente, son corps bruni et comme taillé dans le marbre était baigné d'une lumière ambrée. Elle le regardait forger une épée qu'elle savait magique. Il la lui tendait en souriant, puis l'embrassait avec passion et tendresse, la caressant de ses mains douces...

Dehors, le vent hurlait et les chevrons du toit craquaient. Suspendues à des cordes, les pierres qui maintenaient le chaume frappaient contre les murs extérieurs. Eva se retourna dans le lit de Lachlann, en pensant à lui endormi sur sa couche de bruyère. Après ce rêve passionné, elle se sentait douloureusement seule. Elle se leva, enfila une robe de laine, prit son *arisaid,* son châle, mit ses chaussures, puis ouvrit la porte sur un matin gris.

Il y avait déjà de la lumière aux fenêtres de la forge, et le marteau résonnait comme une cloche assourdie. Peut-être était-ce ce bruit qui avait suscité son rêve...

Après avoir accompli certaines tâches ménagères et confectionné des galettes d'avoine, elle en enveloppa quelques-unes dans un linge et traversa la cour. Un vent vif lui balaya les cheveux et souleva son *arisaid*. Arrivée devant l'atelier, elle frappa, ouvrit la porte et pénétra dans la pénombre de la pièce.

Debout devant la forge, Lachlann était vêtu d'un tartan et d'une chemise de lin, la lueur du feu faisant briller ses cheveux noirs. Il lui fit un signe de la tête et se remit au travail.

Elle ferma la porte. L'odeur de charbon et de métal était puissante, et les flammes bondissaient dans le foyer. Attirée par cette joyeuse chaleur, Eva s'approcha.

— Tu viens m'aider ? demanda Lachlann. Après avoir terminé ça, je ferrerai les chevaux.

— Pour les chevaux, je crains de ne pas être d'une grande aide. Je t'ai apporté quelque chose à manger, dit-elle en posant les galettes sur une table couverte d'outils. Et je voulais savoir si tu pouvais me la réparer, ajouta-t-elle en décrochant la broche épinglée sur son épaule. Je sais que tu n'es pas orfèvre…

— J'ai promis de le faire, répliqua-t-il en croisant son regard.

Lui prenant le bijou des mains, il l'examina avec soin. Il mit ensuite un fin tisonnier à rougir au feu, puis appliqua le point chauffé sur la pièce cassée, utilisant de petites pinces pour travailler l'argent amolli. Après avoir trempé la pièce dans l'eau, il la posa sur l'enclume.

— Attention, l'avertit Lachlann, voyant Eva toucher la broche.

Elle fit une grimace et retira vivement ses doigts.

— La première leçon qu'apprend un forgeron, dit-il, c'est que le métal qui a l'air froid peut encore être très chaud, même après avoir été trempé.

Eva acquiesça et tapota la broche d'un doigt hésitant. Lachlann la prit et l'épingla sur son tartan, effleurant sa clavicule. Il était si près qu'elle sentait sa chaleur.

— Voilà, murmura-t-il en passant le pouce sur le cercle d'argent. Je suis désolé d'avoir mis si longtemps à remplir ma promesse. Je pensais que tu m'apporterais la broche, avant que je ne parte pour la France. Je t'ai attendue, mais tu n'es jamais venue. Et je ne t'ai pas vue non plus, quand je suis allé à Innisfarna livrer des armes pour ton père.

— Tu attendais que je vienne à la forge ? demanda-t-elle, hypnotisée par son regard bleu.

— Si tu étais venue, je l'aurai réparée.

— Oh, je... je pensais que tu n'avais pas envie de me voir, après...

— Bien sûr que j'avais envie de te voir, murmura-t-il, avant de se tourner vers la forge. Maintenant, j'ai du travail. Lorsque j'aurai fini, aujourd'hui ou demain, j'irai à Glen Brae.

— Alpin t'emmènera voir Mairi quand tu voudras.

— Cette fois, j'irai à cheval. Je veux trouver le charbonnier à Strathlan. J'ai des choses à acheter pour la forge, et des questions à lui poser.

— Si tu veux, je t'accompagnerai...

— Je dois faire ça seul, Eva.

— Je peux t'aider ? demanda-t-elle en s'approchant.

— Tu peux surveiller le fer, dit-il en lui tendant les pinces et un balai.

Pendant qu'elle repoussait les cendres, il choisit d'autres outils qu'il posa sur l'enclume, puis il glissa un ciseau, pointe en l'air, dans un trou de l'enclume.

— La tige commence à rougeoyer.

Passant un bras devant elle, Lachlann sortit le fer avec des pinces et le plaça sur la pointe du ciseau. À coups de marteau, il divisa la tige lumineuse en tronçons, puis façonna chaque fragment de façon à former des chaînons.

— Ce sera pour ta nouvelle crémaillère, dit-il en assemblant les maillons.

Intriguée par son assurance et sa rapidité, Eva regardait en écoutant le rythme saccadé du marteau. Avec la porte et les fenêtres fermées, la chaleur était étouffante, et Lachlann s'essuya le front.

Il mit d'autres tiges au feu, puis s'arrêta pour faire glisser son tartan de l'épaule gauche et retirer sa chemise qu'il jeta sur un établi.

— On se croirait parfois en plein été, même par les jours les plus froids, commenta-t-il.

Il se remit au travail. Les muscles de sa poitrine et de ses bras ondulaient sous sa peau luisante. Au souvenir du contact de ses mains, de sa bouche sur la sienne, elle tressaillit. Comme pour étouffer son désir, elle serra son *arisaid* autour d'elle.

Elle ramassa la chemise de Lachlann et l'accrocha à un râtelier, à côté d'un jeu de pinces. Puis elle fit le tour de l'atelier, caressant les outils, les tables, jetant parfois un regard au jeune homme, qui semblait complètement absorbé par son travail.

Remarquant le lit de bruyère, à l'extrémité de la pièce, elle se demanda s'il rêvait d'elle, comme elle rêvait de lui, et poussa un soupir.

Dans un coin, elle repéra plusieurs fragments de métal – fers à cheval, baguettes, une charrue cassée. Traversant la pièce, elle ramassa un fer à cheval.

— À quoi va te servir tout ce fer? s'enquit-elle.

— Je vais le fondre pour fabriquer autre chose. S'il te plaît, Eva, prends une des fioles d'huile dans ce coffre. Cette chaîne a besoin d'être graissée.

Elle ouvrit le coffre indiqué, trouva une fiole et referma le couvercle. Voyant quelque chose briller au-dessus de sa tête, elle leva les yeux. Sur le sommet de l'épais mur de pierres, sous les chevrons, elle remarqua un long paquet enveloppé d'un linge.

Entre les plis du tissu, de l'or ou du cuivre étincelait. Comme elle essayait de refermer le tissu pour protéger l'objet de la fumée, le paquet glissa du rebord en s'ouvrant, mais elle réussit à le rattraper.

Eva poussa une exclamation de surprise en découvrant une poignée d'épée habillée de cuir, avec un pommeau en cuivre et un quillon en acier gracieusement courbé et incrusté de cuivre. La lame était cassée, un peu au-dessous du quillon. Des fleurs de lis étincelaient sur les deux fragments.

— Donne-moi ça, ordonna Lachlann d'un ton rude.

Se retournant, elle le vit derrière elle. Elle ne l'avait pas entendu approcher.

— Elle est superbe, dit-elle. Simple, légère, mais d'une exceptionnelle facture. C'est une des pièces que tu as fabriquées avant de quitter Balnagovan ? Comme c'est dommage qu'elle soit cassée ! Il devait y avoir un point faible dans la lame. Si c'était le cas, ce ne peut pas être une lame MacKerron, ajouta-t-elle avec un sourire.

— Elle appartenait à quelqu'un que je connaissais en France, dit-il, l'air sombre. J'ai promis de la réparer. Donne-la-moi.

Intriguée par son ton et son attitude, elle fronça les sourcils et la lui tendit. Il l'enveloppa avec soin.

— Je ne t'imaginais pas avec une épée comme celle-ci, mais plutôt avec quelque chose de plus adapté à ta poigne et à ta force, peut-être une claymore.

— Comment en connais-tu si long sur les épées ?

Eva allait répondre, mais se rappela que Lachlann ignorait qu'Alpin lui apprenait le maniement de l'épée. Ne sachant comment il réagirait, elle préféra se taire.

— Je m'y connais un peu, admit-elle. Suffisamment pour voir que celle-ci est magnifique, même si elle n'est pas de ta fabrication. Finlay et toi n'utilisiez pas ce genre de pommeau, et la plupart de vos quillons étaient droits et se terminaient par une minuscule quartefeuille. Et celle-ci, dit-elle en rouvrant le tissu, a des fleurs gravées le long de la cannelure. Finlay et toi graviez toujours un minuscule cœur sous la garde. Un cœur – un jeu de mots, en somme, entre « MacKerron » et « *mo càran* », ajouta-t-elle.

— *Mo càran*, murmura-t-il en la regardant. « Ma bien-aimée. »

Un frisson la parcourut, et elle fut submergée par une vague de désir. Elle détourna les yeux.

Il effleura la lame et écarta le linge, révélant les deux morceaux de l'épée.

— En France, les fleurs de lis sont l'emblème de la royauté.

— Cette épée appartenait à un membre de la famille royale ? s'étonna-t-elle en passant un doigt sur les délicates fleurs de lis.

— Non. Elle appartenait à un ange.

Elle le considéra, intriguée. Puis, comprenant ce qu'il voulait dire, elle poussa une exclamation.

— Lachlann, c'est l'épée de la Pucelle ? La lame légendaire de sainte Catherine ?

— Comment le sais-tu ?

— Par mes cousins, dit-elle. Parlan et William m'ont parlé de Jehanne la Pucelle ; ils ont dit qu'elle portait une épée avec des fleurs dorées sur la lame. C'était une épée bénie et magique – donnée à la Pucelle par sainte Catherine en personne.

— Pas magique, mais extraordinaire.

Son regard bleu s'assombrit, et la jeune fille y lut de la tristesse.

— Ayant appris en rêve l'existence de cette épée, raconta-t-il, Jehanne a envoyé des hommes la chercher dans une chapelle abandonnée. Elle était là, sous une dalle. La Pucelle m'a demandé de lui confectionner un fourreau de cuir – tout simple, comme il convient à un soldat, poursuivit-il d'une voix enrouée. Elle voulait quelque chose de robuste, pour remplacer le fourreau orné de pierreries que lui avait donné le roi.

— Mes cousins ont dit que l'épée s'est brisée et a disparu.

— Elle l'a brisée dans un accès de colère. En discutant avec nous d'un plan de bataille, elle en a frappé un rocher et l'a cassée. Elle avait un sacré caractère, ajouta-t-il avec un faible sourire.

Il souleva la garde, et la lumière du feu se refléta sur la lame.

— Promets-moi de ne rien dire à personne au sujet de cette épée.

— C'est promis, chuchota-t-elle sans le quitter des yeux.

— Les Anglais – elle les appelait les Goddams, à cause de leur juron – feraient n'importe quoi pour se la procurer. Ils la croient magique. Si elle l'a été, elle ne l'est plus.

— Alors, tu dois la tenir cachée.

— Lors de son procès, on l'a interrogée sur son épée. Elle a refusé de révéler où elle se trouvait.

— Elle ne voulait pas te mettre en danger.

L'admiration d'Eva pour la Pucelle avait toujours été grande, mais elle était maintenant doublée de gratitude, pour avoir protégé Lachlann.

— Étais-tu à l'endroit où elle…

— À Rouen, où elle a été jugée et exécutée ? J'y étais. J'ai assisté au procès. Je lui ai rendu visite dans sa prison. Mais je n'étais pas là quand elle est morte.

Il crispa la mâchoire.

Elle était sûre à présent qu'il pleurait cette fille et l'avait profondément aimée. Tout en compatissant à sa peine, elle éprouvait une certaine amertume.

— Mais tu lui as été fidèle, dit-elle. Elle devait être contente de te savoir là.

— J'espère. Cette épée… est tout ce qui reste d'elle. Quand elle s'est brisée, elle m'a demandé de la réparer, et a insisté pour que je la garde. J'ai promis de l'arranger. « Un jour, m'a-t-elle dit, tu sauras quoi en faire. » Mais… je ne sais pas quoi en faire, sauf la cacher. Personne d'autre que toi n'aurait pu la trouver. Et je ne regrette pas que tu sois au courant.

— Lachlann, tu es capable de redonner à cette épée sa beauté originelle. Mais peut-être préfères-tu ne rien changer, pour garder intact ce souvenir d'elle ?

— Peut-être, répondit-il en caressant l'épée. Tiens-la, si tu veux.

Eva l'empoigna, l'extrémité brisée pointée vers le haut. La poignée gainée de cuir s'adaptait parfaitement à sa main. L'acier poli renvoya la lumière, et elle imagina la lame dans son intégrité.

Cette épée, dont elle percevait le mystère, la puissance, comme si elle était effectivement magique, lui en rappelait une autre, celle de la légende d'Innisfarna. À la pensée de sa noble et courageuse propriétaire, elle se sentait bien humble.

— Elle m'évoque l'Épée de Lumière, murmura-t-elle. Je devine Jehanne avec cette épée – la fierté, la force, la grâce qui émanaient d'elle…

— On dirait que tu la connaissais. Tu me fais penser à elle.

— En quoi pourrais-je lui être semblable ?

— Tu lui ressembles. Elle était brune, et pareille à toi par la taille et la silhouette, quoique plus robuste. Elle avait les yeux gris et brillants comme les tiens. Mais c'est par ta hardiesse et ton esprit que tu lui ressembles le plus. Et par ton entêtement aussi, précisa-t-il avec un sourire.

Eva sourit à son tour, heureuse qu'il ait retrouvé son sens de l'humour.

— J'ai entendu dire qu'elle s'habillait comme un homme.

— Oui, pour protéger sa vertu au milieu des soldats. Bien qu'aucun des hommes qui combattaient à ses côtés n'aurait osé la toucher. Avec nous, elle n'avait rien à craindre – c'est ce que nous pensions, en tout cas, jusqu'à ce qu'elle soit capturée.

— Était-elle belle ? demanda-t-elle en lui rendant l'épée, qu'il emmaillota religieusement dans le linge.

— Elle avait une ravissante silhouette, et un visage pur et serein. Mais c'étaient son courage et sa foi qui lui donnaient sa beauté. Elle était comme un ange guerrier.

— J'aurais aimé la connaître.

— Elle aurait eu besoin d'une amie comme toi... Mais que se passe-t-il ? fit-il en regardant vers la porte.

Dehors, les deux chiens aboyaient frénétiquement. Eva gagna la porte, tandis que Lachlann remettait l'épée dans sa niche, au sommet du mur, avant de la rejoindre.

En sortant dans la cour, elle se protégea les yeux du soleil. Grainne et Solas traversaient le pré en aboyant furieusement. Soulevant le bas de sa jupe, elle les suivit en courant.

Deux embarcations approchaient de la plage, et à travers la brume matinale, elle vit briller des armures.

— Alpin arrive, annonça-t-elle à Lachlann en se retournant. Il est avec des hommes du roi.

17

Comme les deux bateaux s'échouaient sur la plage en contrebas de la forge, Eva reconnut dans le premier Alpin et Ninian avec trois hommes du roi, alors que le second transportait d'autres soldats.

— Ils traversent le loch presque chaque jour pour s'occuper de leurs chevaux, et souvent ils traquent mon frère et les autres rebelles, expliqua-t-elle. Certains se sont montrés discourtois envers moi, c'est pourquoi je les évite le plus possible.

Il hocha la tête en signe de compréhension. Lorsque les soldats entamèrent l'ascension de la colline, il se plaça devant la jeune fille, comme pour la protéger.

Avec un autre homme, elle se serait avancée pour montrer qu'elle pouvait se défendre toute seule. Mais elle accepta ce geste avec reconnaissance.

John Robson était un grand blond, robuste et plein d'une assurance qu'Eva trouvait agréable. Elle le regarda approcher.

— Je n'ai rien contre Robson, dit-elle, bien que je n'aime pas savoir la garnison sur l'île.

— Il semble digne de confiance... pour un homme du roi, ironisa-t-il.

— Mais je n'ai pas une aussi bonne opinion de tous ses hommes. Certains m'ont tellement manqué de respect à Innisfarna, que j'ai cru plus sage de venir m'installer avec Mairi.

— Et de te barricader derrière des verrous.

— Exactement. À dire vrai, je suis contente que tu sois revenu. Je me sens plus en sécurité.

— Maintenant que je suis ici, ou maintenant que j'ai réparé les verrous ?... Bonjour, John Robson ! cria-t-il en anglais, comme les hommes atteignaient le sommet de la colline.

— MacKerron ! Comment allez-vous ?

— Bien, et vous ? Une autre patrouille ?

— Bonjour à vous, damoiselle Eva.

— Bonjour, sir John, murmura-t-elle en anglais.

— Et ce garçon ? s'enquit Lachlann en remarquant Ninian, à demi caché derrière Alpin, la tête rentrée dans les épaules.

— C'est Ninian Campbell. Il est page à Innisfarna, dit Eva en faisant signe au garçon d'avancer.

Il se cacha le bas du visage derrière la main, comme il avait coutume de le faire avec les étrangers.

— Voici Lachlann le forgeron, ajouta-t-elle à l'adresse de Ninian.

— *Failte*, le salua Lachlann.

Ninian le regarda avec des yeux écarquillés, comme s'il n'avait jamais vu un homme si grand et si musclé. Dans l'air froid du matin, alors que les autres portaient des armures et des houppelandes, Lachlann n'avait qu'un tartan. Son torse nu et ses longs cheveux noirs lui donnaient un air sauvage, une sorte de beauté élémentaire, pensa Eva, bien qu'elle le sût plus civilisé et intelligent que la plupart des hommes qui lui faisaient face.

Ninian jeta un regard affolé à la jeune fille, qui lui sourit.

— Le forgeron est un ami, le rassura-t-elle en gaélique. Tu ne dois pas avoir peur.

Il hocha la tête et retira sa main de son visage.

— Je suis content de faire ta connaissance, Ninian, dit Lachlann en serrant la main du garçon, sans paraître remarquer sa difformité.

— Nous lui avons trouvé du travail, annonça Robson à Eva. Colin Campbell a demandé à ce qu'il soit occupé. Mais les autres pages et écuyers le taquinent, et il se bat avec eux. C'est pourtant un travailleur… quand on arrive à le trouver, ajouta-t-il en adressant un clin d'œil à Alpin.

— Il y a beaucoup à faire dans l'écurie et la forge, déclara Lachlann. Le garçon pourrait travailler ici.

— Excellente idée ! approuva Robson.

Lachlann se pencha vers Ninian.

— Tu me sembles assez fort pour aller chercher de l'eau pour la forge et l'écurie. Et je crois que tu pourrais panser les chevaux et les mener au pré. Pour l'instant, comme les soldats les sortent, tu vas remplir les abreuvoirs et remettre de l'avoine dans les stalles. Il y en a un sac dans l'écurie ; il est énorme, mais je sais que tu peux le soulever.

Le garçon acquiesça, et Eva sourit.

— Quand tu auras fini, dit-elle, viens à la maison. Grainne sera contente de te voir.

Il se couvrit la bouche et courut vers l'écurie, son tartan lui battant les genoux.

— Colin l'a envoyé à Innisfarna ? s'enquit Lachlann. C'est un cousin à lui ?

— C'est son fils, dit-elle après un instant d'hésitation.

— Ah, murmura-t-il, tu seras sa belle-mère…

— Sans doute.

La perspective de son prochain mariage lui répugnait de plus en plus, malgré les bénéfices qui pourraient en résulter pour sa famille et pour Ninian.

Alpin fit un signe de la main à Eva et Lachlann, puis redescendit vers la plage.

— Vous avez eu le temps de ferrer les chevaux ? demanda Robson à Lachlann.

— Pas encore, car la maison et l'écurie avaient grand besoin de réparations. Je dois aller acheter du fer et du charbon de bois à Glen Brae.

— Prenez aussi tout le nécessaire pour faire du bon acier. Nos armes doivent être réparées et il nous faut de nouvelles lames.

— Je verrai ce que je trouve, dit Lachlann.

Eva eut envie de lui faire remarquer qu'il avait refusé de fabriquer des armes pour son clan.

— Vous êtes habillés pour la guerre, constata Lachlann. Serait-ce plus qu'une patrouille de routine ?

— Pas encore, bien que la Couronne risque de l'ordonner prochainement, répondit Robson. Pour l'instant, nous cherchons à établir la paix du roi. Notre présence devrait décourager les incursions.

— Je n'ai pas encore pu transmettre le message du roi aux rebelles. Mais je suis sûr qu'ils n'ont pas besoin de message écrit pour connaître la réprobation de la Couronne.

— Sans doute. Cependant, le message du roi doit leur être remis en mains propres. Ma proposition tient toujours : vous pouvez venir avec nous.

— Vous avez invité le forgeron à aller en expédition avec vous ? intervint Eva, stupéfaite.

— Certainement. C'est un homme du roi. Et il connaît ces collines aussi bien que les rebelles...

Dites-moi, MacKerron, quand vous étiez en France, vous avez vu beaucoup de bagarre ?

— J'étais au château de Chinon, dans la garde du dauphin, avant son couronnement. Pendant un temps, j'ai fait partie de la garde écossaise de la Pucelle de Lorraine. Nous l'avons accompagnée à Orléans, et nous étions avec elle à Paris, Lagny, Compiègne…

— Par tous les saints ! Quelle aventure !

— En effet.

— Avez-vous assisté à la fin de la Française ? interrogea l'un des hommes de Robson qui écoutait avec avidité. Vous étiez près du bûcher ?

— Non, répliqua sèchement Lachlann.

— Le forgeron respecte le souvenir de cette jeune fille et n'a manifestement pas envie d'en parler, déclara Eva à l'adresse du soldat.

— Beaucoup de gens, dont les Écossais, lui étaient attachés, renchérit Robson. Dommage que rien n'ait pu être fait pour l'aider…

— Je crois que vos montures sont prêtes, capitaine, dit Lachlann en désignant l'écurie d'où les hommes sortaient les chevaux sellés.

Encadré par Eva et Lachlann, Robson se dirigea vers sa monture.

— Damoiselle Eva, dit Robson, je suis content de pouvoir vous parler. En général, quand nous venons ici, vous êtes introuvable. Je voulais vous dire que j'ai reçu un message du sieur Colin. Il compte venir bientôt chercher sa fiancée, acheva-t-il avec un sourire.

— Il ne m'a pas envoyé de message, fit Eva d'un air pincé. Je n'ai rien reçu de lui depuis près d'un an.

— Vous le verrez avant la fin du mois, je pense. Je vais lui envoyer un message à Édimbourg. Souhaitez-vous y ajouter quelque chose ?

— J'attendrai son arrivée, répondit-elle, au bord de la panique.

Robson salua les deux jeunes gens, puis se mit en selle.

— Tu as vu Simon dernièrement, dit Lachlann en regardant Eva droit dans les yeux.

— Et je devrais le révéler aux hommes du roi ? D'un jour sur l'autre, j'ignore où il est.

— Tu peux sûrement faire parvenir un message à ton frère.

— Simon sait très bien ce que veut le roi. Quand il souhaitera te parler, il te trouvera.

À cet instant, les huit hommes du roi sortirent de la cour de l'écurie dans un nuage de poussière et un grand fracas. La jeune fille les regarda s'éloigner, soulagée de les voir se diriger vers le sud, car Simon était caché au nord du loch.

Ninian, un seau dans une main, un râteau dans l'autre, vint à la porte de l'écurie les regarder partir, puis il disparut de nouveau à l'intérieur. Eva sourit, puis se tourna vers Lachlann.

— Tu veux savoir où est Simon, mais tu es en bons termes avec les hommes du roi. Comment puis-je te faire confiance ? J'ai entendu ce que tu as dit à Robson. Tu vas fabriquer des armes pour ses hommes, pour qu'ils puissent écraser les miens, et tu refuses d'en fabriquer pour les MacArthur.

Elle se dirigea vers la maison, et il la suivit.

— Je n'ai promis à Robson que des fers à cheval et des travaux de réparation. Si tu as bien écouté, nous n'avons convenu de rien pour les armes. Et je ne conviendrai de rien non plus avec vous.

Il ouvrit le verrou qui glissa sans effort, depuis qu'il l'avait réparé.

— Mais il y a un point que je souhaiterais discuter avec toi. Puis-je entrer ?

Intriguée, elle franchit le seuil, puis s'écarta pour le laisser passer.

— De quoi s'agit-il ? demanda-t-elle en fermant la porte.

— Le loyer pour la propriété. Depuis mon retour, ça me tracasse. Tu sais que ce n'est ni ma maison, ni ma forge, ni ma terre.

— Comme héritière d'Innisfarna, je détiens Balnagovan.

Avec le feu qui crépitait dans l'âtre, la pièce semblait chaude après l'air froid du dehors. Elle défit sa broche – à présent, le fermoir s'ouvrait facilement – et retira son *arisaid*, puis lissa son unique natte.

— Mais ta famille a toujours habité cet endroit, reprit-elle.

— Le village, le pré, les collines voisines et le rivage du loch font partie de tes biens. Or j'imagine que tu n'en retires qu'un revenu insignifiant, sinon nul.

— Rien, en effet, depuis que les MacArthur ont été dépossédés. Mais, grâce à la générosité de Mairi, je n'ai besoin de rien. Si tu proposes une redevance, cela signifie-t-il que tu comptes rester ? s'enquit-elle, le cœur battant.

— Je resterai jusqu'au retour de Colin Campbell, qui est proche, d'après ce que j'ai entendu, dit-il en croisant les bras.

Grand et large d'épaules, buriné et imposant, il la dominait de toute sa taille. Mais elle remarqua une certaine douceur dans ses yeux bleus, dans la courbe de sa lèvre supérieure. Elle aimait l'harmonie de ses traits, et son caractère affirmé.

— Vas-tu retourner à Perth ? demanda-t-elle, désespérée à l'idée de le perdre.

Il haussa les épaules. Eva détourna les yeux et se dirigea vers la table, refusant de songer à l'arrivée imminente de Colin. Elle prit une coupe sur l'étagère.

— Veux-tu de la bière ?

Il secoua la tête, et elle reposa la coupe.

— Je ne pense pas à moi, mais à ma mère adoptive, continua-t-il. Je souhaite assurer la tenure de Mairi, assortie d'un bail. J'insiste, ajouta-t-il comme elle commençait à protester. Redevance, ou troc, c'est la coutume. Demande ce que tu veux et je payerai.

Elle s'approcha de Lachlann, en joignant les mains.

— Je veux bien troquer ce bail contre ta promesse de rester.

— Eva, ça, je ne peux te le promettre, dit-il en plissant le front.

— Les MacKerron ont toujours travaillé pour nous. Cela aussi est la coutume à Balnagovan.

— Je t'ai fabriqué quelques crochets.

— Je parle d'armes.

— Eva... nous n'allons pas remettre ça ! Fixe donc un tarif.

— Finlay travaillait pour nous contre la jouissance de la terre et des bâtiments, et nous lui fournissions de la nourriture, des bougies et autres nécessités. À dire vrai, je ne saurais quoi demander.

— Alors nous conviendrons d'un loyer annuel, en argent ou en nature. Si notre accord n'est pas rempli avant mon départ, j'enverrai le reste – argent ou ferronnerie – de Perth.

— Mairi a été généreuse envers moi. Je ne peux rien accepter pour sa tenure. Je préfère la lui concéder gratuitement.

— Nous devons convenir d'un loyer, insista-t-il. Quand Colin Campbell reviendra, il s'enquerra des locataires d'Innisfarna. Si je ne suis plus à Balnagovan, je ne veux pas que Mairi soit expulsée. Je sais que tu ne le ferais pas, précisa-t-il en levant la main pour l'empêcher de protester, mais je ne fais pas confiance à Campbell.

Eva soupira, sachant qu'il n'avait pas tort de se méfier de Colin.

— Je n'accepterai qu'un gage, déclara-t-elle. Robson enregistrera dans les comptes que le loyer m'a été payé directement. Colin n'a pas le droit de contester ce qui concerne Innisfarna, mais s'il le fait, cela devrait suffire.

— Quel gage demanderas-tu à un forgeron pour une année de loyer ? Une crémaillère ou un paquet de crochets ? Une poignée de main ?

Il lui offrit sa main. Amusée, elle tendit la sienne et il referma les doigts sur les siens, puis s'inclina respectueusement, avant de l'attirer à lui. Elle se laissa faire avec grâce, lentement, comme s'ils dansaient.

— L'occasion mérite un peu mieux qu'une poignée de main, dit-il. Quelque chose de plus solennel, quelque chose de sacré, qui nous lierait davantage...

— Nous lier davantage ? Qu'est-ce qui pourrait...

Ayant compris, elle se tut, comme si elle était prise de vertige au bord d'une falaise.

— Un baiser de paix ferait l'affaire, murmura-t-il.

Il s'inclina vers elle.

— Ferait l'affaire... répéta-t-elle.

Et elle ferma les yeux, tandis que la bouche de Lachlann touchait la sienne, chaude et douce, sa barbe lui râpant le menton.

— Est-ce assez pour une année de loyer ? chuchota-t-il.

— Oh, souffla-t-elle, le cœur battant, je ne crois pas...

Comme il lui couvrait de nouveau les lèvres, elle sentit une faiblesse dans ses genoux, et il la rattrapa par le coude. S'accrochant à son bras, elle fut traversée par un flux de lumière.

— C'est payé, maintenant ? s'enquit Lachlann en s'écartant.

Elle haussa les épaules, ne souhaitant pas mettre un terme à ces délices.

— Peut-être pourrais-tu augmenter le loyer ? dit-il.

— En effet.

Il l'attira tout contre lui. Elle se laissa emporter par le baiser suivant comme une feuille dans un tourbillon. Passant les bras autour de son cou, elle se pressa contre lui et se sentit glisser vers l'irrésistible.

S'abandonnant, au lieu de fuir, elle ouvrit les lèvres. Il resserra son étreinte et elle s'arqua un peu plus contre lui.

Il murmura son nom. Ses genoux cédèrent et elle s'accrocha à son cou, tandis qu'elle appuyait une paume sur la partie de son torse où battait son cœur.

Tout en la soutenant d'une main par la taille, il lui toucha les seins. Elle haleta sous cette brûlante caresse.

Un seul gage, un chaste et honorable baiser avait allumé ce feu... Elle ne pouvait l'éteindre, à présent ; emportée par des sensations nouvelles et impérieuses, elle était incapable de s'arrêter. Au fond d'elle-même, elle savait ce que désirait son corps.

Réconfort et consolation, plaisir et don, ses mains la parcouraient. Il reprit sa bouche en un baiser plus intense.

Puis, cueillant son visage dans ses paumes, il l'embrassa une dernière fois et s'écarta. Déçue, elle poussa un gémissement et lui toucha avec ferveur la poitrine, la taille, les bras.

— Écoute-moi, Eva, implora-t-il, le souffle court, la voix rauque, le regard aussi bleu que la flamme de l'âtre.

Incapable de réfléchir, elle acquiesça en plongeant les yeux dans les siens.

— Cela couvait entre nous depuis un moment, dit-il. Mais tu es fiancée, et je ne te suis pas destiné. Jamais je ne te déshonorerai. Il n'est pas facile d'être, chaque jour, si près de toi… Maintenant, tu vas me répondre, et honnêtement.

Elle acquiesça de nouveau. Elle ne voulait qu'une chose : sentir son baiser, être enveloppée de sa force, en être emplie.

— Es-tu prête à rompre tes fiançailles avec Colin ? demanda-t-il.

— Si je disais non, que ferais-tu ? répliqua-t-elle, écartelée entre la tristesse et la joie.

Il la lâcha et recula vivement. Elle le dévisagea avec gravité, puis ajouta :

— Et si je disais oui, que ferais-tu ?

Du bout des doigts, il lui effleura la joue, les lèvres, dans un geste plein de tendresse.

Elle ferma les yeux, éperdue. Elle souhaitait se fondre dans ses bras et lui dire qu'elle le voulait plus que tout au monde.

— Lachlann, souffla-t-elle, qu'y a-t-il entre nous ? Est-ce la concupiscence qui nous pousse l'un vers l'autre ? Une simple… faim, un désir, comme le feu a besoin de combustible ?

— Qu'en penses-tu ? murmura-t-il.

Elle crut de nouveau vaciller au bord du gouffre, et eut la certitude de lire, dans la clarté de ses yeux bleus, ce qu'elle attendait de lui.

— Je crois éprouver beaucoup plus que du désir, admit-elle.

— Mais tu n'en es pas sûre ?

— Je pourrais l'être, si tu ne me faisais pas tourner la tête à chaque fois que tu me touches, si j'avais les idées claires quand tu es près de moi.

Il pinça les lèvres, et elle crut qu'il allait rire. Mais il fronça les sourcils et dit :

— Je ne prendrai pas la promise d'un autre homme – même si cet homme est mon ennemi. Mais si c'est la femme elle-même qui décide, c'est différent.

Son cœur, son âme tourbillonnèrent en elle. Elle porta une main à son front, se rappelant ce que Mairi avait raconté d'Aileen Stuart, qui s'était enfuie avec son bien-aimé, le forgeron Tomas MacKerron ; elle comprenait à présent que cela ait pu arriver, surtout si le père ressemblait au fils.

Serrant les poings, elle baissa la tête et étouffa un sanglot.

Elle était déchirée entre ses sentiments et son devoir. Si elle choisissait Lachlann, elle comblait son cœur et réalisait ses rêves les plus chers. Si elle respectait ses engagements vis-à-vis de Colin, elle sauvait sa famille et son clan.

— Je… j'ai fait une promesse solennelle à Colin, déclara-t-elle.

— Alors tu dois la respecter. Et moi, je dois partir d'ici. Je me croyais de marbre… mais pas quand il s'agit de toi.

Elle comprit que les sentiments qu'il évoquait allaient bien au-delà de l'amitié. C'était quelque chose de tendre et de profond, surgi de ses rêves. Elle le dévisagea, le cœur battant.

— Si je… si je refusais Colin… que ferais-tu ?

Elle était prise au piège, mais devait connaître la réponse.

— Si tu décides de le faire, viens me trouver et tu le sauras, répondit-il avec un sourire contraint.

Puis il tourna les talons, ouvrit la porte et sortit.

Eva appuya le front contre la porte fermée et poussa un gémissement d'animal blessé.

18

Lachlann frappait le fer en fusion à un rythme soutenu. Des étincelles éclaboussaient ses gants et son tablier de cuir. Quelques-unes atterrissaient sur ses avant-bras, mais il les secouait sans presque sentir la brûlure. Il souda un maillon de la chaîne, puis un autre, courbant le métal ambré d'une vive torsion des pinces.

Tout en travaillant, il revoyait Eva, l'épée de Jehanne à la main, et se rappela le bonheur qu'il avait éprouvé à la tenir dans ses bras. Il se sentait chaque jour un peu plus attiré par elle, et savait maintenant que faute de l'avoir à lui, il ne pourrait rester à Balnagovan.

Il mit un autre morceau de fer à chauffer et le regarda se transformer en lumière solide, tandis que lui-même brûlait pour la jeune fille. Elle avait comme lui une nature ardente et forte, et ce qui existait entre eux était étincelles et feu.

En forgeant un autre chaînon, il se félicita qu'elle ait découvert l'épée de Jehanne, car elle était la seule à pouvoir comprendre ce que cette arme signifiait pour lui. Il avait aimé la Pucelle avec tout le respect d'un frère et d'un compagnon d'armes, ou comme un homme pourrait aimer un ange envoyé sur terre.

Mais Eva ignorait le côté sombre de l'histoire : il avait manqué à ses engagements vis-à-vis de l'ange qui lui avait été confié.

À coups de marteau furieux, il fabriquait la chaîne, divisant le fer brûlant avant de le façonner à sa guise. Ce faisant, il lui revint à la mémoire une autre chaîne, lourde et noire, attachée à une fragile jeune fille. Il ne pouvait dorénavant plus rien pour Jehanne, sinon honorer sa demande et réparer son épée.

Après avoir été plongée dans l'eau et huilée, la chaîne fut achevée. Dégoulinant de sueur, Lachlann s'essuya le front d'un revers de main et prit la brosse pour éparpiller les braises.

Il ouvrit la porte, savourant le pincement du vent froid sur sa peau luisante. Pour se désaltérer, il plongea une louche dans un baquet d'eau près de la porte et but. Pendant qu'il travaillait à la forge, il n'avait pas vu le temps passer. Le jour touchait déjà à sa fin.

Il regarda en direction de la maison. Les volets étaient fermés à cause du vent, et un mince filet de fumée sortait de la cheminée. Son pied ayant heurté quelque chose de mou, il baissa les yeux et vit un ballot déposé sur la marche. À l'intérieur se trouvaient des galettes d'avoine, un gros morceau de fromage, une pomme cuite, encore chaude ; il y avait aussi une cruche recouverte d'un tissu.

Après un remerciement en direction de la maison, il prit ce que lui avait déposé la jeune fille et rentra dans l'atelier.

Le lendemain, il travailla jusque tard dans la nuit. Il répara les harnais de l'écurie, forgea une grille pour l'âtre et fabriqua des louches et de petits couteaux pour Eva et Margaret.

Eva n'apparut pas à la forge, ce jour-là. Lorsqu'il alla dans la maison mettre la nouvelle grille en place, elle n'y était pas. Il mangea seul et donna deux galettes d'avoine à Grainne, regrettant que sa maîtresse n'ait pas été là pour le gronder de cette faiblesse.

Il regagna ensuite la forge et s'absorba dans son travail. Le bruit régulier et la concentration nécessaire l'aidaient à chasser ses pensées et ses émotions.

En frappant avec le marteau, il avait l'impression de transformer sa propre volonté, de se façonner un nouvel avenir.

Si seulement c'était si simple, se disait-il. Sa vision se brouilla, et les éclairs réapparurent dès qu'il clignait des yeux – mais il forgeait du fer, dont les changements de couleur étaient francs, et non de l'acier.

Le coup à la porte fut si discret qu'il l'entendit à peine. On frappa de nouveau et il alla ouvrir, espérant trouver Eva.

C'était elle, pâle, avec des yeux qui lui mangeaient le visage. Un jeune Highlander l'accompagnait ; il portait un tartan sale, des cheveux vaguement tressés, et malgré sa barbe hirsute, son beau visage ressemblait à celui d'Eva. Lachlann s'écarta pour les laisser entrer.

— Simon ! s'exclama-t-il. Sois le bienvenu.

— Lachlann, dit Simon en lui prenant la main. Ça fait longtemps. J'espère que tu vas bien.

— Assez bien, répondit Lachlann en jetant un coup d'œil à Eva qui se tenait légèrement en retrait. Je suis content que tu aies finalement accepté de me voir. J'ai un message pour toi.

— Une lettre du roi, mais nous savons ce qu'il veut. Il nous menace par le feu et l'épée.

Lachlann soupira et se massa le cou pour en chasser la tension.

— Tu sais ce que le messager de Colin a dit à Robson, mais tu dois lire le texte officiel.

— Qu'importent les détails ? Ce ne sont pas les menaces de mort qui nous feront courir comme des poltrons. Nous nous battons pour nos terres, notre nom, notre existence même.

Malgré la lumière atténuée de la forge, Lachlann remarquait que les responsabilités avaient fait du jeune frère d'Eva un homme mûr et durci. Ce n'était plus le jeune impulsif qu'il avait connu.

— Simon, je sais qu'en apprenant ma mission, tu as mis en doute ma loyauté Mais tu me connais depuis longtemps. Je n'ai pas plus changé que toi.

Il sentait les yeux de la jeune fille posés sur lui, mais se garda de la regarder.

— Je comprends votre cause, poursuivit-il, mais j'espère que vous aurez la sagesse d'obéir aux lois du pays.

— Les lois du pays ont pris notre père, nos terres et nous ont dispersés sans raison – sinon que notre père faisait partie des chefs qui contestaient le plan du roi.

— Quel que soit le passé, vous devez cesser vos incursions.

— Si c'est pour nous dire ça que tu cherchais à nous voir, tu aurais pu t'abstenir. Les patrouilles nous l'ont fait comprendre, rétorqua Simon avec un sourire amer. Je suis venu faire appel à notre vieille amitié, pour te persuader de te joindre à nous.

— Simon, écoute-le, intervint Eva. Laisse-le te dire le message du roi.

Son frère fronça les sourcils, mais acquiesça.

Lachlann poussa un soupir et commença :

— Non seulement le roi enverra ses troupes, mais si vous ne vous tenez pas tranquilles, Donal sera exécuté.

— Seigneur ! s'exclama Simon. Le roi oserait-il, après avoir tué notre père ?

— Il oserait, assura Lachlann.

— J'espérais que Colin… fit Eva en avançant d'un pas. Lachlann, est-il question de grâce dans le message du roi ?

— Pas à ma connaissance, mais je n'ai pas lu la lettre. Elle est scellée. Cependant, je sais que si les incursions des MacArthur continuent après la remise de ce message, la mort de Donal sera irrévocable. Une fois informé, Simon, tu deviens responsable de la suite des événements. Lis toi-même.

Lachlann traversa la pièce, retira de la poche de sa houppelande un paquet fermé par un ruban, et le remit à Simon qui l'ouvrit.

— C'est vrai, dit celui-ci après l'avoir parcourue.

— Quand j'étais à Perth et que j'ai entendu parler de vos incursions, j'ai proposé de te porter un message, et les conseillers du roi ont approuvé. J'espérais négocier avec toi et te permettre de gagner du temps. Le roi voulait envoyer des troupes immédiatement, mais il a accepté d'attendre.

— C'est une menace claire, reconnut Simon. Une fois l'opération lancée, le roi Jacques ne renoncera pas avant d'avoir capturé et pendu tous les hors-la-loi MacArthur.

— Mais Colin a imploré le pardon ! protesta Eva.

— Sans succès, apparemment, lança Lachlann. Si un renfort de troupes arrive ici, et si les MacArthur continuent leurs incursions, vous serez tous tôt ou tard capturés.

— Nous avons besoin d'armes, pas d'avertissements, décréta Simon. Et nous avons besoin de renforts. Tu es un bon soldat. Mes cousins m'ont dit qu'en France, tu faisais partie de la garde d'élite. Autrefois, tu étais des nôtres, et tu peux nous armer. Nous devons savoir si tu es de notre côté.

— Vous avez ma sympathie, mais je ne travaillerai pas pour vous. Même si j'acceptais de le faire, je n'ai pas ce qu'il faut pour vous armer. L'acier nécessite du charbon de bois et du bon fer forgé, or ce matériel est cher.

— Nous pouvons te procurer tout ce dont tu as besoin. Les Campbell et les Stuart ont du bon bétail. C'est en volant leurs bêtes et en les vendant sur les marchés de la frontière que nous nous procurons de l'argent.

Simon sourit avec fierté, mais Eva fronça les sourcils, ce qui montra à Lachlann que le frère et la sœur n'étaient pas d'accord sur ce point – sur d'autres non plus, présumait-il. La tension entre eux était évidente.

— À ce petit jeu, tu te balanceras bientôt au bout d'une corde, gronda-t-il. Je t'ai transmis l'avertissement du roi. Si tu n'en tiens pas compte, je ne peux rien pour toi.

— Tu peux quelque chose. Nous faire des épées, des poignards et des haches !

— Je n'alimenterai pas en armes une rébellion.

Il ne le pouvait pas. Il n'en avait plus les compétences, mais Simon et Eva croyaient en ses talents de forgeron.

— Nous avons besoin d'armes pour survivre autant que pour nous rebeller, insista Simon. Nos biens nous ont été confisqués quand nous avons été expulsés de nos maisons, après la mort de mon père. Nous n'avons pratiquement plus rien, sauf ce que nous volons aux Campbell et aux Stuart qui détiennent nos terres.

— N'oublie pas que Colin a promis d'obtenir le pardon pour notre clan, déclara Eva. Il en est sûrement question dans la lettre du roi.

— Le nom de Colin est cité, je l'ai vu. Tu lis beaucoup mieux que moi, tiens, dit Simon en la lui donnant. Elle croit tous nous sauver, marmonna-t-il à l'adresse de Lachlann, tandis que sa sœur étudiait le parchemin. Mais je lui ai demandé de ne pas se sacrifier pour nous.

— Et si Campbell ne respecte pas sa promesse ? s'enquit le forgeron.

— Alors je me considérerai libérée de mon engagement, répondit Eva, en regardant Lachlann dans les yeux.

— Ton mariage ne tient donc qu'à un fil, dit-il, retrouvant espoir.

— Je souhaiterais qu'il n'ait pas lieu, insista Simon. Mais Eva voudrait sauver Donal et nous tous – comme si on ne pouvait pas s'en tirer tout seuls, grommela-t-il, l'air buté.

Eva poursuivit sa lecture, le sourcil froncé.

— Voilà ! dit-elle. « En ce qui concerne la requête de Colin Campbell… »

Sa voix s'éteignit.

— Simon, je ne te reproche pas ta colère, reprit Lachlann comme la jeune fille gardait le silence.

— Elle est juste.

— En effet. Mais je te recommande la prudence.

— Les Campbell sont installés sur nos terres, ils mangent le bétail qui était à nous, montent les chevaux qui nous appartenaient. Leurs coffres se remplissent, alors que nous souffrons. Nous ne prenons que ce dont nous avons besoin.

— Après avoir reçu les ordres du roi, vos incursions relèveront de la trahison pure et simple. Si vous ajoutez du combustible au feu, le brasier ne fera que redoubler d'ardeur.

— Eh bien, sers-toi de ce brasier pour forger nos armes.

Lachlann reconnut la détermination farouche, marque d'un vrai chef, qui couvait dans le cœur du jeune homme. Avec un soupir, il passa les doigts sur son visage. Soudain il se sentait vieux, aigri, et beaucoup plus sage qu'il n'aurait dû l'être à son âge.

— Simon, j'ai vu la guerre. J'ai vu ses ravages, sa noirceur et son absence d'âme. Nul n'a envie de revivre ça, crois-moi.

— Nous te demanderons encore et encore de nous aider. Jusqu'à ce que nous recevions la réponse que nous voulons. N'est-ce pas, Eva ?

Elle ne répondit pas. Agrippant le parchemin à deux mains, elle blêmit.

— *Ach Dhia!* s'exclama-t-elle. Qu'a-t-il fait ! L'imbécile !

— Qu'y a-t-il ? s'inquiéta Lachlann.

— Colin... Oh, Seigneur ! Il est dit qu'il m'a... épousée par procuration, durant son séjour en France !

— Quoi ? gronda Simon.

— Laisse-moi voir, fit Lachlann en prenant la feuille.

— Colin n'avait pas le droit de faire ça ! dit Simon. Il lui fallait ton consentement, Eva. Tu as dû mal lire. C'est de l'anglais, après tout.

— Elle a bien lu, confirma Lachlann. « Grâce au mariage contracté par procuration, pendant qu'il remplissait ses devoirs en France, Colin Campbell a maintenant des droits sur les biens de sa femme. » Et il est écrit ici que le pardon demandé par Campbell pour les MacArthur est à l'étude. Jusqu'à ce qu'une décision soit prise, les rebelles doivent obéir aux ordres du roi.

Il leva les yeux et tendit le parchemin, les doigts tremblants.

— C'est vrai, dit-il en regardant Eva. Aux yeux de l'Église, tu es mariée à Colin…

Elle le considéra, muette de stupeur. Bien qu'ils ne fussent qu'à quelques centimètres l'un de l'autre, il avait l'impression que le monde avait chaviré et qu'elle était dorénavant hors d'atteinte. Incapable lui-même de parler, il la dévisagea en silence.

— C'est illégal ! s'insurgea Simon en suivant d'un doigt les mots écrits à l'encre noire. Eva n'a pas donné son consentement à un mariage par procuration. Ça n'implique pas d'engagement !

— Sauf si Colin a obtenu le consentement du roi, corrigea Lachlann. Ou peut-être a-t-il envoyé une lettre demandant son consentement, lettre qu'elle n'a jamais reçue…

— Nous trouverons un moyen de dissoudre ce mariage, décréta Simon.

— Tu savais, dit Eva sans lâcher Lachlann des yeux. Tu étais au courant !

— Eva, je te jure que je n'en ai jamais entendu parler.

— Mais tu étais porteur du message. Tu ne pouvais pas ne pas savoir. Cela t'arrangeait de ne rien dire ?

Blessé par la défiance qu'elle manifestait, il sentit la colère monter en lui.

— Tu l'as toujours souhaité, lança-t-il d'un ton sec. Tu as insisté pour l'épouser. Eh bien, c'est chose faite.

Elle lui jeta un regard furieux, mais il vit des larmes briller dans ses yeux gris-vert. Regrettant son éclat, il murmura son nom, tendit la main…

Elle tourna les talons et s'enfuit en claquant la porte.

— Quoi qu'il en coûte, gronda Lachlann, nous trouverons le moyen de dissoudre ce mariage.

— Décide-toi vite, forgeron. Mon nouveau beau-frère ne tardera pas à revenir. Et je doute qu'il tolère des rebelles pour parents – ou un beau forgeron sur les terres de sa femme… Il n'y aura pas de pardon pour aucun de nous.

Sur ces mots, Simon gagna la porte et sortit à la suite de sa sœur.

19

— Il faut que tu y retournes, Eva, dit Margaret d'une voix douce. Ça ne te ressemble pas de fuir les difficultés.

Elle posa le bébé sur son épaule et lui tapota le dos.

— Maeve ! fit-elle d'une voix sévère comme sa fille grimpait sur un tabouret, au risque de le faire basculer.

Prenant la petite fille, Eva l'assit à côté d'elle et passa les doigts dans sa tignasse blonde pour essayer de la discipliner.

— Je ne vais pas tarder à rentrer, répondit-elle. J'avais besoin de prendre de la distance.

Elle ne pouvait plus rester à proximité de Lachlann, sachant que par la trahison de Colin, elle se trouvait mariée. Si elle était la femme d'un autre, l'attraction irrésistible qui les unissait devait cesser.

Elle ferma les yeux, au supplice.

— Margaret, je te remercie pour ton hospitalité, poursuivit-elle. Discuter avec Angus et toi, me promener dans les collines pour réfléchir, cela m'a beaucoup aidée, ces derniers jours. Mais je ne sais toujours pas quoi faire.

— Tu aurais dû refuser Colin, dès le début. Nous l'aurions tous compris. Je sais qu'il te promettait ce que tu souhaitais le plus entendre. Mais il n'a toujours pas obtenu le pardon pour le clan MacArthur, et s'il ne tient pas sa promesse, pourquoi tiendrais-tu la tienne ?

— Bien que contracté par procuration et sans mon consentement, ce mariage serait beaucoup plus difficile à annuler que des fiançailles. Nous n'avons pas encore entendu parler de pardon, mais il se peut que sa supplique soit approuvée. D'après la lettre du roi, elle serait toujours à l'étude, j'ai donc encore un peu d'espoir.

— Tu n'en as pas l'air. Je ne t'ai jamais vue si malheureuse.

— Si le roi pardonne à ceux de ton clan et libère ton frère, fais annuler le mariage, suggéra Angus.

Assis près de l'âtre, il confectionnait, à la lueur du feu, une petite charrette en bois pour sa fille. Il fit tourner les roues, puis ajusta l'essieu.

— Ce ne devrait pas être trop difficile de l'éviter, à son arrivée. Mets-toi sous la protection de ce forgeron musclé, et tiens Colin à distance jusqu'à l'annulation du mariage. Ce qui devrait prendre quelques mois.

— Piètre solution, Angus, décréta Margaret.

— Si ça pouvait être aussi simple... renchérit Eva.

— Par quel autre point Green Colin te tient-il ? Ce pardon ne me paraît pas suffisant – tu es trop entière pour accepter un tel marché. Il a dû te menacer de quelque façon. Je me trompe ?

Eva détourna les yeux et acquiesça.

— Il a dit que si je ne l'épousais pas, Donal serait tué et Simon pourchassé, admit-elle. Je savais qu'il ferait en sorte que ses menaces soient mises à exécution. Je n'avais pas le choix.

— Ah, fit Angus, ce n'est que ça ! Eh bien, va trouver le roi et rapporte-lui les menaces de Colin. Fais appel à sa sagesse et démasque le scélérat.

— Non, c'est impossible. Le roi est responsable de la mort de son père, dit Margaret. Eva doit rester ici et mener son propre combat !

— Dommage qu'elle ne se soit pas promise à un autre, il y a des années, murmura Angus. Les fiançailles et le mariage seraient alors invalidés.

— Qu'as-tu dit ? fit Eva en levant la tête.

— Je pensais à cette nuit du 1er mai, où Margaret et moi nous sommes promis l'un à l'autre. Tu étais avec Lachlann, cette nuit-là. Dommage que vous ne soyez qu'amis. Ma famille voulait que je me fiance avec une autre fille, et j'étais content d'avoir une bonne raison de ne pas le faire. Et content que Margaret entre dans ma vie, précisa-t-il en adressant un sourire à sa femme. Si la même chose s'était passée pour toi, Eva, tu aurais pu éconduire Colin.

— Si la même chose… Oh ! Je dois rentrer à la maison !

— Il fait nuit et le vent souffle, dit Margaret. Patiente jusqu'à demain matin. Ça peut attendre. Je soupçonne que ça a attendu longtemps, non ? Tu ne m'en as jamais dit un mot, même à moi.

Eva rougit.

— Je… je croyais que ce n'était qu'un merveilleux souvenir… à garder dans mon cœur.

— Mais ces dernières semaines ont montré que c'était beaucoup plus, devina Margaret.

Eva acquiesça, les joues en feu.

— C'est bien ce que j'ai cru, reprit sa cousine, quand je t'ai vue avec lui, l'autre fois.

— De quoi parlez-vous ? demanda Angus, intrigué.

— Oh, fit Margaret avec un sourire entendu, notre Eva ressemble encore plus que je ne le pensais à son cher forgeron : elle sait garder un secret. Retourne demain matin à Balnagovan, ajouta-t-elle en lui touchant l'épaule. Tu peux arranger ça.

— Peut-être.

Eva inspira profondément, sentant l'espoir renaître.

— Je le ferai ! insista-t-elle avec un petit rire qui tourna au sanglot.

Quand elle traversa le pré, le soleil du matin brillait dans le ciel. Elle entendit le tintement sourd du marteau sur l'enclume, et sourit en songeant à sa conversation avec Margaret et Angus.

Mais ses ennuis étaient loin d'être terminés, elle le savait. Même si son engagement irréfléchi avec Lachlann suffisait à invalider son mariage, elle avait toujours lieu de s'inquiéter pour la sécurité des siens. L'avidité de Colin et sa rancune pouvaient se révéler sans limites.

Si besoin était, décida-t-elle, elle l'affronterait pour sauver Innisfarna, comme le voulait Alpin. Mais pour aider les MacArthur, elle devrait peut-être faire appel au roi lui-même, bien qu'elle n'ait aucune envie de se confronter au monarque qui s'était conduit avec tant de cruauté envers son père et les autres chefs highlanders.

En approchant de la forge, elle comprit que le fracas du métal provenait du dehors. Jambes écartées, dos contre la croupe d'un gigantesque destrier blanc, Lachlann souleva un sabot et le coinça entre ses genoux. Une petite enclume et une forge portable – des charbons ardents dans un récipient métallique – étaient posées par terre à son côté.

Ninian tenait les rênes du cheval et lui caressait les naseaux.

Eva les regarda avec amour et tristesse. Ninian paraissait minuscule à côté de l'animal, tandis que Lachlann dégageait une impression de puissance et de compétence. Même de loin, on sentait la camaraderie qui liait l'homme et l'enfant.

Quoiqu'elle souhaitât se libérer de Colin pour être avec Lachlann, elle craignait d'abandonner Ninian aux soins de son père – si toutefois on pouvait parler de « soins ». Robson, Alpin, Lachlann et elle-même avaient pris l'enfant en affection. Et elle était convaincue que tous, ensemble ou séparément, s'occuperaient de lui, qu'elle soit ou non mariée avec Colin.

Depuis quelque temps, Ninian aidait souvent dans la forge et l'écurie, et prenait de plus en plus confiance en lui. Eva sourit en voyant le garçon écouter le forgeron avec attention.

— Tiens-la, disait Lachlann patiemment. Montre-lui que tu es calme, et elle sera calme… Comme ça. Tu es un bon gars.

Il se retourna et sortit du seau de charbons un fer brûlant avec des pinces. Il compara le fer au sabot, puis le posa sur l'enclume afin d'en modifier la forme.

Après l'avoir chauffé, il le plongea dans l'eau pour le refroidir et souleva de nouveau le sabot. Le fer brûlant sur la corne dégagea de la fumée. Lachlann cloua le métal, recourba les clous sur les bords du sabot, puis reposa le pied du cheval, avant de s'attaquer au suivant.

Tout en travaillant, il murmurait des paroles rassurantes. Entre la voix de Lachlann et les caresses de Ninian, le cheval acceptait l'opération. Eva attendait qu'ils aient fini.

Le travail achevé, Lachlann leva la tête.

— Ah, tu es de retour ! dit-il.

De derrière le cheval, Ninian tendit le cou et sourit à la jeune femme.

— Margaret te remercie pour les crochets et les louches, dit-elle en s'approchant. Et Angus aimerait savoir quand ses clous seront faits. Il a beaucoup de travail, car le prêtre lui a demandé de réparer les chevrons de l'église.

— Il aura ses clous d'ici quelques jours.

Il se redressa et s'essuya le front. Caressant l'encolure du cheval, il ajouta :

— Ninian, c'est fini pour aujourd'hui, mon ami. Tu as travaillé dur, et je te remercie. Ramène-la à l'écurie, si tu veux bien.

Le garçon s'exécuta, et Lachlann se tourna vers Eva.

— Il m'a beaucoup aidé, dit-il. Il sait s'y prendre avec les chevaux.

— Tu as fini ? Je pensais que ferrer les chevaux te prendrait toute la journée.

— Nous avons commencé très tôt. Alpin a amené le garçon à l'aube. En plus des travaux de l'écurie, Ninian a vaqué, pendant ton absence, aux soins du ménage.

Elle approuva d'un hochement de tête, et il la regarda, perplexe. Il se demandait à l'évidence pourquoi elle était allée plusieurs jours chez Margaret, mais il se garda de l'interroger.

— Ça va me laisser le temps d'aller à Glen Brae trouver le charbonnier, dit-il en ramassant le seau rempli de charbons ardents.

Ninian revint en courant de l'écurie et rassembla les outils.

— C'est bien, mon garçon. Maintenant, pendant que je me lave, peux-tu seller le courtaud ?

Elle aura eu le temps de se remettre de son épreuve.

Ninian repartit.

— Ton cheval n'aime pas être ferré ? s'enquit Eva.

— Les courtauds ont le pied dur et n'ont pas besoin de fers, comme les destriers, mais je lui ai mis des clous dans les sabots pour lui donner un meilleur pied dans les collines, l'hiver. Elle n'a pas aimé, mais Ninian l'a calmée. Cet enfant a un don avec les bêtes.

— Merci de la gentillesse que tu lui témoignes.

— Tu en doutais ? C'est un bon petit gars.

— Oui. Mais étant le fils de Colin, tu aurais pu ne pas l'aimer.

— Je ne suis pas comme ça, Eva.

— Je sais.

Il fronça les sourcils et parut sur le point de dire quelque chose, mais il se reprit et se dirigea vers la porte de la forge.

— Je serai de retour ce soir, annonça-t-il en tournant la tête. Si les soldats viennent à l'écurie, garde Ninian avec toi, et enferme-toi dans la maison.

— Je peux me débrouiller seule.

— Je n'en doute pas. Mais tu as des verrous neufs. Sers-t'en.

— Ninian, pas si vite ! protesta Eva en riant.

Elle peinait à suivre le garçon sur la pente abrupte qui menait du loch à la cour de l'écurie. Après une séance ardue avec Alpin sur Innisfarna, elle était toute courbatue. La robe qu'elle avait revêtue avant de quitter l'île lui battait les mollets.

Après le départ de Lachlann pour Glen Brae, Alpin était venu chercher Ninian, et elle les avait accompagnés dans l'île pour son entraînement. Elle avait ensuite aidé le garçon à tailler la vigne du jardin d'Alpin, tandis que le vieil homme grommelait que cultiver des fleurs exigeait trop de travail.

Eva avait expliqué à Alpin ce qu'avait fait Colin, évitant de lui parler de son amour pour Lachlann. Il l'avait encouragée à refuser le mariage, mais elle n'avait rien dit des menaces de Green Colin.

Comme elle grimpait la colline à la suite de Ninian, les chiens se mirent à aboyer joyeusement, et Eva rit en voyant le garçon courir autour du pré avec eux. Sachant qu'il avait faim, elle gagna la maison et fit cuire des œufs et du porridge, qu'il pourrait manger facilement; il avait du mal à mâcher et avaler certains aliments.

Lorsque Ninian entra en trombe, elle se retourna avec un sourire, tout en remuant le contenu de la bouilloire. Mais devant l'air effrayé du garçon, elle se redressa. Le visage blême, il pointa le doigt vers la cour; sa poitrine se soulevait, sa bouche se contorsionnait pour produire des sons inintelligibles. Un tonnerre de sabots lui apprit que la patrouille était revenue, mais cela ne pouvait le troubler à ce point. Même les chiens aboyaient furieusement.

— Que se passe-t-il? demanda-t-elle en s'approchant de lui.

— Tchoh'n... tchoh'n! répéta-t-il, les yeux écarquillés.

— Doucement, calme-toi.

— Tch... olin! Pa! s'exclama-t-il. Ici!

Elle comprit, et le cœur lui manqua.

— Colin? Ton père est ici?

Il acquiesça d'un hochement de tête et montra la cour. Par la porte ouverte, elle vit des hommes et des chevaux et entendit des voix. Avant qu'elle n'atteigne la porte, un homme pénétra dans la maison. Ninian s'effaça vivement pour le laisser passer.

Avec son plastron et sa houppelande, Colin lui parut plus grand et lourd qu'elle ne se le rappelait, mais elle n'avait pas oublié ses traits épais, son teint rouge et son regard noir.

— Garçon, dit-il, je t'ai posé une question ! Et j'attends une réponse. Où est le forgeron, et la dame qui habite ici ? Garçon…

À la vue d'Eva, il s'arrêta. Celle-ci le regarda sans bouger. Ninian s'approcha d'elle, et elle lui posa une main protectrice sur l'épaule.

— Eva ! s'exclama Colin en tendant les mains vers elle. J'avais hâte de vous revoir. Ou devrais-je dire… « femme » ? Il est bon d'être de retour.

— Colin, dit-elle d'un ton calme, bien que son cœur batte la chamade et que ses doigts tremblent sur l'épaule de Ninian.

Elle ne lui donna pas la main, et lorsqu'il se pencha pour l'embrasser, elle tourna la tête afin de ne lui offrir que sa joue.

— Vous avez reçu la nouvelle de notre mariage ? J'ai envoyé une lettre pour vous en informer. Le roi a jugé préférable de le célébrer, pour hâter l'examen de ma supplique. Il n'a pas été difficile d'arranger une cérémonie par procuration.

— Je l'ai appris, mais pas par votre lettre. Je l'ai appris par… un message du roi.

— L'important, c'est que vous soyez au courant. Nous allons fêter ça. Je vous ai à peine reconnue, cachée dans cette sombre petite masure, ajouta-t-il en l'étudiant des pieds à la tête. Avec cette vieille robe et ce tartan, vous ressemblez à une poissonnière. Maintenant que vous êtes la femme d'un homme de condition, cela va changer.

Elle leva le menton, mais ne répondit rien. Il ferma la porte derrière lui, et un silence oppressant emplit la pièce. Eva ne trouvait la petite maison ni sombre, ni étriquée, ni enfumée ; elle lui avait toujours paru intime et accueillante. Mais c'est Colin qui apportait avec lui l'obscurité et la tension.

— Je ne pensais pas vous trouver dans une telle gêne, dit-il en s'approchant.

— Je suis bien, ici. J'y suis en sécurité, et entourée d'amis.

— J'ai vu Robson à Strathlan, ce matin. Il m'a dit que vous aviez fui Innisfarna – une marque de caractère, lui ai-je répondu. Vous n'avez pas changé, hein ? fit-il en lui baisant la main de ses lèvres froides et sèches. Je vois que vous avez trouvé le garçon...

— Ninian, murmura-t-elle en lui pressant l'épaule en guise d'encouragement, dis bonjour à ton père.

— Que Dieu soit avec vous, père, réussit-il à prononcer.

Colin fronça les sourcils, puis considéra la jeune fille.

— Vous lui avez appris à parler ?

— Ninian parle très bien. Vous avez dû l'oublier, pendant votre absence.

— Je n'ai pas oublié que je l'ai confié à Robson pour qu'il apprenne des tâches simples. Je ne voulais pas qu'il vous ennuie. Il me paraît plus grand.

— Bien sûr. Il grandit. Et Robson est très content de lui. En outre, il est un bon compagnon pour moi. Ninian sait s'y prendre avec les chevaux. Vous serez fier de le constater. Quand vous lui apprendrez à monter à cheval, il surpassera n'importe quel cavalier.

Elle sentait Ninian se rengorger.

— Quand je lui apprendrai à monter à cheval ? s'esclaffa Colin.

Cachant sa fureur, Eva tapota l'épaule de Ninian.

— Sois gentil, va à l'écurie voir si les soldats ont besoin d'aide, dit-elle.

Elle le poussa doucement et il fila dehors, en évitant son père.

— Comment pouvez-vous traiter votre propre fils comme s'il était un bon à rien – à peine un être humain ! s'emporta-t-elle.

— Je vois que vous l'avez pris en affection. Tout doux, ma petite furie. Je ne suis pas un monstre. Je fais mon devoir de père, même si ce garçon est pour moi une épreuve envoyée par le Ciel.

— Il est plutôt une bénédiction, mais vous refusez de l'admettre.

Il lui jeta un regard perplexe et alla s'asseoir sur un banc.

— Donnez-moi de la bière. Cette longue chevauchée m'a donné soif. Je doute que vous ayez du bon vin, bien que j'en aie fait envoyer à Innisfarna pour mon usage personnel. Qu'est-il devenu ?

— Je n'en ai pas la moindre idée.

Elle emplit une coupe de bière et la posa sans ménagement devant lui sur la table.

— Je ne suis pas une aubergiste, dit-elle. Mais je vous offre l'hospitalité. Si vous avez faim, je peux vous donner du porridge.

Il refusa d'un geste. Elle se rappela que Ninian, affamé qu'il était, n'avait pas encore mangé ; il se rattraperait après le départ de son père.

Pourvu qu'il s'en aille vite. Elle avait besoin de se retrouver seule pour accepter son arrivée, qui signifiait la fin de ses rêves et de ses espoirs.

Mais elle n'avait pas le droit de perdre espoir. Un mariage avec Colin serait insupportable. Il avait suffisamment manifesté son arrogance, sa cruauté même. En outre, elle ne pouvait plus imaginer la vie sans Lachlann.

Elle souhaita un instant que Colin lui dise qu'il ne pouvait rien pour les siens. Elle se sentirait alors libre de le repousser. Fronçant les sourcils, elle ouvrit la bouche pour parler.

— Vous avez donc pris le garçon sous votre aile, la devança-t-il après s'être essuyé les lèvres.

— C'est un bon garçon. Colin...

— Cette chose vagissante, horrible et incapable d'avaler, aurait dû mourir à la naissance.

— Mais c'est un enfant !

— Sa mère est morte en me le laissant. Une pénitence pour mes péchés. Elle était ma maîtresse, et non ma première femme, morte sans enfant.

Il la regarda par-dessus sa coupe, la mettant au défi de lui reprocher son penchant pour les maîtresses.

— Je vois, dit-elle platement. Qui l'a élevé ?

— Ma mère. Elle l'a beaucoup trop choyé. Mais elle en a fait un garçon solide, admit-il à contrecœur. Pas facile d'élever un enfant de fées.

— Un enfant de fées ?

— Ma mère ne l'a jamais cru, mais je suis convaincu que c'est un enfant de fées. Mon fils a dû être enlevé à sa naissance et remplacé par celui-ci. On aurait dû l'abandonner sur une colline, pour que les fées le reprennent. Il est sauvage, à moitié idiot et paresseux. Il ne sera jamais grand – mais les fées des collines n'engendrent pas des créatures fortes et belles. Rien à voir avec votre espèce.

— Mon espèce ?

— Les fées mystérieuses – les grandes fées guerrières dont vous descendez. La lignée d'Aeife. J'aime à penser, ma chère, que vous lui ressemblez.

Elle le dévisagea, éberluée ; malgré sa dureté et sa rouerie, Colin croyait aux fées.

— Ninian est une espèce de farfadet, poursuivit-il. Il me regarde comme un crétin et il est incapable de parler. Avec cette malédiction, il ne le pourra jamais.

— Mon sang de fée n'est qu'une légende. Je n'ai rien à voir avec Aeife la Radieuse. Et je ne comprends pas comment vous osez si mal parler de votre propre fils, ajouta-t-elle.

— Je m'attends toujours à le voir sortir en fumée de la cheminée… Mais j'ai un devoir envers lui, c'est pourquoi je l'ai envoyé comme page à Innisfarna. Par charité chrétienne.

— Donnez-lui la charité de votre cœur. Il n'est ni idiot, ni enfant de fées ; c'est un petit garçon. Il a besoin du respect et de l'amour de son père, comme n'importe quel fils.

— Il vous a ensorcelée, à ce que je vois. C'était la même chose avec ma mère qui, de son vivant, l'a trop gâté – elle lui a donné plus d'amour maternel que je n'en ai reçu, je peux vous le dire ! Mon père n'a jamais permis que je sois choyé. Pour Ninian, il faut des tâches simples et une main ferme. C'est la seule méthode avec un garçon comme lui, marmonna-t-il avant de boire une gorgée de bière. Il est imprudent de venir en aide à un rejeton des fées. On aurait dû s'en débarrasser.

Submergée par une vague de fureur, Eva serra les poings.

— Colin, je vous en prie ! Vous ne pouvez donc pas vous comporter en père et lui manifester un peu de tolérance – ou simplement de la gentillesse ?

— Vous faites des reproches à votre mari ? fit-il en levant un sourcil. J'espérais un accueil chaleureux. Vous êtes acariâtre.

— Vous ne méritez pas d'accueil chaleureux. Je ne me considère pas comme votre femme. Je n'ai pas donné mon consentement à ce mariage.

— Écoutez-moi. Nous avons été unis en France par une cérémonie officielle, approuvée par l'Église. Je pourrais vous prendre maintenant, dans ce lit, et sceller le mariage aux yeux de Dieu et des hommes, dit-il en montrant le lit fermé par des rideaux. Je devrais vous faire un fils, pour qu'on ne dise plus que Ninian est mon fils.

— Écoutez-moi, fulmina Eva. Pendant votre absence, je me suis débrouillée seule. Ma maison a été prise par des soldats et j'ai dû me réfugier ailleurs. Et vous avez menacé ma famille. Jamais, après cela, je ne partagerai votre couche de mon plein gré.

— Vous m'avez donné votre promesse, rétorqua-t-il en s'avançant vers elle, le visage empourpré. Votre caractère n'a pas changé. Toujours aussi virulente… et attirante. Personne ne vous a obligée à quitter Innisfarna pour cette masure. Mais vous pouvez venir avec moi à Strathlan, pour y goûter un peu de luxe.

— Je n'irai nulle part avec vous. Vous m'avez épousée sans mon consentement ; vous avez promis d'aider mes frères et ma famille, et n'en avez rien fait.

— J'avais une autorisation écrite de votre tuteur, Donal, en échange de mon intervention en sa faveur.

— Écrite ? L'avez-vous vu ? Est-il en bonne santé ?

— J'ai obtenu son consentement pendant que j'étais en France. Je vous en ai informé par courrier.

— Je n'ai rien reçu. Comment va Donal ? Sera-t-il libéré ?

— Il est maigre, faible, et rendu docile par sa situation.

— Donal ne sera jamais docile, répliqua-t-elle en redressant la tête. Ni aucun MacArthur.

— Ni vous ?

— J'attends depuis longtemps de recevoir de bonnes nouvelles des miens. En avez-vous ?

— J'ai rempli ma part du marché, dit-il en tirant de sa cuirasse deux parchemins froissés. Voici un décret signé par le roi, et un autre document qui vous intéressera. D'après ce document, Donal sera libéré et pardonné, de même que les membres de votre clan. Vous voyez que j'ai fait ce que vous vouliez.

Elle le considéra, partagée entre le soulagement et l'abattement.

— Laissez-moi lire.

Elle prit la feuille, qu'elle parcourut rapidement avant qu'il ne la lui arrache des mains.

— Le décret est soumis à conditions, grommela-t-il.

— Pourquoi ? Donnez-le-moi. Je peux lire l'anglais, le latin.

Elle tendit la main, mais il tint le document hors de sa portée.

— Il dépend de la concession d'Innisfarna à votre mari. Cette autre feuille est l'acte de propriété de l'île, copié sur les registres conservés à Édimbourg. L'île est devenue ma propriété par notre mariage ; il n'y manque que votre accord signé, que je renverrai au greffier de la Couronne. Alors seulement, les vôtres obtiendront le pardon du roi, sous certaines conditions.

— Quelles conditions, encore ? Et si je refuse de signer ?

— Refuser de signer ? fit-il en s'étranglant. Votre clan ne jouira plus de mon influence. Donal mourra et les vôtres seront traqués jusqu'à leur extermination. Bien sûr, c'est à vous de choisir... Y a-t-il une plume et de l'encre dans ce taudis, ou préférez-vous que nous attendions d'être à Strathlan, dans le confort de notre maison, ma chère épouse, pour procéder à cette signature ?

Incapable de répondre, Eva le dévisagea, la main sur le cœur.

20

Aidé par l'odeur de fumée et par les fines volutes au-dessus de la forêt, Lachlann trouva le charbonnier vers midi. Il guida le courtaud et le cheval de charge, dont il tenait la longe, sur un sentier couvert d'aiguilles de pin. Les senteurs de résine étaient si agréables qu'il inspira profondément.

Puis l'odeur de charbon devint plus forte, et il aperçut entre les arbres une clairière et trois monticules de formes coniques, aussi hauts que des maisons, d'où sortait de la fumée.

En émergeant des arbres, il vit un homme et une femme, tous deux petits, racornis et gris, comme s'ils étaient desséchés par la fumée. Ils le regardèrent mettre pied à terre et attacher les chevaux à un arbre.

— Je t'avais dit qu'il viendrait, fit la femme en poussant l'homme en avant.

— Vous êtes un MacKerron, lança celui-ci. Je vous reconnais. Vous êtes déjà venu. Et votre père aussi, il y a longtemps. Je suis Leod.

— Bonjour, Leod, dit Lachlann en serrant la main noircie. Je me souviens de vous. Il y a des années, je venais avec Finlay MacKerron acheter du charbon. Il disait que le vôtre était le meilleur, et qu'il faisait le meilleur acier.

— Bien sûr que c'est le meilleur, renchérit la femme. On ne peut pas faire du bon acier sans notre charbon. Nous avons un secret pour couper les arbres et brûler le bois. Vous n'êtes pas le fils de Finlay. C'est l'autre qui était votre père. Regarde-le, Leod, c'est lui… fit-elle en poussant son mari du coude.

— Je sais qui il est, Nessa, répliqua Leod, agacé.

— Et il ressemble à sa mère, chuchota la femme assez fort pour que Lachlann entende. « Yeux bleus, yeux bleus, cousin de roi », chanta-t-elle en souriant. Elle était si petite et voûtée qu'elle arrivait à peine à la taille de Lachlann.

— Comment ? fit-il, intrigué.

— Votre mère. Elle avait les mêmes yeux bleu pervenche que vous, et elle était cousine du roi. Non que son sang de Stuart l'ait sauvée, ou vengée. Mais il y a du sang de roi et de fée en vous.

— Vous connaissiez ma mère ?

— C'était une beauté, comme celui qu'elle aimait. Et vous tenez des deux.

— Dites-moi ce que vous savez.

— C'est du charbon que vous voulez ? intervint Leod. Ou la vérité ?

— Les deux. Je suis venu vous demander ce qui est arrivé à mes parents. Mairi dit que vous savez peut-être. Et j'achèterai aussi du charbon – le meilleur, pour le meilleur acier.

— Oh, il va bientôt fabriquer de l'acier magique ! assura Nessa en hochant sentencieusement la tête.

Leod lui lança un regard réprobateur.

— Va t'occuper du feu, Nessa, sinon nous n'aurons que des cendres et de la suie. Il faut pour cet homme notre meilleur charbon. Va. Nous coupons le bois et le brûlons avec soin, dit-il en se tournant vers Lachlann, puis nous surveillons la combustion pendant des semaines pour en faire du charbon de bois. Les huttes que vous voyez là se consument de l'intérieur. J'ai en réserve de quoi vous donner un chargement de ma meilleure production.

Lachlann regarda Nessa se diriger vers l'une des huttes avec un long bâton pour tisonner les braises. Leod continua :

— Je vous donnerai autant de charbon que peut porter votre cheval de charge et autant que vous pouvez me payer en travail de forge, en nourriture ou en argent. Quelle quantité en voulez-vous ? Et quelle quantité de vérité ?

— Trois sacs pour l'instant, que je vous payerai en travail ou en argent. Pour le reste… dites-moi ce que vous savez sur mes parents.

Leod hocha la tête en se frottant la barbe.

— Vous ressemblez à Tomas MacKerron, ce sang de fée – il était grand et brun comme vous, avec des yeux comme de l'argent. Il forgeait des lames magiques.

— Finlay m'a parlé d'une telle tradition chez les forgerons MacKerron.

— C'est plus qu'une tradition. Vous vouliez la vérité. Tomas MacKerron façonnait des lames magiques, et c'est pour cela qu'il a été tué.

— Si vous le saviez, pourquoi n'avez-vous jamais cherché à me voir ?

— Finlay savait. Et c'était à vous de venir me voir, comme vous le faites maintenant. Je vais tout vous dire, mais je ne voudrais pas vous desservir. Il y en a qui n'apprécieraient pas. Je ne veux pas me mêler de ce qui ne me regarde pas. Je ne suis qu'un charbonnier.

— Leod, si vous savez qui a tué mon père, et pourquoi, dites-le-moi.

— Nessa et moi étions là, cette nuit-là. Nous portions un chargement de charbon à Tomas. Il vivait juste de l'autre côté de la colline – par là-bas. On voit encore les ruines de la forge et de la maison, près du grand chêne brûlé sur la colline au nord.

— Que s'est-il passé ?

Nessa revint, traînant un énorme sac de charbon presque aussi grand qu'elle. Elle passa devant son mari, qui se contenta de la regarder. Lachlann s'avança pour l'aider à le soulever, mais avant qu'il ne l'atteigne, elle le hissa sur la bête de somme. Puis, s'époussetant les mains, elle revint sur ses pas.

— Alors, gronda-t-elle, raconte-lui donc, vieil imbécile ! Je l'aurais bien fait moi-même, jeune homme, mais les fées n'ont pas voulu.

— Quoi ?

— Elles, là, dit-elle en pointant son doigt. Les petites fées qui nous regardent. Elles ne voulaient pas que je vous raconte. Elles disaient que c'était à vous de l'apprendre, que quand vous seriez prêt, vous viendriez nous voir.

Lachlann regarda dans la direction indiquée, mais ne vit qu'une forêt de pins. Nessa voyait apparemment davantage, car elle gloussa en agitant la main.

— Les voilà ! Elles sont contentes que vous soyez venu. Il était temps, disent-elles. Écoutez. « Temps, temps, chantent-elles. Il est temps que le forgeron façonne son épée magique… »

Il la considéra, éberlué, puis se tourna vers Leod. Le vieillard sourit, comme s'il n'y avait rien d'étrange dans le bavardage de sa femme.

— Qu'est-ce… euh, qu'est-ce qui est arrivé cette nuit-là, Leod ?

— C'était le vieux. Le vieux Murdoch Campbell.

— Le père de Colin ?

Leod acquiesça.

— Il est venu à la forge, où votre père travaillait après la tombée de la nuit. « Sors, *gobha* », a dit Murdoch en brandissant une épée.

Leod prit une voix grave et mima ce qu'il avait vu.

— « Oh, *gobha*, ce n'est pas l'épée que je t'ai commandée ! Sors, forgeron, et donne-moi l'épée magique que j'ai payée ! » Tomas le *gobha*, accompagné de sa jolie épouse, est sorti en s'essuyant les mains sur son tablier.

— Alors, poursuivit Nessa, le forgeron a répliqué : « Je vous ai fabriqué une bonne épée de combat, Murdoch. Maintenant, partez. Vous êtes ivre. »

— « Mais je veux une lame magique. Donne-la-moi, ou je te passe celle-ci entre les côtes ! » reprit Leod en agitant le bras comme l'avait fait Murdoch.

— « Allez-vous-en, Murdoch Campbell, et laissez mon mari tranquille, continua Nessa. Quand vous êtes pris de boisson, vous n'avez que lames magiques à la bouche ! » Votre mère l'a alors repoussé, ajouta-t-elle en faisant mine de le chasser. Elle était gracieuse comme une fée.

Lachlann les regardait, à la fois hypnotisé et horrifié par leurs mimiques.

— Murdoch a-t-il tué mon père ? s'enquit-il.

— Soûl comme il était, il a failli tomber de son cheval, dit Leod, tandis que Nessa mimait une chute. Quand il était sous l'emprise de l'*uisge beatha*, il parlait toujours de lames magiques. Il est même venu me trouver. Il voulait une épée magique, car il avait de noires ambitions. Il savait qu'avec une telle arme, il pourrait gagner l'île qui est dans le grand loch.

Derrière eux, Nessa leva haut le bras, comme si elle brandissait une épée.

— Vous parlez d'Innisfarna ? demanda Lachlann.

— Ce vieil imbécile voulait Innisfarna, confirma Nessa. Murdoch avait essayé d'épouser la fille qui en était propriétaire, mais elle s'est mariée avec le chef des MacArthur et lui a donné trois beaux bébés. Murdoch a toujours convoité cette île, car il croyait qu'en la possédant, il tiendrait l'Écosse en son pouvoir, au-dessus du contrôle du roi. Les fées m'ont dit qu'il ne pouvait pas l'avoir. Elle n'est pas pour lui. Pas pour lui, répéta-t-elle en le dévisageant.

Lachlann la regarda, comme foudroyé.

— C'est donc ça, murmura-t-il. Son fils Colin aussi veut Innisfarna.

— C'est possible, je ne sais pas, grommela Leod. Mais je me souviens que Murdoch a demandé la lame magique à votre père, et que Tomas lui a répondu qu'il ne pouvait rien pour lui. Il était à la fois calme et fort, ce jeune homme. « Laissez-nous tranquilles, Murdoch ! » a-t-il dit. Puis il a envoyé sa femme dans la maison.

— Aileen, mon amour, rentre ! clama Nessa.

— Va chercher la lame, lui ordonna Leod en se tournant vers elle.

La petite femme disparut dans une hutte, distincte des monticules de charbon en combustion, que Lachlann supposa être leur maison.

— Que s'est-il passé alors ? questionna-t-il.

— Toujours à cheval, Murdoch s'est fait menaçant, mais votre père n'avait pas peur de lui. Soûl comme il était, le vieux a balancé son épée et atteint Tomas en pleine poitrine, dit Leod en secouant tristement la tête.

Lachlann lui fut reconnaissant de ne pas mimer la scène. Toutefois, il n'était pas sûr que Nessa ne l'aurait pas fait.

— Il a tué Tomas, et demandé à son fils de mettre le feu à la forge, poursuivit le charbonnier.

— Son fils ? s'étonna Lachlann. Colin était donc là ?

Leod acquiesça.

— Murdoch a dit à son fils de le faire, mais celui-ci a supplié son père de partir. Le vieil homme était tellement ivre qu'il a lui-même mis le feu avec la torche qu'il tenait à la main pour s'éclairer. Puis son fils et lui ont filé.

— Vous avez vu tout cela ?

— Moi non. Mais Nessa l'a vu, et elle est venue me chercher en courant. Lorsque nous sommes arrivés sur les lieux, le forgeron était mort, la forge et la maison étaient en flammes, et sa ravissante femme était morte aussi, tuée par le chagrin et par la fumée. Je me suis rué dans la maison et j'ai empoigné le bébé – vous, Lachlann MacKerron. Je vous ai porté à Finlay et Mairi, à l'autre bout du loch. Un long voyage, et une bien triste nuit, acheva-t-il en secouant la tête.

— Leod, je vous remercie d'avoir essayé d'aider mes parents. Et je vous dois la vie.

— C'est vrai, reconnut le vieillard.

Lachlann se passa la main dans les cheveux.

— Pourquoi me l'a-t-on caché ? On n'a pas enquêté sur ces crimes ?

— Murdoch est mort peu après – en tombant de cheval, dit-on. L'assassin de votre père disparu, qui condamner ? À ce que je crois, Finlay tenait Colin pour responsable, bien que le jeune homme ait essayé d'arrêter le père, avant de s'enfuir avec lui comme un poltron.

— Les autorités ont-elles été informées ?

— Oui, par Finlay. Mais il n'y a pas eu de suite. Les forges prennent facilement feu. Le corps de Tomas était carbonisé, et personne n'a vu la blessure. À part Nessa, bien sûr. Et personne ne l'a crue, sauf moi, et Finlay ! Certains prétendent que ma femme est un peu folle.

Celle-ci revint en traînant un long étui de cuir.

— Les fées veulent que vous l'ayez, décréta-t-elle en tendant l'objet à Lachlann.

Celui-ci sortit de l'étui une magnifique épée, brillante et en parfait état, avec une poignée en os poli et une garde en croix se terminant par une quartefeuille. Le bas de la lame était gravé de minuscules emblèmes. Lachlann regarda de plus près.

— Un cœur, dit-il. Pour MacKerron, comme Finlay et moi en utilisions toujours... Mais ici, il y a un « T » au milieu du cœur.

— Pour Tomas MacKerron, expliqua Leod. C'est lui qui a façonné cette lame.

Lachlann leva la pointe, captant un rayon de soleil.

— C'est la lame avec laquelle Murdoch... ?

— Non. Celle-ci, votre père l'a faite pour lui-même. Je l'ai sortie de sa maison, en même temps que je vous arrachais aux flammes. Je savais qu'un jour vous souhaiteriez l'avoir, et je l'ai gardée pour vous. C'est une épée magique.

— Comment le savez-vous ? demanda Lachlann.

— Sentez le pouvoir qu'il y a dans cette lame.

Lachlann tourna lentement le poignet, pointant la lame vers le sol et la relevant dans le même mouvement. L'épée fendit l'air avec un sifflement plus doux que ce qu'il n'avait jamais entendu. Un léger tremblement lui ébranla le bras et se transmit à tout son corps. Soudain, la lame lui apparut légère comme une plume.

— Elle est magnifique, murmura-t-il.

— Tomas connaissait le secret, et avait le tour de main, dit Leod. Finlay le connaissait aussi, mais était incapable de fabriquer une vraie lame magique. C'était un excellent artisan, mais votre père était un artiste : il travaillait avec le cœur. Vous êtes le fils de Tomas, et vous avez vous aussi le tour de main. Vous avez l'étincelle en vous, je le vois. Que vous a dit Finlay exactement ?

— Dans une lame magique, l'air, la terre, le feu et l'eau doivent se mêler. Ça, je le comprends – ces matériaux entrent dans la fabrication de n'importe quelle lame. Il disait aussi qu'il fallait un ruissellement de lumière et une formule magique. Il m'a dit autre chose, mais il était faible et n'a pu achever. Rien en tout cas dont je puisse me servir, même si j'avais compris.

— Vous pouvez. Vous avez l'étincelle, répéta Nessa. Demandez à Leod.

— Je connais la formule, renchérit le vieil homme. Air, terre, feu, eau, et le reste.

— Vous ? s'étonna Lachlann.

— C'est moi qui l'ai apprise à votre père.

Il ouvrit la main droite qui était tordue et marquée par de vieilles brûlures.

— Autrefois, j'étais forgeron, et cousin de votre père et de Finlay. Je m'appelle Leod MacKerron. Je vous apprendrai l'incantation des forgerons MacKerron.

L'épée de son père fixée sur sa selle, la tête et le cœur emplis de ce qu'il venait d'entendre, Lachlann retourna à Balnagovan avec les sacs de charbon arrimés sur le cheval de charge. Bien qu'absorbé dans ses pensées, il entendit le brouhaha qui régnait dans la cour avant de voir ce qui s'y passait.

L'espace situé entre la forge et l'écurie était occupé par plusieurs soldats. Certains étaient groupés en cercle et riaient de bon cœur. Au milieu, deux hommes tentaient de soulever une vieille enclume, abandonnée près de l'entrée de la forge. Lachlann mit pied à terre, et il regardait en hochant la tête lorsque John Robson s'approcha de lui.

— Aussi loin que remonte mon souvenir, lui dit-il en riant, j'ai gratté la boue de mes bottes sur cette enclume. Et ces imbéciles essayent de la soulever. Ils n'ont rien de mieux à faire ?

— Ils attendent, répliqua Robson.

— Alpin et le bateau ? Ou que les chevaux soient sellés ?... Où est Ninian ? demanda-t-il en regardant autour de lui.

— Il se cache dans l'écurie. Son père est revenu.

— Colin Campbell ! Où est-il ?

— Dans la maison, avec Eva.

Avant que Robson eût achevé sa phrase, il était déjà au milieu de la cour.

— Quand le roi Jacques va-t-il relâcher Donal et pardonner aux autres ? interrogeait Eva.

— Quand Innisfarna sera à moi, dit Colin en levant une main condescendante, Donal sera libre. J'irai à la cour rappeler au roi sa promesse. Les hommes de votre clan bénéficieront alors des conditions offertes par le roi.

— Quelles conditions ?

— L'exil. Les MacArthur mâles devront quitter l'Écosse et aller ailleurs – en France, en Irlande, au Danemark. Ils ne devront jamais revenir.

— Jamais ? fit-elle en le regardant, effarée. Ce serait les tuer ! Leurs âmes ne font qu'un avec ces collines.

— C'est leurs corps que vous m'avez demandé de sauver. Quant à leurs âmes, c'est à un prêtre de s'en charger. C'est tout ce que j'ai pu négocier.

— M'enlever Innisfarna et laisser les miens sans droits ni maisons...

— Mais vivants. C'est ce que vous vouliez. Je vous autoriserai à leur rendre visite, où qu'ils aillent. Les Français aiment les Écossais, mais les Irlandais sont féroces... Les hommes de votre famille se plairaient peut-être mieux parmi eux.

Il s'approcha d'elle, mains ouvertes. Elle recula, et il l'éloigna de l'âtre.

— Vous allez vous brûler, dit-il. Venez ici.

Il l'embrassa. Sa bouche était humide et sentait la bière.

— Pourquoi voulez-vous absolument m'épouser ? demanda-t-elle en le repoussant. Vous haïssez les miens, et vous pourriez trouver une femme appartenant à une famille puissante. Pourquoi me voulez-vous ?

— Vous êtes ravissante, et je vous aime. De plus, votre père était un vieil ami.

Elle le regarda d'un air suspicieux et comprit soudain.

— C'est pour mettre la main sur Innisfarna que vous acceptez une femme pauvre. Mais en quoi cette île vous intéresse-t-elle tant ?

— Il ne s'agit pas de l'île, mais de l'attachement que j'ai pour vous.

— Les membres de mon clan n'accepteront jamais l'exil. Et je refuse de vous céder l'île.

— Vous devriez penser à Donal. La décapitation, c'est horrible. Vous ne voulez pas le condamner à cette...

— Arrêtez ! lança-t-elle en étouffant un sanglot.

— Et les vôtres seront pourchassés comme des loups et massacrés, dit-il en s'avançant vers elle.

Elle entendit frapper et vit le verrou bouger. Elle attendait Robson, ou Ninian, mais ce fut Lachlann qui s'encadra dans la porte.

— Qui êtes-vous pour oser entrer ? gronda Colin.

— Je suis le forgeron, et c'est ma maison. Eva MacArthur y habite en invitée... Eva, tu as besoin de moi ?

— Oui. Reste, s'il te plaît.

Il entra, et l'atmosphère devint électrique.

— Forgeron ? fit Colin. J'ai du travail pour un bon forgeron. Savez-vous fabriquer des armes ?

— Bien sûr. Je suis un MacKerron.

— J'aurais dû le savoir, dit Colin en plissant les yeux. Je connaissais le forgeron MacKerron installé à ce bout du loch, mais j'ai entendu dire qu'il était mort. Il a adopté un fils... je l'avais oublié. Il vous a donc appris le métier...

— En effet, répondit Lachlann d'une voix calme. Je suis le fils de Tomas MacKerron, qui travaillait près de Strathlan... quand il était vivant.

Eva perçut son ton menaçant et remarqua sa mâchoire crispée, ses poings serrés, qui trahissaient une tension extrême.

— Ah oui ! murmura Colin. Sa disparition a été une tragédie.

— Vous n'en ignorez rien, je suppose.

Colin tressaillit, puis sourit.

— Il est heureux qu'un forgeron MacKerron travaille de nouveau sur le loch. Si vous avez autant de talent que votre père, vous pourrez peut-être travailler pour moi.

— Mon travail revient très cher.

— Il le vaut sûrement.

Eva les regardait, s'attendant à ce qu'ils en viennent aux mains, bien qu'ils soient tous deux parfaitement immobiles.

— Il me faut une épée, reprit Colin. Une épée spéciale... Mais je dois être sûr que vous en avez les capacités.

— Oh, pour ça, vous n'avez pas à vous inquiéter ! Mais il n'est pas du tout certain que j'en fabriquerai une pour vous.

— Un artisan ne refuse pas de travailler pour de l'argent. Ça pourra s'arranger. Pour l'instant, j'ai d'autres affaires en tête, mais à mon retour, je vous dirai quel genre d'épée je veux. Pour célébrer mon mariage avec Eva...

Lachlann regarda la jeune fille. Elle se sentit blêmir, et ne put détacher ses yeux des siens.

— ... et marquer ma prise de possession d'Innisfarna. Il faut une belle épée pour fêter cet événement, vous ne trouvez pas, ma chère femme ? demanda Colin en passant un bras autour d'elle. Félicitez-nous, forgeron : nous sommes mariés depuis peu.

— C'est ce que j'ai appris, murmura Lachlann sans lâcher Eva des yeux.

— Ma femme habitera Strathlan, de sorte que vous pourrez récupérer votre maison. Et la paix régnera à nouveau dans la région. Ces rebelles MacArthur sortiront des collines, quand ils apprendront qu'ils sont pardonnés.

— Pardonnés ? répéta Lachlann.

— Colin a négocié la libération de mon frère, expliqua Eva. Il a obtenu un pardon conditionnel pour les hommes de mon clan.

— Ah bon ! fit Lachlann d'un ton coupant. Et bien sûr, tu dois respecter ton engagement… Quelles sont les conditions ?

— L'exil. Les hommes de mon clan doivent quitter l'Écosse.

— Mais ils vivront, précisa Colin.

— Et il te suffit de l'épouser, conclut Lachlann avec un regard glacial. Voilà un plaisant marché.

Sur ces paroles, il sortit de la maison en claquant la porte.

21

— Dame Eva, je suis content de vous trouver ici, dit Robson comme elle sortait de la maison, alertée par les aboiements furieux des chiens.

La voix profonde de Lachlann l'avait attirée au-dehors. Depuis trois jours, depuis le retour de Colin, elle l'avait à peine vu ; Alpin lui avait dit qu'il était allé voir Mairi et le charbonnier, à l'autre bout du loch. Il était revenu tellement tard, la nuit du troisième jour, qu'elle dormait déjà, bien que le bruit du marteau l'ait brièvement réveillée, avant l'aube.

Il tourna vers elle ses yeux d'un bleu perçant.

Elle appela les chiens et Lachlann, qui discutait avec Robson, leur ordonna de rentrer à la maison. À l'étonnement d'Eva, ils obéirent, même la petite Grainne, qui fila derrière Solas sans demander son reste.

— Vous partez en expédition, remarqua-t-elle en voyant des hommes sortir de l'écurie avec des armes fixées à leurs selles. Il est arrivé quelque chose ? s'inquiéta-t-elle en croisant le regard de Lachlann.

— Le sieur Colin a envoyé un message. Les rebelles MacArthur lui ont volé huit vaches, la nuit dernière, et il veut les retrouver.

— Il vient de négocier leur grâce ! Où est-il ? s'enquit-elle en regardant autour d'elle. Je veux lui parler !

— Il n'est pas ici. Il est allé passer quelques jours à Perth, et demande que les hommes soient capturés et détenus jusqu'à son retour.

— Leur grâce n'est pas pour tout de suite, commenta sèchement Lachlann. Le vol de bétail est un crime, pas une farce. Le sieur Colin n'est pas du genre à passer là-dessus... même pour les beaux yeux de sa femme.

Eva prit un air offusqué, mais dut reconnaître dans son for intérieur qu'il disait vrai.

— Dame Eva, si nous les trouvons, ils ne seront pas à la fête, déclara Robson. Je suis désolé.

— Le fer et le feu ? demanda Eva, alarmée.

— Pas cette fois, mais nous devons intensifier nos recherches. MacKerron, dès que vous serez prêt...

Il fit un bref signe de tête et s'éloigna.

— Prêt ? répéta Eva. Tu comptes aller débusquer mon frère et ses hommes ?

— Oui. Mais je sais ce que je fais.

— Comment peux-tu accepter d'exécuter des ordres qui visent à nuire aux miens ?

— Leur nuire ? J'ai l'intention de les trouver. Tu ne veux pas me dire où ils se cachent.

— C'est pour les protéger !

— J'essaye moi aussi de les protéger, rétorqua-t-il entre ses dents. Il vaut mieux que ce soit moi qui les trouve, plutôt que certains de ces hommes. Cette mission ne plaît pas à Robson, mais il fera son devoir. Si tu sais où est Simon, pour l'amour de Dieu, dis-le-moi.

— D'un jour sur l'autre, je ne sais pas où il est.

— Alors, je dois le trouver seul. Je vais me préparer.

Il se dirigea vers la forge, et fit claquer la porte derrière lui.

Prise de panique, Eva se fraya un chemin à travers la foule des hommes et des chevaux, afin de rejoindre Robson.

— John Robson ! appela-t-elle. Plusieurs de ces hommes sont mes parents.

— Je le comprends, dit-il en se retournant, mais ils ne respectent pas la loi. Nous n'avons pas le choix. Le sieur Colin doit protéger ses biens et ceux de ses voisins. Les MacArthur risquent de perdre la grâce que pourrait leur obtenir votre mariage.

Eva vit Lachlann se diriger vers l'écurie, revêtu de sa cuirasse d'acier dont il bouclait la taille en marchant, un long manteau bleu sombre jeté sur ses épaules.

Elle retint son souffle, se rappelant la nuit où il était apparu à sa porte, magique, tel un cavalier de légende. Mais il n'y avait rien de magique en lui, tandis qu'il se préparait à partir à la chasse à l'homme.

— Votre cheval est sellé, MacKerron, dit Robson.

— Où comptez-vous patrouiller, ce soir ? demanda Eva.

— Les incursions ont eu lieu dans le nord-ouest ; nous irons donc dans cette direction, répondit Robson. Le temps est clair, et la nuit tombe plus tôt, de sorte que les attaques se sont multipliées.

— Le vent souffle du nord, dit Lachlann. Les pillards doivent plutôt aller vers le sud que contre un tel vent.

— Bonne remarque, mais nous allons d'abord fouiller les collines. Ils ont été récemment aperçus par là.

Robson alla s'entretenir avec ses hommes, et Lachlann se tourna vers Eva.

— Rentre dans la maison, et enferme-toi.

— Pourquoi vas-tu avec eux ? À la poursuite de mon frère ?

— Ton frère... et mon ami. Je t'ai dit que j'avais l'intention de les trouver. Mais je veux que tu t'enfermes.

— Ne t'inquiète pas pour moi, forgeron, répliqua-t-elle en levant le menton.

— Eva, je m'inquiéterai toujours pour toi.

Touchée par sa remarque, elle hésita, puis se décida.

— Tu connais la cascade, en haut dans la gorge, que nous appelons la « queue de la jument blanche » ?

— Je me souviens. Il y a des grottes dans le coin.

— Si Robson et sa troupe s'en approchent... Il se peut que des hommes s'y cachent. Envoie Robson ailleurs. Je t'en supplie, Lachlann.

— Rentre dans la maison, répéta-t-il avant de se diriger à grandes enjambées vers l'écurie, son manteau se soulevant derrière lui.

En prévenant au plus vite les siens, se dit-elle, des vies pourraient être sauvées. Car même si Lachlann, seul, trouvait son frère, il pourrait être suivi.

Elle regarda les hommes partir dans le crépuscule, le forgeron chevauchant à côté de Robson qui, d'un geste de la main, indiquait le vaste cirque de collines derrière la forge.

C'était justement dans ces collines que se cachaient Simon et ses hommes...

Elle devait agir.

Elle troqua sa robe contre le tartan ceinturé, le pantalon et la chemise qu'elle mettait pour l'entraînement, et fourra sa natte dans la chemise. Puis elle sortit de dessous le matelas la vieille épée et le fourreau qu'Alpin lui avait prêtés pour se défendre, en cas de nécessité. Bien qu'elle espérât ne jamais avoir à se battre, elle était contente de l'avoir. Après avoir glissé le fourreau dans sa ceinture, elle sortit, laissant les chiens endormis près de l'âtre. Le ciel avait pris une teinte indigo, et le couchant, derrière les collines, était encore embrasé.

Tenant le fourreau d'une main, elle courut jusqu'à la première colline, qu'elle contourna. Arrivée au pied de la suivante, elle se mit à grimper. La pente était accidentée et glissante à cause des feuilles mortes. Empruntant un chemin dissimulé qu'elle connaissait, elle avança avec précaution, car la montée était hasardeuse, surtout à la tombée de la nuit.

Il y avait, sur l'autre face de la colline, un chemin plus facile permettant aux chevaux de monter, mais celui-ci était plus court. Eva entendait le grondement des sabots, et savait que Robson et ses hommes approchaient de l'endroit où se cachait Simon.

S'arrêtant sur un promontoire, elle embrassa du regard les pentes rocheuses, les collines et les forêts. Le grand loch en contrebas reflétait les riches nuances du couchant. Plissant les yeux, elle repéra des cavaliers au fond du vallon, leurs armures étincelant comme des étoiles. Sans doute s'étaient-ils dispersés dans les collines et le long du vallon.

Plus haut, au-dessus de la partie boisée de la colline, la cascade jaillissait d'un éboulis rocheux. Simon avait installé son camp dans l'une des grottes, bien dissimulées, qui se trouvaient là-haut.

Elle grimpait entre les bouleaux et de plus grands arbres, faisant crisser les feuilles mortes sous ses pas, de sorte que son ascension n'était guère silencieuse. Elle se dirigeait vers la queue blanche de la cascade.

Puis elle entendit des cris et des bruits de pas, et vit de l'acier briller entre les arbres. Elle se cacha derrière un pin et aperçut trois soldats tout près.

Se glissant derrière un autre tronc, elle observa les hommes. Pour atteindre les grottes, elle devait traverser un espace découvert. Lorsque les soldats lui tournèrent le dos, elle bondit hors de sa cachette et courut.

— Halte là ! cria une voix. Attends, garçon !

Elle s'enfonça dans l'ombre d'un bouquet de pins et attendit, hors d'haleine. Puis elle commença à se frayer un passage à travers des branches, et s'arrêta net. Les soldats étaient là. Ils avaient dû la contourner pour lui couper la route. Ils avancèrent en criant, épées tirées.

Eva sentit son sang se figer dans ses veines. Sans même réfléchir, elle tira son épée et se mit en garde, pied gauche reculé, genoux souples, poids en avant. L'épée dans la main droite, la main gauche levée, elle se déplaça de côté.

Les hommes accompagnèrent son mouvement. Deux d'entre eux, dont les épées et les armures brillaient dans le crépuscule, étaient grands et forts ; le troisième, armé d'une hache, était plus petit, mais vif. Obnubilée par les lames dirigées vers elle, la jeune fille ne s'attarda pas sur les visages plongés dans l'ombre des casques.

— Arrête, garçon, dit l'un des hommes.

Elle fit un pas de côté, et ils firent de même. Si elle se mettait à courir, elle serait rattrapée, car ils avaient de longues jambes. Mieux valait se défendre.

Jamais elle n'avait imaginé tirer l'épée contre un homme en arme, et encore moins contre trois à la fois !

— Arrête, répéta le soldat. Qui es-tu ?

— Que fais-tu ici ? demanda un autre, prêt à lui entailler le bas des jambes, au cas où elle tenterait de fuir.

Le troisième se rua en avant, hache brandie.

Pliant les genoux, elle leva son épée. L'homme à la hache arriva sur elle, et elle abattit sa lame, écartant le manche de la hache. Puis elle recula. Faute de bouclier – ses agresseurs n'en avaient pas non plus –, elle ne pouvait compter que sur son adresse.

Un second homme, de plus grande taille, s'avança. Il lia adroitement sa lame avec la sienne et dégagea vivement de côté, si bien qu'il faillit lui arracher l'épée de la main. Elle s'était entraînée des heures avec Alpin : toutes les parades, toutes les attaques avaient été passées en revue, répétées, perfectionnées... Il ne fallait plus maintenant que de la vitesse, de la force et le coup d'œil. Mais le cœur lui battait très fort, et son cerveau était vide.

Elle leva de nouveau son arme, esquissant un mouvement circulaire que son adversaire suivit. Les deux autres avançaient sur elle.

Elle rompit très vite. Le deuxième assaillant frappa de taille, sans la grâce ni la précision du chevalier le plus grand. Sa diagonale la manqua. Elle moulina au-dessus de sa tête pour se défendre et s'écarta, avant de se remettre en garde.

L'homme à la hache frappa. Son fer massif heurta sa lame. La vibration du choc lui remonta jusqu'à l'épaule. Le chevalier frappa à son tour, mais lentement, avec détachement, comme s'il ne voulait pas faire mal. Elle l'arrêta facilement.

— Bien, dit-il, approbateur.

La surprise ne l'empêcha pas de contrer un second coup frappé de haut, mais toujours retenu.

— Bien, approuva-t-il encore. Je m'en charge, ajouta-t-il en se tournant vers les deux autres. C'est un gamin. Il est inutile de s'y mettre à trois pour le combattre. Allez-y, je vous rattraperai.

Les deux soldats s'éloignèrent, tandis que le grand pivotait vers elle, épée haute.

— Je ne te veux pas de mal, petit. Cessons cela et parlons.

Il s'exprimait en gaélique, langue que ne parlait aucun des hommes de Robson. Incapable de distinguer ses traits dans l'obscurité, elle reconnut cette voix veloutée et en fut profondément troublée.

Lachlann leva plus haut sa lame et l'abattit vers elle.

Déconcertée, elle parvint cependant à parer et à répondre, se laissant entraîner dans une lente danse meurtrière.

Le garçon se mouvait comme un chat sauvage, avec souplesse et concentration, tandis que Lachlann décrivait des cercles sans chercher à le blesser. Vu ses allures furtives de rebelle, ce garçon devait être un jeune MacArthur, pensa-t-il. La brève vision de cheveux noirs et d'un visage bien modelé avait confirmé cette idée. Les mâles MacArthur étaient parfois presque jolis – ce qui, en des temps meilleurs, leur avait valu pas mal de plaisanteries douteuses.

De qui était-il le fils ? Il l'ignorait. Les MacArthur de Glen Fhionn se ressemblaient tous. Celui-là n'y manquait pas ; il ressemblait d'ailleurs à Eva...

Sacrebleu ! Il écarquilla les yeux, se figea. C'était Eva ! Que faisait-elle habillée en homme, et où avait-elle appris les armes ? Alpin avait dû l'instruire…

Il décida de prolonger le jeu pour découvrir le sien.

— Suffit, garçon ! Dépose ton épée.

Pâle, les yeux écarquillés, ses cheveux noirs s'échappant de sa natte, la jeune fille le dévisageait. Lachlann abaissa la pointe de son épée, et elle se détourna pour fuir.

Il se fendit. L'esquive d'Eva se trouva bloquée par un enchevêtrement de branchages épineux. Elle se retourna et se servit de son épée pour rabattre celle de son adversaire, de manière à pouvoir s'échapper.

Il para le coup et ils se retrouvèrent face à face, à tourner dans la clairière. Elle avait du métier, reconnut-il. De la vitesse, un bon jeu de jambes, d'excellents réflexes et de l'intelligence.

Elle savait feinter et parer, improvisait habilement. S'il lui arrivait de trébucher, elle recouvrait aussitôt son équilibre.

Les lames se croisèrent et ils s'affrontèrent, pied à pied, genou contre genou, leurs visages dans l'ombre. La tension montait entre eux, plus amoureuse qu'hostile. Plus Lachlann mettait de force à la repousser, plus il la désirait.

Bouleversé, quelques jours plus tôt, par la nouvelle de son mariage, il avait décidé de prendre ses distances, pour apaiser ses sentiments. Sa colère était tombée, mais son amour était intact. Et voilà que devant elle, dans cette posture si troublante, son cœur s'enflammait comme jamais. Grands Dieux ! Comme il l'aimait ! Jamais il n'avait douté de sa bravoure, ni de sa fierté ou de sa détermination, et ce qu'il en voyait cette nuit le remplissait d'orgueil.

Croisant son regard, il sut qu'elle l'avait reconnu. Elle n'en dit rien ; lui non plus.

Cet affrontement lui rappela soudain l'histoire d'Aeife et de son prince, restés trois jours et trois nuits, appuyés l'un contre l'autre, les mains sur l'Épée de Lumière, avant de tomber d'épuisement. Il comprenait aujourd'hui toute la force d'une telle passion.

Il pouvait facilement désarmer Eva en tirant sur la poignée de son épée. Au lieu de quoi, il s'écarta.

— Je suis fatigué de jouer au chat et à la souris, dit-il. Tu as eu un bon maître. Maintenant, montre-moi ce que tu peux faire. Je ne te laisserai pas partir, alors amusons-nous.

En signe d'acquiescement, elle se mit en garde. Lachlann ralentit volontairement ses mouvements et entama une série d'engagements, auxquels Eva répondit avec habileté. Il murmura quelques éloges et l'entraîna dans un exercice appris durant son enfance.

Le combat où s'affrontaient adresse et connaissance ne manquait pas d'intérêt. Captivé par cette danse étrange, pleine de sensualité, il ne tenait pas à écraser Eva pour prouver sa supériorité.

Elle entra dans le jeu, avançant quand il reculait, reculant quand il avançait, parant ses coups avec grâce et imitant sa lenteur. Toutes les figures de l'entraînement s'enchaînaient sans heurts. Le combat était devenu leçon – et les adversaires, amants.

Son métier de forgeron avait fait acquérir à Lachlann une connaissance intime des armes. Des années auparavant, en même temps qu'il apprenait à lire, il s'était imprégné de traités d'escrime, en latin et en anglais, jusqu'à savoir quasiment par cœur leurs textes et leurs illustrations. En France il avait mis son savoir en pratique, bien plus qu'il ne l'aurait souhaité.

Tout cela lui revenait en tête, et son corps retrouvait les gestes de ces leçons. Mais cette fois, il était le maître.

Il entama une série d'attaques et de dégagements auxquels Eva répondit exactement, dans les règles le plus souvent, mais parfois improvisant avec un véritable brio. Il augmenta graduellement la vitesse et la force de ses coups, prenant grand soin de ne toucher que la lame de la jeune fille.

Le plaisir qu'il éprouvait l'aurait fait continuer indéfiniment. Mais le souci de ne pas attirer les soldats du roi, par les tintements du métal, le décida à mettre fin à leur exercice.

Il enveloppa l'épée d'Eva dans une puissante prise et la lui arracha de la main. Celle-ci atterrit sur un lit de feuilles, à cinq mètres de là. Crispée par la douleur, elle tenait son bras désarmé.

— Tu es blessée ? s'inquiéta Lachlann.

— Je vais très bien, rétorqua-t-elle.

— Bravo, dit-il en levant sa lame. Assieds-toi ici.

Il montra un gros tronc. Elle s'assit, jambes croisées, en se massant le poignet.

Lachlann ramassa l'épée d'Eva. La lame ébréchée et usée n'échappa pas à son œil de forgeron.

— À qui appartient cette arme ? demanda-t-il.

Elle ne répondit pas. Debout devant elle, il planta les épées dans la terre et croisa les mains sur les deux pommeaux. Eva se leva et traversa un rayon de lune.

— Reste ici, dit-il en lui saisissant le bras.

— Laisse-moi partir !

— Où vas-tu ? Et que fais-tu ici ? Je t'avais dit de rester à Balnagovan.

Il la fit pivoter, mais elle se dégagea.

— Es-tu chargé de me garder ?

— Je pensais que tu n'avais pas besoin de l'être, mais je me suis trompé. Pourquoi ce déguisement ? Et où as-tu appris à manier l'épée ? Nous t'avons d'abord prise pour un homme. L'un de nous aurait pu te tuer !

— Pendant que tu étais en France, j'ai appris à me défendre. Donne-moi ça, dit-elle, attrapant la poignée de son épée. Elle appartient à Alpin.

— Maintenant, elle est à moi. Prise de vainqueur.

— Je t'ai laissé gagner.

— Vraiment ? fit-il en lui tendant l'épée, poignée en avant. Rends-la à Alpin, sinon je le ferai.

— Il me l'a donnée.

Elle la glissa dans le fourreau accroché à sa ceinture ; trop long pour elle, il lui arrivait en dessous du genou.

— Quand tu étais petite, tu suivais tes frères et moi dans nos expéditions. Mais tu ne voulais jamais te battre avec des épées en bois, si je me souviens bien. Tu ne voulais ni blesser, ni être blessée.

— J'aime apprendre, mais je n'avais pas l'intention d'utiliser mes connaissances dans de vrais combats.

— Depuis combien de temps t'entraînes-tu avec Alpin ? demanda-t-il, tirant son épée du sol et la glissant dans son fourreau.

— Presque deux ans, répondit-elle en se massant le poignet.

— On ne peut pas trouver meilleur professeur. C'est lui qui nous a appris, à moi et à tes frères. Mais pourquoi as-tu voulu apprendre... Ah, la légende d'Aeife ! La fée guerrière. Crois-tu pouvoir garder Innisfarna à la pointe de l'épée ?

Elle le considéra en silence.

— Tu ne comptes donc pas sur ton bien-aimé mari pour protéger ton île ? insista-t-il.

— Tu compterais sur lui ?

— Alors pourquoi accepter le mariage ? Tu peux refuser.

Que ne le faisait-elle pas, et vite – sinon il s'occuperait lui-même de Colin Campbell. Il était à bout de patience.

— Ce n'est pas aussi facile que tu le crois. Mais nous ne pouvons pas en parler ici. Il faut que je trouve mon frère et que je le mette en garde, dit-elle en s'écartant d'un pas.

Il lui saisit le bras, craignant qu'elle ne se sauve. Il ne fallait pas que les hommes de Robson la voient habillée en homme, armée et maniant l'épée – et manifestement complice des rebelles.

— Je t'avais dit que je trouverais Simon. Tu n'aurais pas dû sortir.

— Je ne suis pas venue uniquement pour te contrarier, répliqua-t-elle en se dégageant.

Elle fit une grimace et se massa de nouveau le poignet.

— Laisse-moi jeter un œil, dit-il.

Il lui prit le bras et remua doucement son poignet. Elle paraissait petite et vulnérable entre ses grandes mains, mais il connaissait son tempérament de feu, l'avait vue se battre avec courage et adresse. Sa fragilité était trompeuse ; elle était en réalité forte et décidée.

— Une compresse froide et de l'onguent de saule de Mairi te feront du bien. J'aurais dû y aller moins fort pour t'arracher l'épée de la main. Mais si je ne l'avais pas fait, tu m'aurais peut-être vaincu.

— Je peux encore le faire.

Elle l'avait fait depuis longtemps, pensa-t-il : en lui volant son cœur.

— Viens, murmura-t-il. Rentrons à Balnagovan.

— Je suis venue dans l'intention de trouver Simon !

— Il n'est pas idiot. S'il est dans les parages, il ne va pas se montrer, avec tout ce bruit. Je ne veux pas que tu t'exposes, et c'est aussi la volonté de Simon, j'en suis sûr. Viens.

Il l'entraîna d'une main ferme vers le chemin qui descendait vers le loch.

— Je peux me débrouiller seule !

— C'est bien ce qui m'inquiète. Doucement, dans l'obscurité.

— Je connais le chemin, dit-elle, comme ils entamaient la descente de la colline. Oh… écoute !

Elle s'arrêta et se retourna. Il entendait le grincement de l'acier et du cuir, le crissement de pas sur les feuilles mortes.

— Les voilà ! souffla-t-elle.

— Baisse-toi ! siffla Lachlann en lui prenant le bras.

Avant qu'elle ait le temps de protester, il sortit l'épée d'Eva de son fourreau et poussa la jeune femme dans un amoncellement de feuilles sèches.

Tirant ensuite sa propre épée, il l'allongea à côté de celle d'Eva, se laissa tomber près d'elle dans le tas de feuilles, puis recouvrit leurs deux formes de son manteau couleur de nuit.

— Que fais-tu…

— Chut, ordonna-t-il en lui posant le doigt sur les lèvres.

Eva serrée contre lui, ses cheveux lui caressant la joue, il risqua un œil au-dessus d'un pli du manteau. Entre les arbres, un peu en contrebas, il distinguait les deux soldats qui, tout à l'heure, l'accompagnaient.

Il plongea sous le manteau à côté d'Eva, leurs silhouettes se fondant dans un creux de la colline.

22

Lorsque Lachlann la força à s'allonger par terre, elle crut être avalée par la pente et se raccrocha à lui.

— Ne bouge pas, chuchota-t-il en resserrant son étreinte. Attends.

Enveloppée dans ses bras, elle s'immobilisa. Son souffle était tiède sur sa joue, le plastron d'acier dur et froid contre sa poitrine, et sa barbe comme du sable contre son front.

— Pourquoi te caches-tu ? murmura-t-elle.

— Je ne veux pas qu'ils te trouvent.

— J'aurais couru…

— Chut.

Un instant plus tard, les hommes passèrent non loin.

— MacKerron ! cria l'un d'eux. Il était ici il y a peu, et son cheval est toujours attaché au bas de la pente… Il a dû être entraîné ailleurs par ce rebelle. Je parie qu'il n'a pas pu arrêter ce petit gars, et qu'il s'est lancé à sa poursuite.

Cachée avec Lachlann, Eva le sentait rire sous cape. Elle lui tapa sur l'épaule.

— Je jurerais avoir entendu des armes s'entrechoquer, dit l'autre. Mais il n'y a personne.

— Nous sommes dans la saison du rut. Tu as peut-être entendu deux cerfs se battant pour une jolie biche... Où sommes-nous ? C'est escarpé et accidenté. Viens. Les autres attendent en bas. Le forgeron se débrouillera tout seul. Robson veut qu'on se retrouve dans le vallon après la fouille de la colline, il le sait.

Ils s'éloignèrent.

Le silence enveloppa de nouveau la colline. La tête sur l'épaule de Lachlann, Eva sentait sa main lui caresser les cheveux. Elle poussa un soupir, savourant ce moment de paix, si fugitif fût-il.

— Mieux vaut attendre qu'ils soient partis, chuchota-t-il.

Elle acquiesça, heureuse de prolonger cet instant d'intimité. Elle tourna la tête, et ses lèvres rencontrèrent le menton de Lachlann. L'air entre eux était vibrant, comme l'était tout son corps. Elle brûlait de jeter les bras autour de son cou. Fermant les yeux, elle se pressa contre lui.

— Lachlann, murmura-t-elle, désireuse de lui dire ce qu'elle pensait de Colin, de son engagement.

— Chut.

Comme il lui couvrait la bouche de la sienne, elle se fondit dans ses bras. Prise d'une fièvre teintée de désespoir, elle le désirait avec fureur et sentait la virilité de Lachlann, ferme et insistante, contre sa cuisse.

— *Dhia*, lui souffla-t-il à l'oreille.

Avec ses doigts, il dessina la courbe d'une épaule, s'arrêtant sur sa poitrine. Elle haleta quand, de son pouce, il effleura un mamelon, provoquant une sensation profonde, surprenante, irrésistible. Il posa la main sur son cœur.

— C'est fou, gémit-il. Je ne peux pas être près de toi sans...

Il reprit sa bouche et elle répondit à ce nouvel assaut par un élan de passion.

— Eva, dis-moi que tu ne veux pas de ce mariage. Dis-le, insista-t-il en l'embrassant.

— Je n'en veux pas...

— Bon.

— Lachlann...

— Chut.

Il tressaillit et sa main s'immobilisa sur la taille de la jeune fille. Alertée par un bruit de pas dans les feuilles mortes, elle se figea à son tour.

— Si tu continues comme ça, mon ami, dit une voix familière, c'est toi qui épouseras ma sœur avant le lever du jour!

Étouffant un juron, Lachlann rabattit un coin de son manteau.

— Simon, murmura-t-il.

Le frère d'Eva s'appuya contre un arbre et croisa les bras.

— Salut, Lachlann. Eva, sors de là.

— Simon, dit-elle en se redressant, tu ne peux pas rester à découvert. Les hommes du roi sont à ta recherche.

— L'un d'eux m'a, semble-t-il, trouvé. Lachlann, tes amis sont descendus en t'appelant.

Le forgeron se leva, aida sa compagne à en faire autant.

— Il faut que nous parlions, dit-il au rebelle.

— Pas ici. Suis-moi.

Simon s'engagea dans une gorge, Eva et Lachlann sur ses talons.

Cela faisait des années que Lachlann n'était pas monté par là. Le clair de lune et l'écume du torrent indiquaient le chemin, tandis qu'ils grimpaient avec précaution, pour ne pas glisser sur les rochers.

Il savait parfaitement où ils allaient. Dans une paroi rocheuse, au-dessus de la gorge et à gauche de la cascade, se trouvait une vaste grotte, dont seuls les habitants du pays connaissaient l'existence.

Eva rejoignit Simon alors que Lachlann, gêné par son armure et plus prudent que le frère et la sœur MacArthur, avançait lentement. Pour cacher sa cuirasse qui brillait dans la nuit, il referma son manteau sur ses épaules.

Au sommet de la pente, où le torrent se jetait dans la gorge, ils traversèrent le cours d'eau en passant de pierre en pierre, et se dirigèrent vers la paroi rocheuse.

L'entrée de la grotte était une fente étroite, masquée par des éboulis et des fougères, ainsi que par une couverture de couleur sombre suspendue à une corde. Ils pénétrèrent dans une sorte de couloir qui débouchait sur une salle naturelle, éclairée par des torches. Des visages familiers se tournèrent vers eux.

Comme Lachlann s'arrêtait à l'entrée, Parlan et William s'avancèrent en souriant. Il n'avait pas revu les frères jumeaux de Margaret depuis la France, et il les étreignit avec chaleur. Puis il aperçut trois beaux jeunes gens, aux cheveux bruns et à la barbe fine. Il reconnut les frères cadets de Margaret, Fergus, Andra et Micheil, qui se tenaient à côté d'un homme plus âgé qu'il n'avait jamais vu.

— Vous avez grandi, petits vauriens, fit-il en serrant tour à tour la main des trois garçons. Tu es aussi grand que moi, dit-il à Andra, le plus jeune. Tu fais toujours autant de farces ?

— Dès que je peux, répondit Andra en riant.

— Lachlann, voici le cousin de notre père, Iain Og MacArthur, dit Fergus en désignant l'homme d'âge mûr.

Iain salua de la tête.

Simon fit signe à Lachlann et Eva de le suivre au fond de la grotte, tandis que les autres reprenaient leurs sièges autour d'un feu de camp. Fergus goûta avec un petit poignard le gibier qui rôtissait sur une broche. La fumée montait en spirale avant de disparaître, aspirée par un fort courant d'air.

Eva et Simon prirent place sur un rondin dans un coin sombre. Lachlann s'assit par terre à côté de la jeune fille, un genou en l'air et le dos contre le mur.

Penché en avant, en appui sur ses genoux, Simon écoutait Eva expliquer que Colin était revenu avec l'acte de propriété d'Innisfarna en poche – et l'offre de pardon pour les MacArthur, y compris Donal, s'ils acceptaient l'exil.

— Bientôt tu seras libre, et Donal libéré, conclut-elle.

— L'exil ? fit Simon en se frottant pensivement le menton. La liberté pour nous tous ? Et à quel prix ?

— Le mariage d'Eva, répliqua Lachlann. Et son île.

— Nous ne pouvons pas accepter, décréta Simon en secouant la tête.

— En ce moment même, ils sont à ta recherche, dit Eva. Si tu es pris, ce sera ta seule chance. Colin est fou de rage.

— Ce vol de bétail était inopportun, ajouta Lachlann.

— Ces bêtes nous rapporteront de quoi te payer pour nous forger des armes.

— Ça ne vous mènera nulle part. Et Colin n'est pas aussi tolérant que Robson. Je te le dis.

— Vous serez bientôt des hommes libres. Ne prenez pas de tels risques ! le supplia Eva.

— Je n'aime pas les arrangements de Colin. Donal n'en voudrait pas non plus.

— Simon, nous n'avons pas le choix, insista Eva.

— Si. Il doit y avoir un autre moyen. Lachlann, nous avons besoin d'armes. Nous allons nous battre.

Elle lui prit le bras.

— Simon, je t'en prie... Colin offre le moyen de vous sauver tous. Écoute-moi. Je ferai tout ce qui est en mon pouvoir pour vous protéger.

— Ce n'est pas parce que tu es plus vieille que moi que tu dois indéfiniment me couver !

— Notre père est mort, Donal est en prison, et tous les nôtres ont été chassés de chez eux. Simon, je ne veux pas te perdre, toi aussi.

— Nous trouverons le moyen de te libérer de ce mariage, s'entêta-t-il.

— Je pensais qu'il y en avait un, dit-elle en regardant son frère avec gravité. Je l'espérais. Mais je vois maintenant que moi seule serais sauvée. Je ne peux pas te demander ce sacrifice.

— Et je ne peux pas te demander de te sacrifier pour nous.

Eva poussa un soupir, baissa la tête et se prit le front dans une main.

— Simon, je t'en supplie. Plus de bagarres, plus d'incursions. Accepte le pardon du roi. L'exil est souvent réversible. Après un certain temps, nous adresserons une requête au roi et il vous laissera revenir en Écosse.

Il plissa les yeux et secoua la tête.

— Je veux que tu vives, murmura Eva. Peu m'importe où tu seras, pourvu que tu sois en vie...

Lachlann la regarda en fronçant les sourcils. Il admirait sa ténacité, son dévouement. C'était par amour pour son frère et les siens qu'elle croyait devoir rester mariée à un homme qu'elle détestait. Quand elle aimait quelqu'un, elle y mettait toute son âme et tout son être. Il ferma les yeux et soupira.

Fergus s'approcha.

— Nous pourrions rassembler des hommes et des armes, et prendre Innisfarna pour en faire notre place forte, proposa-t-il. Nous serions alors en mesure de négocier avec la Couronne, sans avoir besoin de Green Colin.

— Nous ne voulons pas qu'Eva cède à Colin, renchérit Micheil, rejoignant son frère.

— Nous nous battrons, déclara Iain Og. Eva devrait se battre aussi.

— Si tu ne veux pas nous fabriquer des armes, forgeron, dit Micheil, fais-en une pour Eva. Tu es un MacKerron, après tout. Tu as les connaissances pour fabriquer une lame magique, et elle en a besoin afin d'accomplir ce qu'elle doit.

— Une lame magique ? répéta la jeune fille en regardant Lachlann.

— Tu sais bien que ce n'est qu'un conte, grommela-t-il, les sourcils froncés.

— Comme la légende d'Aeife. Mais nous serions idiots d'ignorer que la magie existe, déclara Fergus.

— Oui, d'une certaine façon, murmura Lachlann en fixant Eva. Mais il est ridicule de me demander de forger une lame pour elle, magique ou autre. Cela ne résoudra rien.

— Il faut reconquérir Innisfarna avec une épée de fabrication magique, sinon l'Écosse ira au désastre, insista Andra, approuvé par Micheil et Fergus. Nous devons reprendre Innisfarna, sous la conduite d'Eva.

— Je ne prêterai pas mon assistance à un tel projet, dit Lachlann. Simon, es-tu d'accord avec eux ?

— Je n'ai rien à faire de lames magiques ou de projets fous. Et je ne pense pas non plus que ma sœur devrait sacrifier son bonheur pour moi. Laisse-moi mener mes propres combats, Eva.

— Je dois honorer mon clan, rétorqua-t-elle en se levant, et je dois honorer la légende d'Innisfarna. Je vous veux tous vivants et libres !

— Quel qu'en soit le prix pour toi ? demanda Lachlann.

Elle croisa son regard, mais ne répondit rien.

— Nous prendrons le risque, fit Simon.

— Tu ne comprends pas.

— Eva, dit Lachlann, si nous en discutions, nous pourrions trouver un moyen de sortir de cette impasse.

— Discuter ! Vous ne comprenez pas... je croyais qu'il y avait un moyen, mais...

Elle pivota, étouffant un sanglot. Lachlann tendit la main vers elle, mais elle se déroba.

— Qu'est-ce que nous ne comprenons pas ? interrogea-t-il.

— J'ai fait une horrible erreur, dit-elle en marchant de long en large. J'ai fait un pacte avec le diable. Je n'ai aucun moyen de m'en sortir. Je pensais en avoir un, mais si je romps mon engagement avec Colin, tous les MacArthur seront condamnés. Je ne payerai pas mon bonheur avec votre mort !

— Eva, qu'est-ce que tu racontes ? demanda Simon en se levant.

Lachlann se dirigea vers elle et lui prit le bras.

— Qu'est-ce que ça signifie ? grommela-t-il. Tu nous caches quelque chose. C'est Colin ? Pourquoi a-t-il une telle emprise sur toi ?

— Colin m'a fait promettre de l'épouser, dit-elle, les yeux emplis de larmes. Sinon, Donal sera décapité. Et il a juré de pourchasser Simon et les autres, et de tous les tuer. Vous ne voyez donc pas ?

Lachlann lança un juron et se passa les doigts dans les cheveux.

— Il t'a fait du chantage.

— Il a promis de leur obtenir le pardon, si je devenais sa femme et si je lui donnais Innisfarna. J'ai accepté. À présent, ce que je veux vraiment ou ce que je regrette importe peu. Si je ne l'épouse pas, les MacArthur seront exterminés !

Elle reprit sa marche.

— Seigneur, gronda Lachlann. Depuis quand vis-tu avec cette menace ?

— Depuis ton départ. Et même avant.

— Et tu nous l'as caché ? s'indigna Simon.

— Je ne pouvais pas vous le dire. Il menaçait...

Elle se mit à sangloter.

— Colin est cruel, arrogant... dit Simon.

Il jura et se frappa la paume de son poing.

— S'il était ici, ajouta-t-il, je le tuerais.

— Ça, c'est la meilleure solution, décréta Iain Og.

— J'espérais gagner du temps pour Donal, expliqua Eva en revenant vers eux. J'ai même pensé pouvoir refuser d'épouser Colin, une fois le pardon obtenu. Mais il a fait prononcer le mariage avant même son retour de France !

Elle se détourna en se couvrant la bouche de son poing.

— Eva... dit Lachlann.

Elle secoua la tête et s'éloigna en pleurant sans retenue. Il la regarda, le cœur brisé.

— On ne peut pas lui faire confiance, Eva, déclara Simon.

— Je ne lui faisais pas confiance. Mais je le croyais. Maintenant, c'est trop tard. Il n'a pas obtenu de pardon… il offre l'exil pour vous tous ! sanglota-t-elle.

— Nous ferons annuler le mariage, promit Simon.

— Et Colin n'aura de cesse que vous soyez tous morts ! Et Donal ne reviendra jamais ! J'ai fait une terrible erreur en acceptant… Seigneur ! Simon, je suis désolée. Lachlann… oh…

Elle s'enfuit de la grotte en pleurant. La couverture se rabattit derrière elle.

Lachlann voulut la suivre, mais Simon le saisit par l'épaule.

— Laisse-la seule un moment. Tu la retrouveras bien assez tôt à Balnagovan. En attendant, nous devons résoudre ce dilemme. Je ne tiens ni à être exilé ni à avoir la tête coupée, mais je ne laisserai pas ma sœur se livrer à Green Colin Campbell.

— Effacez donc ce salaud de la surface de la terre, suggéra Iain Og. Si aucun de vous ne le fait, c'est moi qui m'en chargerai !

— Nous avons besoin de ton aide, dit Simon en se tournant vers Lachlann. Parle à Eva, persuade-la de refuser ce mariage. Et aide-nous à trouver une solution.

— Annulation ou mort, proposa Lachlann. Faites votre choix.

— L'annulation prend trop de temps. Une lame sera plus rapide, commenta William en regardant son jumeau.

— Elle aurait dû épouser le forgeron, il y a longtemps, décréta Parlan. Tout ça ne serait jamais arrivé.

— Dès que nous aurons obtenu l'annulation, il faudra la protéger en la mariant au plus vite, déclara Simon. Qu'en dis-tu, forgeron ? Es-tu prêt à sacrifier ta liberté pour notre cause en épousant ma sœur ?

— Sans hésiter. Mais il ne sera pas facile de la faire changer d'avis.

— À toi de jouer. Elle t'a toujours écouté.

— Est-ce que nous parlons de la même fille ? répliqua Lachlann, sceptique.

Il prit son épée et celle d'Eva, écarta le rideau et sortit de la grotte.

23

En approchant de la forge, Eva entendit le roulement sourd de sabots. Jetant un regard pardessus son épaule, elle vit Lachlann traverser le pré au galop et courut plus vite. Mais voyant que c'était peine perdue, elle s'arrêta et attendit.

Arrivé à sa hauteur, il la souleva d'une poigne de fer et l'assit sur ses cuisses.

— Inutile de me fuir. Ce n'est pas contre moi que tu en as.

— Comment le sais-tu ? rétorqua-t-elle, l'épaule contre son plastron.

— Parce que je te connais, fille. C'est contre toi que tu es furieuse. Or tu n'as fait aucune erreur.

Il passa un bras autour d'elle et mit son cheval au petit galop.

Il se trompait ; en se laissant écraser par Colin, elle avait accumulé les erreurs et s'en voulait – et elle en voulait à Lachlann.

Fatiguée de lutter seule contre Colin, elle aurait souhaité qu'il l'arrachât à cette situation.

Leur engagement spontané, des années auparavant, pouvait annuler son mariage, elle le savait et aurait voulu qu'il en prît conscience.

Submergée par l'émotion, elle admirait le sangfroid du forgeron, mais aurait préféré le savoir aussi blessé et révolté qu'elle. Une chose en tout cas était sûre : ils ne pouvaient pas s'aimer au prix de la liberté des siens.

Bien qu'il fût sans doute trop tard, elle voulait avoir l'assurance que Lachlann l'aimait comme elle l'aimait. À moins qu'elle n'ait pris pour un sentiment profond le désir et l'amitié qu'il éprouvait manifestement pour elle…

Quoi que Lachlann ressentît ou pensât, elle pouvait s'appuyer sur lui, tel un roc dans la tempête, se dit-elle en reniflant. Et c'était précisément ce dont elle avait le plus besoin.

Comme il arrêtait le cheval dans la cour, les chiens se mirent à aboyer, à l'intérieur de la maison. Il mit pied à terre et lui tendit la main, mais elle descendit sans avoir recours à son aide.

— Rentre, dit-il. Nous discuterons à mon retour de l'écurie.

— Je ne veux pas discuter.

— C'est un soutien que tu veux ? Le mien ne t'apportera rien. Je ne peux pas arranger cette affaire aussi facilement que ces fichus verrous !

— Ce n'est pas non plus ce que je veux. Je veux simplement savoir que tu désapprouves ce mariage !

— Ce devrait être évident pour toi. Je n'ai pas besoin de le dire. Je ne suis pas du genre à clamer mes malheurs.

— Je sais… mais j'espérais que tu exprimerais tes sentiments.

— Pourquoi ? Quelle différence cela ferait, puisque tu n'en fais qu'à ta tête ?

— Je croyais au moins que tu serais peiné !

— Peiné ! s'esclaffa-t-il. Ce n'est pas le mot.

— Alors quoi ? fit-elle, les poings sur les hanches. Fâché ? Mécontent ? Déçu ? Compatissant ?

Levant la tête, elle scruta son visage. Il la dominait de toute sa hauteur dans l'obscurité. Une petite pluie trempait la chemise et les cheveux de l'une, et crépitait sur l'armure de l'autre. Il la regardait sans répondre.

— Rentre, dit-il enfin.

Elle lui saisit le bras, et sentit ses muscles durs comme de la pierre sous sa tunique matelassée.

— Peut-être compatis-tu à mes ennuis, tout en étant soulagé d'être débarrassé de moi, maintenant que je suis mariée... Je parle trop. Et je te retiens sous la pluie, alors que tu as mieux à faire.

— Ça, c'est vrai. Quant à mes sentiments, rien de ce que tu as dit ne peut les décrire.

— Alors quoi, mon ami ? fit-elle en tapant du bout du doigt sur son plastron. Dis-moi ce que tu éprouves.

— Je suis terrassé, avoua-t-il en capturant son doigt. Atteint par une flèche, mon amie. Couché sur un champ de bataille, le cœur arraché.

Avec son autre main, il lui écarta une mèche de cheveux du visage.

— Mais je survivrai, ajouta-t-il avec un sourire amer.

— Lachlann...

— Rentre, ordonna-t-il, lui lâchant le doigt.

Terrassée elle-même, elle comprenait pleinement ce qu'elle n'avait fait jusqu'alors que soupçonner : Lachlann l'aimait.

— Oh, je suis désolée...

— Va.

La main sur son épaule, il la fit pivoter et ouvrit la porte. Les chiens se bousculèrent pour lui faire la fête. Passant devant la jeune fille, Solas sortit sous la pluie, mais Lachlann la rattrapa.

— Rentre, Solas, et garde ta maîtresse.

Eva resta plantée dans l'embrasure de la porte, ne sachant que faire. Il l'aimait, et elle ne s'en était pas rendu compte. Elle s'était promise à son ennemi, pendant que Lachlann continuait à l'aimer ! Soucieuse du salut de son clan, elle s'était appuyée sur son amitié, croyant que c'était tout ce qu'elle pouvait espérer de lui. Et sans le vouloir, elle l'avait blessé.

Les larmes lui brouillaient la vue.

— Lachlann, murmura-t-elle, puis sa voix se brisa.

Elle voulait lui redire qu'elle était désolée, lui expliquer. Mais elle n'en avait pas la force. Une fois de plus, il l'avait écartée.

— Rentre, murmura-t-il avec une telle tendresse qu'elle en eut le cœur chaviré.

On aurait dit qu'il la renvoyait pour toujours.

— Il pleut, ajouta-t-il. Et je dois mettre le cheval à l'écurie.

Tandis qu'il emmenait sa monture, la pluie tambourinait sur sa cuirasse et frappait le sol avec un bruit sourd. Son armure brilla un instant, puis il disparut dans la nuit.

Après avoir mis le courtaud dans sa stalle, retiré son armure et sa tunique, et les avoir accrochées dans l'écurie, il voulut courir sous la pluie jusqu'à la forge. Mais ses pas le portèrent vers la maison.

Eva n'était plus dans l'embrasure de la porte, mais il la revoyait, silencieuse et désolée, auréolée d'une myriade de minuscules étoiles, illusion de son œil blessé. En se détournant d'elle, il avait senti son cœur se briser.

Mais il avait été submergé par des sentiments si profonds et si forts, qu'il avait besoin d'un peu de recul, d'un moment de solitude. Il lui fallait trouver la force d'exprimer ses sentiments comme elle le pressait de le faire, et de surmonter l'impression qu'elle ne serait jamais à lui.

De la lumière filtrait entre les volets, la porte était fermée, et de la fumée sortait de la cheminée. Cette maison confortable était le seul endroit où il avait envie d'être. Avec Eva. La pluie trempait sa chemise et son pantalon, dégoulinait de ses cheveux.

Des semaines plus tôt, il s'était demandé si son retour à Balnagovan ne serait pas une erreur. À présent, il savait que le destin l'y avait conduit pour régler ses comptes avec le passé, pour guérir ses blessures, pour retrouver sa voie. Où qu'il regardât – vers le passé, le présent ou l'avenir –, Eva était là. Elle était avec lui dans son enfance, comme compagne de jeu, confidente, amie ; en France, elle habitait son cœur et ses rêves ; elle était là maintenant, et il l'aimait toujours.

Sa présence dans sa vie tissait un ruban de feu qui réchauffait son âme, et où qu'il allât, quoi qu'il fît, il ne cesserait jamais de l'aimer.

Il n'y avait pas si longtemps, par une autre journée pluvieuse, Eva était arrivée à la forge, souriante, radieuse, ravissante, et trempée jusqu'aux os. Il se rappelait son rire, et le sentiment qu'il avait alors éprouvé – une joie pure.

C'est cette joie qu'il souhaitait retrouver. Il ne voulait pas la perdre, et ne pouvait plus nier l'amour qui brûlait en lui. Ce qu'Eva ajoutait à sa vie le stimulait, le provoquait. Avec elle, il se sentait vraiment vivant, il était porté par un but, une passion.

Il était incapable de vivre sans elle.

Il se dirigea vers la porte et frappa, avant que sa réserve naturelle ne le retienne. L'instant d'après, la jeune fille se tenait devant lui, ses cheveux et son tartan mouillés par la pluie, tandis que le feu rougeoyait derrière elle. Il remarqua les traces de larmes sur ses joues, et son regard plein d'espoir.

— Je t'ai toujours aimée, dit-il.

— Qu... quoi ? chuchota-t-elle.

Il ouvrit plus grand et entra. Puis il referma la porte.

— Je t'aime depuis l'enfance, murmura-t-il.

Eva acquiesça, les lèvres tremblantes, les yeux brillants de larmes.

— Pendant mon absence, je n'ai jamais cessé de penser à toi. Pas un jour, pas une nuit. Quand tu as été promise à un autre, et que j'ai su que tu ne serais jamais à moi, j'ai essayé de ne plus t'aimer, Eva MacArthur. Mais tu fais partie de mon être, comme la chaleur, le soleil, l'eau de ce grand loch. Je t'aime toujours, mon amie, je ne peux pas m'en empêcher.

Une larme coula sur la joue d'Eva. Il l'essuya.

— Tu voulais savoir ce que je ressentais, ajouta-t-il. C'est clair, à présent ?

Elle acquiesça de nouveau. Puis elle passa les doigts sur sa cicatrice, lui effleura les lèvres. Il lui embrassa le bout des doigts.

— Lachlann, je t'aime.

— C'est vrai ? demanda-t-il, le cœur battant.

— Ça a toujours été vrai. Tu as habité mes rêves... tu les habites encore...

— Pas maintenant. Maintenant, je suis ici.

Il l'attira à lui et posa les lèvres sur les siennes, avec douceur d'abord, puis avec avidité. Passant les bras autour de son cou, elle répondit à son baiser, puis s'écarta pour le regarder.

— Et Colin ? murmura-t-elle.

— Tu n'es pas à lui. Tu es à moi.

Il l'embrassa de nouveau, en prenant son temps, cette fois.

— J'ai toujours été à toi, assura-t-elle. Je l'ai dit sur cette plage, il y a des années.

— Le 1er mai. Je me rappelle. Tu as demandé si un baiser pouvait être un engagement, et j'ai répondu oui, à condition que les cœurs soient sincères.

— Mon cœur était sincère, cette nuit-là, et il l'est toujours. Dans ce cas, mes fiançailles…

— … n'ont jamais été valables, acheva-t-il en reprenant ses lèvres. Je t'ai donné ma foi cette nuit-là, pour toujours.

— Oh, Lachlann, je voulais t'attendre ! J'ai essayé.

— Je sais. Tu as fait ce que tu devais faire. Je comprends. Dis à Colin qu'avant de te fiancer à lui, tu étais déjà engagée, de sorte que le mariage n'est pas valable. Tu as toujours été à moi, chuchota-t-il en lui caressant la joue. Et il faut qu'il en soit ainsi.

Elle hocha affirmativement la tête et appuya le front contre sa joue.

— Et mon clan ? demanda-t-elle. Qu'allons-nous faire ?

— Nous trouverons un moyen, dit-il avant de lui donner un baiser passionné qui la laissa pantelante. Maintenant tais-toi, et laisse-moi t'aimer. On s'occupera du reste plus tard.

Il lui embrassa le lobe de l'oreille, tandis qu'elle s'affaissait contre la porte.

Lui couvrant la bouche de la sienne, il la prit dans ses bras et sentit en lui comme un brasier qui les enflammait tous les deux.

Elle se pressa contre lui, et il lui caressa l'épaule, le bras, les seins à travers la chemise trempée. Il avait rêvé d'elle en France, et croyait rêver à nouveau.

Elle gémit alors qu'il se débattait avec son tartan et sa ceinture. Enfin, le tartan tomba par terre, la laissant dans sa fine chemise de lin.

Appuyée à la porte, elle lui retira sa chemise mouillée et défit la ceinture de son pantalon, sans cesser de l'embrasser. Comme ils s'entraidaient, elle rit et il rit aussi, emporté par une joie sans pareille. En lui déclarant son amour, il s'était libéré l'âme et l'esprit.

Quels que soient les ennuis qui les attendaient, ils étaient loin. Seul existait l'instant présent. Il y avait très longtemps qu'il lui avait donné son cœur – bien avant ce fameux 1er mai.

Tout en lui frôlant la joue, puis l'oreille de ses lèvres, il tira sur sa chemise, et elle sur la sienne. Ils tiraient avec une sorte de frénésie, s'embrassant et se caressant, pour se retrouver bientôt nus dans les bras l'un de l'autre, brûlants de désir.

Tandis qu'il lui tenait le visage pour l'embrasser, il sentait ses cheveux mouillés friser sous ses doigts. Suivant ensuite les courbes de son corps, il se délecta de la douceur de sa peau. Pendant ce temps, elle lui embrassait avec ferveur la bouche, le cou, et il soupirait de plaisir. Comme elle laissait ses mains glisser de ses épaules jusqu'au bas de son dos, elle sentit son membre durcir contre son ventre. Haletante, elle se pressa contre lui, de sorte qu'il crut perdre la raison.

Tremblant, il titilla un mamelon de ses doigts avant de le prendre entre ses lèvres. Elle gémit, et trouva chez lui un point de l'oreille si sensible qu'il se tendit comme un arc.

La soulevant dans ses bras, il la porta jusqu'à son lit, celui dans lequel elle dormait depuis qu'elle habitait là. Se faufilant avec elle entre les rideaux fermés, il la déposa sur le matelas de bruyère et s'agenouilla à son côté.

Le parfum dégagé par le lit était enivrant. Il y avait des années qu'il ne s'y était pas couché, et maintenant il était avec elle. Maintenant, il était vraiment chez lui, corps et âme.

Elle s'étendit et s'étira voluptueusement ; elle était belle et désirable dans l'ombre de l'alcôve. Le rougeoiement du feu filtrait à travers la trame des rideaux, l'embrasant de mille rubis. Se penchant pour l'embrasser, il traça un chemin le long de sa gorge et entre ses seins. Il prit dans sa bouche un mamelon, puis l'autre, jusqu'à lui arracher des râles.

S'allongeant près d'elle, il lui caressa la cuisse et l'embrassa là où son cœur battait le plus fort, sur la gorge et la poitrine. Comme il glissait les doigts sur son ventre, puis entre ses jambes, elle se cambra. Il chercha la rose de sa féminité, lui arrachant un cri de surprise autant que de plaisir. Le corps en émoi, elle n'était plus qu'attente dans ses bras.

Elle lui caressait le dos, les hanches, le ventre, trouva son membre viril. Parcouru par un éclair, il s'écarta, trop prêt, trop brûlant, le corps tendu. Voulant prendre son temps, il la taquina jusqu'à ce qu'elle se meuve comme une vague sous lui, ses cris aussi doux que la pluie sur le toit.

Les mains de la jeune fille le trouvèrent de nouveau, se refermèrent sur lui comme de la braise sur le fer, et l'enflammèrent davantage encore. Quand elle lui ouvrit ses cuisses, il haleta, incapable de penser, incapable de se contenir plus longtemps devant tant de promesses, tant de délices.

Puis il se sentit glisser en elle et franchit la fine barrière de sa virginité, si rapidement que ce fut fait avant qu'il ne s'en rendît compte, avant qu'il n'eût le temps de se retirer et de l'y préparer d'un murmure, d'une attention. Elle eut un petit gémissement douloureux, qui se transforma bientôt en soupir de plaisir.

Elle frissonna sous lui et son corps se fondit au sien, ses mouvements créant une force qui les entraînait tous les deux dans un monde magique. Où commençait l'un, où finissait l'autre ? Ils n'auraient su le dire. Lachlann sentit cette force exploser en lui. Une vague d'amour le submergea, effaçant toutes ces années où il avait refoulé ses sentiments.

Tout ce qu'il avait toujours voulu, tout ce qu'il voulait, c'était Eva.

Les vagues décrurent petit à petit, et il reprit conscience, se trouvant à nouveau séparé d'elle. Il soupira et la prit dans ses bras.

— Eva, tu es à moi, chuchota-t-il dans ses cheveux.

Il l'embrassa et elle se blottit contre lui.

— Je suis à toi, répondit-elle. Et tu es à moi. Il en a toujours été ainsi.

24

Tandis que la pluie tambourinait sur le toit de chaume, Eva ajouta une bûche de pin au feu de tourbe – pour la lumière autant que pour la chaleur. Puis elle alluma deux grosses bougies de suif et les posa sur la table, où Lachlann finissait son repas de fromage et de galettes d'avoine. Quand il partagea sa dernière galette entre les chiens, Eva ne put s'empêcher de rire. Malgré le temps lugubre, elle avait le cœur léger.

Il l'attira à lui, et elle se pencha afin de l'embrasser, emplie de gratitude pour leur nuit d'amour et la joie de se réveiller dans ses bras. La transformation de leur vieille amitié avait quelque chose d'un miracle. Posant la tête sur sa poitrine, il lui caressa les cuisses, l'invitant à de nouveaux plaisirs ; elle ferma les yeux, et son cœur se mit à battre plus vite.

Malgré ce bonheur, elle ne pouvait s'empêcher de penser à ce qui l'obsédait. Elle devrait bientôt affronter Colin pour exiger non seulement son île, mais aussi sa liberté.

En dépit de son entraînement quotidien, elle ne se considérait pas comme une guerrière, et elle pouvait encore moins se comparer à l'Aeife de la légende. Elle était une fille ordinaire, forte, obstinée et parfois audacieuse ; en outre, elle se savait maintenant profondément aimée.

Pour se libérer de Colin et récupérer Innisfarna, pour mener une vie paisible avec Lachlann et les siens, elle aurait besoin de tout cela, et plus encore. Quelque part en elle, elle devrait trouver une source de courage extraordinaire.

— Trop lent et mal équilibré, dit Alpin en tournant autour d'Eva.

Il l'avait corrigée plus qu'à l'accoutumée, alors qu'elle ferraillait avec une vieille épée devant le pieu de bois que son maître d'armes avait planté, dans le bosquet d'aulnes d'Innisfarna.

— Je fais du mieux que je peux, s'irrita-t-elle.

Le tranchant de la lame s'enfonça dans le bois, et elle la libéra avec un cri de rage. L'épée était lourde, et chaque mouvement lui tirait sur le dos et les épaules, car à la suite du combat de l'autre nuit, elle était raide et courbatue. Les coups d'épée portés par Lachlann étaient plus forts que ceux auxquels elle était habituée ; ses poignets et ses épaules en ressentaient encore le choc.

Deux nuits d'amour avaient délicieusement apaisé ses douleurs, tout en exerçant d'autres muscles, mais elle en éprouvait maintenant la fatigue. Et bien qu'elle essayât de s'appliquer, son esprit était loin… avec le forgeron.

Le jour avait point, nuageux mais sec, et la jeune femme était partie, emmenée par Alpin, sans rien dire à Lachlann. Une lumière rouge brillait aux fenêtres de la forge, le marteau résonnait à un rythme régulier : elle n'avait pas voulu le déranger.

Distraite et lasse, elle perdit de nouveau l'équilibre. Ses coups suivants furent maladroits, et le plat de la lame heurta le pieu, vibrant dans son bras.

— Très mauvais, grommela Alpin. C'est une épée, pas une hache ! Qu'est-ce qui ne va pas aujourd'hui, ma fille ?

Elle lui jeta un regard en coin, sans répondre. Le ciel s'obscurcissait, et le château présentait peu d'activité. Les soldats se reposaient, lui avait expliqué Alpin, la plupart d'entre eux n'étant rentrés de patrouille qu'aux petites heures du jour.

Tandis qu'elle était pelotonnée dans les bras de son amant, elle se rappelait avoir entendu les hommes regagner l'écurie juste avant l'aube. Mais leurs nuits d'amour ne changeaient pas le fait que sa décision risquait de mettre en péril la vie des siens comme celle de Lachlann. Cette crainte la rendait si anxieuse, que même l'ivresse de son bonheur ne pouvait l'effacer.

Avec la quinte suivante, elle perdit non seulement sa pose de pied, mais aussi sa prise, et l'épée vola sur le sol. Alpin leva les mains en signe de désespoir.

— Bah ! Il n'y a rien à tirer de toi aujourd'hui, dit-il.

— Mais je me donne du mal, protesta-t-elle. Et je le sens, ajouta-t-elle en ployant ses épaules courbatues.

— Recommence cet exercice, mais imagine la botte de ton adversaire.

Elle souffla et se fendit en septime, ce qui lui ébranla le poignet et le bras, puis elle répéta les mouvements malgré l'inconfort et la fatigue. Rien de ce qu'elle faisait n'allait, et Alpin continuait à marmonner contre elle.

Finalement, il lui fit signe de s'éloigner du pieu pour travailler avec lui. Après avoir revêtu une tunique molletonnée afin de se protéger, elle lui fit face. Il leva son épée, et elle allongea une botte pour parer son coup, mais sa lame dérapa. De fureur, elle frappa l'épée de son adversaire de biais, avec une telle force qu'il recula d'un pas.

— Ah, je te retrouve ! s'exclama le batelier.

Il lui fit exécuter d'autres enchaînements. Puis, abaissant sa lame, il s'arrêta et porta le regard au-delà d'Eva. Elle se retourna.

Lachlann était appuyé contre un arbre, bras croisés. Caché derrière lui, Ninian risqua un regard.

— C'est donc là que vous vous exercez, dit Lachlann. Nous aurions pu être des soldats. Où est votre prudence ?

— Bah ! Je savais que tu étais là, et je t'ai laissé regarder, répliqua Alpin.

Ninian courut aider le batelier à rassembler les affaires. Eva s'essuya le front.

— Des soldats sont venus s'occuper des chevaux et m'ont dit que Robson voulait me commander des travaux de maréchalerie, expliqua Lachlann. Je les ai donc accompagnés sur l'île. J'espérais trouver Alpin pour qu'il me ramène, mais je ne savais pas que tu étais avec lui... quoique cela ne me surprenne pas, après l'autre nuit, ajouta-t-il plus bas.

— Qu'est-il arrivé l'autre nuit ? interrogea le vieil homme.

Eva ne répondit pas et regarda Lachlann d'un air entendu.

— J'ai découvert que notre chère Eva est une guerrière, répliqua-t-il.

Alpin grommela son assentiment. La jeune femme ramassa son fourreau de cuir, mais Lachlann saisit l'épée avant qu'elle n'ait le temps de la rengainer.

— C'est une vieille lame, qui a beaucoup servi, dit-il en passant les doigts sur les ébréchures. Qu'elle soit émoussée pour les exercices est une bonne chose, mais il faudrait la limer, puis la polir.

— Ce n'est pas le genre de travail que j'attends de toi, murmura-t-elle.

— Tu attends toujours de moi des armes ?

— Si les rebelles veulent intensifier leur résistance et prendre Innisfarna, ils en auront besoin.

— Vous n'obtiendrez de moi, en tant que forgeron, que quelques réparations.

Eva prit l'épée et la glissa dans le fourreau, avec une torsion du poignet qui lui arracha une grimace.

— Tu as toujours mal ? s'enquit-il. Je croyais que ça allait mieux.

— Ça va très bien, décréta-t-elle comme Alpin approchait.

— Que s'est-il passé l'autre nuit ? insista celui-ci, son regard allant de l'un à l'autre. Tu ne m'as pas dit que tu étais blessée ; tu m'as seulement dit que tu avais des courbatures.

— Il y a quelques jours, Lachlann et deux soldats m'ont vue dans les collines. Il faisait nuit, et ils m'ont prise pour un rebelle. Nous nous sommes battus à l'épée.

— Tu les as écrasés, j'en suis sûr ! Bien qu'avec Lachlann comme adversaire, tu as dû avoir fort à faire. C'est moi qui l'ai entraîné.

— Je me suis tordu le bras.

— Elle a failli me désarmer, expliqua Lachlann. Son habileté m'a surpris. Tu dois être fier de ton élève.

— Je le suis. Fille, tu aurais dû le dire. Un bain chaud lui ferait du bien, ajouta-t-il à l'adresse de Lachlann. Tu peux aider à le lui préparer.

Ninian s'approcha sur ces entrefaites, portant les épées en bois dans ses bras, tandis qu'Alpin tenait la vieille lame dont il s'était servi.

— Je peux, acquiesça Lachlann en se tournant vers Eva.

Elle rougit, et le regard perçant que leur adressa Alpin ne lui échappa pas. Puis elle délaça sa tunique molletonnée, et Lachlann l'aida à retirer le lourd vêtement.

— Jette un œil à cette vieille épée, forgeron, dit le batelier en montrant sa lame. J'aimerais que tu répares les deux. Je n'aime pas porter mes armes chez ce forgeron de Glen Brae. Prends-les avec toi et remets-les en état.

— Il suffit de les affûter et de les polir. Rien de plus facile.

— Parfait. Tu rendras celle-ci à Eva. Elle a encore besoin de s'entraîner avec l'acier. Aujourd'hui, elle n'aurait pas abattu un épouvantail.

— La lame est émoussée, se défendit-elle.

— Oui, mais tu bougeais comme une vieille femme ! Tu dois travailler certaines parades. Je l'entraîne dur, ajouta-t-il à l'adresse du forgeron. Et elle est bonne, mais avec plus d'entraînement elle pourrait être excellente. Faire traverser les soldats et faire le domestique au château me prend beaucoup de temps, et je ne lui en ai pas consacré autant que j'aurais voulu... Mais tu étais un bon élève. Peut-être pourrais-tu prendre la relève ?

— Je pourrais lui faire travailler quelques coups, admit Lachlann.

— Insistez sur la botte, conseilla Alpin.

— Compte sur nous, répondit le jeune homme en regardant Eva, les yeux pétillants de malice.

Elle pinça les lèvres pour ne pas rire.

— Bon, bon, fit le batelier. Eva, viens à la maison avec moi. Ninian a quelque chose pour toi. Forgeron, viens toi aussi. Ensuite, je vous conduirai tous les deux à Balnagovan.

Ils rassemblèrent le reste des affaires et quittèrent le bosquet d'aulnes, Ninian derrière eux.

Ils se dirigèrent vers la maison d'Alpin, perchée sur une pente herbeuse au-dessus du loch. La roseraie était nue, la vigne avait été taillée, et des feuilles mortes tourbillonnaient sous le ciel gris.

En entrant dans la petite maison, Ninian alla droit vers un angle de la salle et souleva un sac de tissu, qu'il tendit à Eva. Lorsqu'elle l'ouvrit, un parfum délicieux s'en dégagea.

— Des pétales de roses ! s'exclama-t-elle en y plongeant les doigts. Quelle merveille ! Tu les as ramassés et séchés pour moi ?

Ninian acquiesça, tout content.

— Quand vient l'automne et que les fleurs tombent, expliqua Alpin, je ne sais jamais quoi en faire. Ninian les a ramassées et séchées, comme le faisait sa grand-mère, m'a-t-il dit. Ma femme le faisait aussi, je me rappelle, ajouta-t-il avec un sourire.

— Ninian, merci, dit Eva en embrassant le garçon qui devint écarlate et se couvrit la bouche de sa main. C'est un magnifique cadeau, plein de délicatesse. J'en mettrai dans les matelas et les oreillers, et j'en ferai de l'eau de rose. La maison va sentir bon, cet hiver !

Elle se demanda soudain où elle serait cet hiver : chez elle à Innisfarna, à Balnagovan avec le forgeron – ou, Dieu l'en garde, enfermée à Strathlan telle une prisonnière ?

— Mets des pétales de roses dans un bain chaud, ça atténuera tes douleurs, suggéra Alpin. Demande donc au forgeron de t'aider à remplir la grande cuve qui est dans sa forge.

Il grimaça un sourire.

— Ninian, reprit-il, tu as bien travaillé, mon garçon. Descends le sac dans le bateau pour Eva, et attends-nous. Lachlann t'accompagne, il portera les épées. Eva et moi arrivons tout de suite. J'ai un mot à lui dire à propos de son entraînement.

— Bien sûr, dit le forgeron.

Il souleva les deux fourreaux, posa une main amicale sur l'épaule de Ninian et ils s'éloignèrent, tandis qu'Alpin se tournait vers la jeune femme.

— Que s'est-il passé l'autre nuit ? interrogea-t-il de but en blanc.

— C'est-à-dire ?

— Tu as son cœur, et il a le tien. Je ne suis pas aveugle.

Comme Eva ne répondait pas, il poursuivit :

— Quand le fils du forgeron était jeune, il t'adorait, ma fille. Tu ne semblais pas le voir, mais ça nous crevait les yeux, à ma femme et moi.

— Vous saviez ?

— On s'en doutait, bien qu'il ne soit pas du genre à exprimer ses pensées. Ça se voyait à la façon dont il te regardait. Il voulait probablement te le cacher. Et je constate que rien n'a changé. À vous observer tous les deux, je me suis dit qu'il s'était passé quelque chose, récemment – en dehors du combat à l'épée.

Touchée par la perspicacité d'Alpin, qui était plus un père pour elle que ne l'avait été son propre père, elle eut soudain envie de pleurer – non de tristesse, mais d'émotion.

— Je ne sais pas ce que tu veux dire, fit-elle, le menton tremblant.

— Vraiment ? Aucun des membres de ton clan ne veut du mariage avec Campbell. Je suis sûr que Lachlann MacKerron partage cet avis. J'ai raison ?

— Je l'aime, chuchota-t-elle, des larmes plein les yeux. Et je sais maintenant qu'il m'aime aussi.

— Et vous souhaitez être ensemble. Ce qui serait naturel. Quoique je pense que vous l'avez déjà été, ajouta-t-il en lui tapotant l'épaule. J'ai été jeune, et je me rappelle ce feu qui brûlait en nous... Tu croyais que j'allais te sermonner ? Bah ! Quand tu étais plus jeune, Eva ma fille, je te surveillais, mais à présent tu es assez grande pour savoir ce que tu veux. Et j'apprécie l'homme que tu aimes. Les tiens aussi l'apprécient. Obéis à ton cœur et tout se passera bien. Ne t'inquiète pas pour Green Colin.

— Je ne veux pas de Colin, mais j'ai peur de ce qu'il adviendra.

— Qu'importent les conséquences. Sois heureuse. Les tiens survivront et retrouveront leurs droits sans l'aide de ce serpent.

— Et Ninian ? Je ne peux pas l'abandonner à Colin. Il croit qu'il va devenir mon beau-fils...

— Ninian aura toujours ton amitié. Tu n'as pas besoin d'épouser son père pour la lui donner. Et je ne l'abandonnerai pas non plus. Mais ne te laisse pas mener par la pitié. Obéis à ton cœur, tu ne le regretteras pas.

D'un geste impulsif, elle étreignit le vieillard.

— Il faut que nous y allions, avant que les soldats ne me voient. Merci pour les roses. Je t'offrirai un superbe oreiller rempli de pétales.

— Ça me fera éternuer, dit-il d'un ton bourru. Si tu veux me remercier, sers-toi de cette épée réparée pour abattre quelques soldats et reprendre le contrôle de cette île. J'ai formé une nouvelle Aeife, et je la crois prête.

Eva ne prononça pas un mot tandis qu'ils se dirigeaient vers la plage, où Lachlann et Ninian les attendaient à côté de l'embarcation. Elle redoutait de devoir affronter Colin, et surtout de lever l'épée contre lui.

Alpin l'aida à monter dans le bateau, attendit que les autres soient installés et leva les rames.

— N'oublie pas le bain chaud, insista-t-il en ramant. Ma femme disait que les roses ont des propriétés curatives. Le forgeron t'aidera à chauffer l'eau...

— Alpin ! s'offusqua-t-elle.

Il gloussa, et Lachlann leur lança un regard perplexe.

— Pense à la princesse Aeife, murmura Alpin. Elle aimait Innisfarna et s'est battue pour conserver l'île. Et rappelle-toi qu'Aeife avait son prince. Tu as besoin du tien, toi aussi, conclut-il en agitant ses sourcils blancs.

Alors que le bateau fendait les vaguelettes en direction de Balnagovan, Eva songea à l'épée étincelante, perdue dans ces profondeurs. Elle pensait aussi à Aeife et à son prince, et se souvint que dans ses rêves de petite fille, il ressemblait à Lachlann.

25

Lachlann se réveilla à côté d'Eva, qui dormait paisiblement, tel un ange. Il se leva sans bruit, quitta la maison et descendit à la forge. Après avoir allumé le feu, il sortit l'épée de Jehanne de sa cachette.

Tandis que les flammes dansaient, claires et ondoyantes, il dégagea l'épée de son enveloppe et tendit la main vers le brasier. La chaleur le brûla, mais il attendit avant de la retirer.

Le feu avait anéanti Jehanne, mais il croyait, il savait qu'elle revivait à présent, affranchie de la souffrance, plus belle qu'elle ne l'avait été sur terre. Au plus profond de son âme, il la savait emplie de joie. Il la pleurait chaque jour un peu moins, mais était heureux de l'avoir connue. Cette rencontre l'avait rendu plus fort.

Il restait cependant indigné par le sort injuste qui lui avait été réservé, et ne pouvait se défaire d'un vague sentiment de culpabilité. Il s'en libérerait lorsqu'il aurait tenu sa promesse.

Passant la main à travers les flammes, il n'en sentit pas la brûlure. Malheureusement, il ne pouvait toujours pas soumettre au feu l'épée de la Pucelle. Il prit le balai et poussa les cendres vers le centre.

— Arrête, dit Eva.

Il se retourna. Elle se tenait dans l'embrasure de la porte, son tartan drapé sur la tête, les joues rosies par le vent. Elle s'approcha après avoir refermé.

— Je t'en prie, n'éteins pas le feu et ne cache pas cette magnifique épée. Elle voulait que tu la répares.

Il contempla l'épée brisée, posée sur l'enclume.

— Eva, je ne peux pas...

— Pourquoi ? Pourquoi dis-tu toujours que tu n'es pas capable de fabriquer des épées ? Tu es un forgeron d'exception. Je ne comprends pas.

Il laissa échapper un soupir.

— Tu veux la vérité ? Je ne peux plus forger l'acier.

Elle secoua la tête.

— Je ne comprends toujours pas. Tu manques de matériel ?

— C'est cette blessure à l'œil ! gronda-t-il en se touchant le sourcil gauche. Je t'ai parlé de ma perte de vision, des éclairs et des changements de lumière que je vois parfois, n'est-ce pas ?

Elle fit oui de la tête.

— Sans une bonne vision, surtout pour les couleurs, je ne peux pas forger un bon acier, poursuivit-il. C'est pourquoi je ne travaille que du fer noir.

Dans un geste de compassion, elle noua ses doigts aux siens, et il lui étreignit la main. Sa force le soutenait. Sa foi en lui, sa présence apaisait la souffrance. Le contact de Jehanne l'avait fortifié et endurci ; mais l'amour d'Eva le tempérait.

Levant leurs mains jointes, il lui baisa les doigts.

— Pour la fabrication de l'acier, sa surveillance, laisse-moi t'aider, dit-elle. Je peux t'aider.

— Tu as fait des crochets, et tu m'as vu faire une chaîne et quelques autres objets. Mais tu ne sais pas ce qu'implique la fabrication de l'acier…

— Ce que je sais, le coupa-t-elle en s'approchant si près qu'il sentit la chaleur de ses seins, c'est que tu dois le faire. Tu es armurier dans l'âme, Lachlann, plus que ferronnier. Tant que tu ne travailleras pas le métal blanc, tu ne seras pas vraiment heureux. Tu es né pour ça. Cela fait partie de toi – comme moi de toi, et toi de moi…

Il pencha la tête, jusqu'à ce que des étincelles apparaissent autour d'Eva comme des étoiles.

— Je ne peux plus voir les couleurs de l'acier. Mes lames seraient défectueuses, et une lame imparfaite constitue un danger pour son détenteur. Je ne peux pas donner de telles lames aux MacArthur.

— Laisse-moi être tes yeux.

La pluie se remit à tambouriner sur le toit de planches de la forge, frappant les murs en rafales. Et il se dit soudain, en regardant Eva, qu'elle était comme une flamme, forte et vraie. Il ferma les paupières et les étoiles disparurent.

— Je serai tes yeux, insista-t-elle. Je peux t'aider à discerner les couleurs. Ensemble, nous ferons une nouvelle lame.

La gorge serrée, il l'attira à lui.

— Sois plutôt mon cœur, dit-il avant de l'embrasser.

La soulevant dans ses bras, il traversa la pièce et la déposa sur le lit de bruyère, celui qu'elle lui avait confectionné.

Elle l'attira à lui, et il retira sa robe, glissa les mains dans ses boucles mouillées, l'embrassa avec fougue. La pluie tombait à verse alors qu'il lui faisait l'amour, effaçant toutes ces années passées loin d'elle.

Elle était si douce, harmonieuse et ardente, en un mot miraculeuse, qu'il ne pouvait la toucher qu'avec révérence. Dans la lumière rougeoyante de la forge, il débordait de passion.

Chaque baiser, chaque cri, chaque caresse galvanisaient son ardeur. Entre les mains d'Eva, il devenait du fer chauffé, et la fusion, quand elle se produisait, était comme une explosion de lumière.

Seigneur, comme il l'aimait, pensa-t-il, baisant ses yeux fermés et remerciant les anges qui avaient cru bon de lier son âme à la sienne.

— Raconte-moi, dit plus tard Eva, tandis qu'ils étaient allongés sur le lit de bruyère, dans la lueur cramoisie des braises. Raconte-moi ce qui lui est arrivé.

Après l'incandescence de l'amour, alors qu'elle reposait dans la paix et la chaleur de son étreinte, il se mit enfin à parler de Jehanne. Eva savait que l'obscurité et l'amour qui les enveloppaient lui permettaient d'ouvrir cette part protégée de lui-même. Elle l'écouta en silence, la tête sur son épaule.

Sa voix était comme du velours, basse et profonde. Eva imaginait la jeune fille, rayonnante de courage, elle voyait les armées se répandant dans la campagne, sous un ciel bleu traversé de fumées. Elle pouvait presque entendre les cris des hommes et la voix mélodieuse de la Pucelle, pleine de passion et de feu, dominant tous les autres bruits.

Il lui raconta la capture de Jehanne, l'abaissement de la herse qui la séparait de ses hommes. Ce fut un jour de trahison. Ce jour-là, il avait été blessé à la tête et au ventre en essayant, sans succès, de la rejoindre. À mots hachés, il décrivit cette journée d'angoisse et les mois de convalescence qui avaient suivi. Puis il raconta son voyage à Rouen pour la revoir, enfermée dans une tour transformée en prison. Elle n'était plus que l'ombre d'elle-même, mais sa ferveur était intacte.

— On a dit que les cendres et la fumée de son bûcher ont recouvert tout le royaume de France. Elle a invoqué le Seigneur. Ceux qui étaient là pleuraient et savaient qu'on avait brûlé une sainte, et non une pécheresse. J'ai appris plus tard, de certains qui étaient présents – des Anglais qui l'avaient condamnée – qu'une colombe blanche s'est élevée dans le ciel au-dessus de la fumée du bûcher. Et ces hommes aussi pleuraient.

« À la suite de son martyre, il y a eu, dit-on, assez de larmes en France pour éteindre ce feu, mais c'était trop tard. Elle était partie, et jamais on ne reverra sa pareille. Je suis sûr que c'était un ange, et qu'elle a rejoint l'armée de Dieu.

— Et tu l'aimais, dit Eva, les larmes aux yeux.

— Je l'aimais. À ma façon.

— J'en suis heureuse, murmura-t-elle, ses lèvres douces sur sa mâchoire piquante, sur la cicatrice récoltée en défendant l'ange.

Il retourna une nouvelle fois la lame dans sa main, l'examinant comme s'il ne l'avait jamais vue. La garde était intacte, mais il fallait refaire la lame, car il était hors de question d'en ressouder les deux morceaux.

Fronçant les sourcils, il passa les doigts sur la poignée, le pommeau. Ce triste morceau d'acier et de cuivre était le seul souvenir de la magie de Jehanne. Son armure était entre les mains des Anglais ; il ne restait rien d'autre.

Cette arme était le dernier fil qui le reliait à la Pucelle. Et elle la lui avait léguée, afin qu'il lui rende toute sa splendeur.

Il n'était plus temps de douter ni de pleurer. Il poussa un grand soupir. Il avait toujours été un homme d'action, s'appuyant sur sa force physique et mentale. À présent, il devait oublier son chagrin et se mettre à l'ouvrage.

Eva lui avait offert son aide… Pourquoi ne pas l'accepter ? La femme de sa vie devait contribuer à la renaissance de l'épée.

Il caressa la lame. Il devait non pas conserver cette arme brisée, témoin tragique de la fin de Jehanne, mais lui redonner sa beauté et son pouvoir. C'est cela qu'elle aurait souhaité, il en était sûr.

Il pouvait continuer à la pleurer, ou reprendre courage et honorer sa mémoire avec une épée parfaite. Sur le champ de bataille, cela lui avait été impossible. Mais il devait le faire maintenant, faute de quoi il aurait toujours le sentiment de l'avoir trahie.

Prenant un ciseau bien affilé, il enleva le rivet qui maintenait le pommeau en place, retira le pommeau, puis le tube creux de la garde, et dégagea le quillon. Il fit glisser chaque pièce de la soie – pointe prolongeant la lame à l'intérieur de la poignée. La soie nue, de l'acier non poli ne faisant qu'un avec la lame brisée, donnait à l'épée un aspect pathétique.

Il retourna ce débris dans sa main, ne sachant par où commencer.

26

— Deux mille clous ? fit Eva, incrédule. En un seul jour ?

Lachlann eut un petit rire, et elle sourit. Dans la lumière dorée de la forge, il lui parut superbe, doté d'une puissance presque surnaturelle. Tout naturellement, elle en vint à imaginer ce corps, taillé dans le roc, pressé contre le sien. Depuis qu'elle était entrée dans la pénombre de la forge, elle s'était laissé distraire par de telles pensées. Plongeant le regard dans ses yeux bleus, elle sourit de nouveau.

— Deux mille, confirma-t-il sans cesser de travailler. J'y arriverai. J'en ai déjà fait des centaines depuis ce matin. C'est facile : il suffit de chauffer les tiges, de les retirer du feu et de les couper. Tu pourrais le faire, si tu voulais.

— Peut-être, mais pas à cette cadence.

Elle le regarda retirer une nouvelle tige du feu, en mettre une autre à la place, pivoter vers l'enclume, frapper le fer rouge avec un marteau pour l'effiler, puis le couper avec le ciseau dans un jet d'étincelles.

Après avoir jeté les clous dans un seau d'eau, il se retourna vers la forge, pinces à la main, pour prendre la tige suivante, maintenant rougie.

— Tout est dans le rythme, dit-il.

— J'aime regarder, murmura-t-elle, fascinée par sa dextérité et par les couleurs du fer chauffé : cramoisi, rouge doré, jaune pâle.

Lachlann lui-même était sculptural et magnifique. Sous sa peau luisante de sueur, qui reflétait la lumière du feu, ses muscles ondoyaient à chacun de ses mouvements.

Si elle aimait son être profond, elle aimait aussi son corps, sa beauté virile, ses étreintes, ses baisers pleins de tendresse. Étonnée par le plaisir sensuel qu'elle prenait à ce spectacle, elle sentit le désir monter en elle.

Durant les derniers jours, alors que la pluie et le mauvais temps les retenaient dans la maison ou la forge, Lachlann lui avait permis de découvrir sa sensualité. Lorsqu'il la prenait dans ses bras, la couvrait de baisers et la caressait, elle sentait la passion la traverser, comme un feu délicieux qui la transformait en profondeur.

Elle ne pouvait se rassasier de lui.

Elle ignorait combien de temps elle serait avec lui, comment les choses tourneraient. Il lui restait à affronter Colin. Bien que mariée, elle ne pensait pas commettre de péché en aimant Lachlann, car, dans son esprit et dans son cœur, son engagement avec le forgeron, des années plus tôt, avait la priorité. Bientôt, espérait-elle, il y aurait une annulation, suivie d'un vrai mariage.

La pensée de Colin, si fugitive fût-elle, la refroidissait et obscurcissait sa vision de l'avenir. Elle poussa un soupir et referma les bras autour d'elle.

— Ranime le feu, Eva, dit Lachlann sans lever les yeux.

Elle abaissa le manche du soufflet, libérant une bouffée d'air, et vit les flammes danser et grandir.

Comme il la contemplait en souriant, elle sentit son cœur palpiter, ses genoux flageoler, et posa une main sur l'enclume afin de ne pas tomber.

— Pas là, grommela-t-il.

Elle retira sa main et se pencha pour le regarder marteler le fer. Des étincelles volèrent dans tous les sens. Quelques-unes atterrirent sur son bras gauche ; elle poussa un petit cri et se frictionna l'endroit brûlé.

Posant ses outils et le fer, Lachlann lui plongea le bras dans un seau d'eau.

— Ça te fait toujours mal ? s'inquiéta-t-il en le maintenant dans l'eau.

Elle secoua la tête et retira son bras, mais la douleur revint et elle fit une grimace. De minuscules points roses étaient nettement visibles sur sa peau.

— Ce n'est rien, dit-elle.

— Tu as de la chance. Quand j'étais gamin, des étincelles ont mis le feu à mes cheveux, et Finlay a dû me plonger la tête dans un seau. Viens ici.

Il l'entraîna vers une table, où se trouvait un bol en faïence recouvert d'un linge. Après avoir retiré le linge, il prit un peu de beurre qu'il appliqua sur les brûlures, puis il posa une tranche d'oignon sur le tout.

— Ce n'est pas mon déjeuner, plaisanta-t-il. J'ai toujours un peu de beurre et de l'oignon, ou un autre onguent, en cas de brûlure. Même moi, je me brûle.

Eva retint sa respiration, s'attendant à ce que la douleur augmente. Mais à sa surprise, celle-ci diminua.

— Ça va mieux ? demanda-t-il.

Elle fit oui de la tête. Lachlann souleva sa main et lui effleura le poignet des lèvres.

— Ça va encore mieux, souffla-t-elle, prise de vertige.

Elle posa la main sur son bras nu, chaud et ferme sous ses doigts. Il lui embrassa de nouveau le bras, l'épaule, puis la paume.

— Oh, c'est mieux… haleta-t-elle. Oh !

— Quand j'étais enfant et que je me tenais trop près de la forge, Mairi embrassait mes brûlures.

— Pas comme ça, je suppose.

Il gloussa, lui léchant légèrement les doigts. Eva croyait fondre comme le beurre dont il lui avait enduit le bras.

— Un baiser supprime la douleur. Quand j'étais petit, ça marchait bien.

— Je ne suis pas une enfant.

— Je sais, murmura-t-il en lui prenant la taille. La douleur est partie ?

— Un peu, dit-elle, le cœur battant, consciente de l'émotion qui les rapprochait irrésistiblement.

— On va la supprimer complètement, gronda-t-il avant de baisser la tête pour l'embrasser.

Eva crut se dissoudre dans ses bras.

— Comment ça va, maintenant ?

Elle haussa une épaule.

— Oh, ce n'est pas encore tout à fait ça…

Comme il la soulevait et la portait jusqu'à l'épais lit de bruyère, à l'autre bout de la pièce, elle fut prise d'un fou rire. Il s'allongea à son côté, et elle jeta les bras autour de son cou, l'embrassant avec passion.

Puis, quand il lui remonta sa jupe et sa chemise, et lui caressa les jambes, elle gémit de plaisir. Glissant la main sous la chemise, il trouva ses seins, ronds et sensibles sous ses doigts.

— Et la forge ? s'enquit-elle. Que fais-tu du feu et du fer ?

Passant les mains sous son tartan, elle le trouva prêt et soupira de volupté.

Il la parcourut tout entière de ses lèvres, humides et chaudes. Et lorsqu'elle fut offerte, nue et tremblante de désir, il la couvrit de son corps.

— J'entretiens le feu, répliqua-t-il avant de pénétrer en elle.

— Que de pluie… dit Eva en tournant le dos à la fenêtre. Je n'ai jamais vu autant de pluie. Et j'adore ça, ajouta-t-elle avec un sourire.

Lachlann leva le nez de la forge, où il était occupé à entasser des morceaux de charbon de bois et à y mettre le feu.

— La pluie ? s'étonna-t-il. Tu as toujours préféré le soleil et la chaleur. Le soleil convient mieux à ta nature que la pluie, le brouillard et la boue.

— J'aime la pluie parce qu'elle nous tient enfermés ici. Personne ne traverse le loch, personne ne part en patrouille, personne ne vient à la forge… Il n'y a que toi et moi. J'espère que la pluie ne cessera jamais.

— Si c'était le cas, tu aurais de la boue jusqu'au genou, dit-il en tirant la poignée du soufflet.

Il alla chercher un morceau de métal informe et verdâtre dans un sac. Le posant sur l'enclume, il prit des pinces et les lourds gants de cuir qu'il utilisait souvent.

Curieuse, Eva s'approcha, tandis que Lachlann emplissait une louche d'eau et en répandait une partie sur le tas de charbon. Celui-ci se mit à fumer et se couvrit d'une croûte, alors que le centre rougeoyait, formant une petite grotte.

— Que fais-tu ? demanda-t-elle. Tu as déjà réparé les épées d'Alpin, tu les as affûtées et polies, et tu as fait un millier de clous. Que veux-tu faire encore ?

— Et j'aurais fait beaucoup plus de clous si je n'avais pas été distrait, hier ! Nous allons forger de l'acier. Pour un jour de pluie, ce sera un excellent passe-temps.

Elle le dévisagea, le cœur battant.

— De l'acier ? Ensemble ?

— Tu m'as proposé de me servir d'apprenti. J'aurai besoin du seau rempli de sable blanc qui est là-bas. Et le sac de sel qui est sous la table. Prends-toi une paire de gants sur le râtelier.

— Quoi d'autre ? fit Eva, après avoir fait ce qu'il lui demandait.

— Verse du sel dans le bac de trempage – le grand, où il y a déjà de l'eau. Beaucoup de sel, que l'eau soit trouble et épaisse.

Pendant qu'elle s'exécutait, il mit deux tiges de fer dans le feu, puis les plongea dans l'eau salée pour la chauffer.

— Sommes-nous prêts ? s'enquit-elle, tandis qu'il glissait un tison dans la petite grotte de feu et actionnait le soufflet, de sorte que le tas de charbon devint incandescent.

Il le surveilla un moment sans répondre. Eva attendit patiemment.

— Maintenant, dit-il enfin. J'aurai besoin de l'épée.

— *Son* épée ?

Il acquiesça.

Elle alla prendre l'objet enveloppé de tissu sur le rebord du mur, le posa sur l'enclume et l'ouvrit avec révérence. La garde, le pommeau et le quillon avaient déjà été démontés, remarqua-t-elle.

Il prit les deux morceaux de l'épée et les ajusta. Eva lut de la tristesse dans les yeux de Lachlann, mais elle sentait également que la blessure de son âme avait commencé à guérir.

— Peux-tu souder les morceaux ? demanda-t-elle.

Il secoua la tête.

— La lame pourrait casser de nouveau, expliqua-t-il. Il faut en fabriquer une nouvelle, mais la vieille fera partie de la nouvelle.

Prenant une profonde respiration, il regarda la soie nue et le moignon. Un muscle battit sur sa joue, et il déglutit.

Puis il se retourna, plaça la pièce entre les pinces et glissa l'extrémité cassée dans le feu.

Lachlann regardait l'acier se colorer. Il le tourna avec les pinces en fronçant les sourcils. Démonter l'épée de Jehanne et la glisser dans le petit brasier était l'un des choix les plus difficiles qu'il eût jamais faits.

Sa décision prise, il ne s'arrêterait pas.

— J'aurai besoin de sable – il y a une petite louche dans le seau, dit-il à Eva. Et actionne le soufflet doucement, mais régulièrement. Tu vois les flammes ? Eh bien, donne juste ce qu'il faut d'air pour maintenir le feu à cette température.

Elle alla chercher le sable, puis saisit la poignée du soufflet. Il lui sourit, puis retira l'acier du feu et versa du sable dessus. Le sable glissa sur l'acier et se transforma en verre fondu.

Eva regardait avec avidité, sans rien dire. La sachant curieuse, il lui en était reconnaissant. Mais il décida de mettre fin à son supplice.

— Le charbon brûle à très haute température et permet de faire une soudure propre, expliqua-t-il. Le sable se fond dans l'acier et lui donne, une fois poli, sa surface brillante.

Quand la pellicule de verre commença à fumer légèrement, il sortit la pièce incandescente du feu et la posa sur l'enclume. À petits coups de marteau, il travailla la lame brisée jusqu'à ce que l'acier brûlant s'allonge.

— Ce sera le noyau de la nouvelle lame, dit-il. Il s'agrégera au nouvel acier.

— Avec le sable.

— Tu apprends vite, approuva-t-il, se tournant vers le feu pour chauffer à nouveau la pièce en la glissant dans la petite grotte. « Rouge cerise à bleu pigeon... »

— « ... l'acier est bon », compléta Eva, se rappelant la rime.

Elle s'approcha, une main gantée de cuir sur le manche du soufflet.

— Je surveillerai les couleurs pour toi, ajouta-t-elle. C'est rouge, maintenant, tirant sur l'or.

— Ça, je le vois assez bien. Par la suite, quand l'acier est trempé, les couleurs deviennent beaucoup plus subtiles. Alors j'aurai besoin de tes yeux.

Clignant des paupières, à cause des étincelles et de traits de lumière qui n'étaient pas dans le métal, il chauffa la pièce, la martela et l'allongea, puis répéta l'opération jusqu'à ce que la lame soit mince et étirée. Il la mit alors de côté, prit le morceau de métal verdâtre et l'introduisit dans le feu.

— C'est un lingot d'acier, dit-il. Je l'ai acheté à Leod MacKerron, le charbonnier. L'acier est du fer chauffé au charbon et mélangé à du sable, ce qui lui confère lustre, force et flexibilité. Cette pièce est particulière ; le fer ne provient ni d'un marais, ni d'une mine, mais du ciel.

— Ah ! fit-elle. Les rochers qui tombent parfois du ciel ?

— Oui. C'est le fer le plus pur et on le prétend magique, car il s'agirait d'étoiles filantes tombées sur terre.

Tout en parlant, il versa du sable sur le lingot rougi. Le sable fondit instantanément et coula sur l'acier en fumant.

— C'est du sable blanc de notre plage ? demanda Eva.

— Ramassé à la nouvelle lune.

— Je me rappelle avoir été avec toi, un jour que tu en ramassais...

— Je me rappelle aussi. Je t'aimais déjà, Eva, mais je ne te l'ai pas dit. Je ne voulais pas le reconnaître. Cela me terrifiait.

— Tu gardais bien ton secret, forgeron.

— Ce n'est plus un secret, désormais, répliqua-t-il avec un sourire. Le sable blanc ramassé à la nouvelle lune est de bon augure, ajouta-t-il.

Il en versa encore sur le tronçon de métal. Des particules de verre jaillirent comme des étoiles, et Eva recula. Quand le morceau d'acier fut chauffé à blanc, il le sortit du feu et le travailla au marteau. Il renouvela plusieurs fois l'opération, tandis que la jeune femme entretenait le brasier.

— Tu as parfaitement bien surveillé le feu. À présent, je veux que tu martèles avec moi, dit-il, posant la pièce incandescente sur l'enclume.

Sans prononcer une parole, elle prit un marteau et frappa après lui, pressant la cadence.

Ils n'avaient plus besoin de mots pour se comprendre. Eva savait ce qu'il fallait faire. Frapper, chauffer, recommencer, alors que la lame prenait forme.

Il s'arrêta pour boire de l'eau à la louche et en offrit à Eva. S'essuyant le front, il la regarda boire avec avidité. Elle avait les joues roses, les yeux brillants, et des gouttes de sueur lui perlaient au-dessus de la lèvre.

Elle lui versa le reste de l'eau sur la tête, et il lui rendit la pareille avant de l'embrasser, rapidement et passionnément. Levant la main vers le soufflet, elle s'apprêta à recommencer.

Il l'aimait plus que jamais, pour sa loyauté, sa bonne volonté, son intelligence. Il aurait dû faire une pause afin de la laisser se reposer et se reposer lui-même, mais la passion le poussait à continuer. Et elle semblait le comprendre.

L'épée prenait forme ; sa fluide splendeur commençait à apparaître. Il ne pouvait s'arrêter avant de l'avoir vue naître dans le feu et la lumière...

Il la remit à chauffer avec la lame initiale. Lorsque les deux pièces furent incandescentes, il les posa sur l'enclume. À l'aide de pinces, il plaqua la plus petite sur la nouvelle. Puis il enveloppa, avec une précision de chirurgien, la plus grande pièce autour de l'épée refaite, comme de la cire molle.

Il les martela ensuite, jusqu'à ce que l'incandescence disparaisse, puis chauffa la lame ainsi façonnée et y versa du sable. Reprenant le marteau, il regarda Eva. Elle comprit et prit le sien, et ils se mirent à frapper en cadence.

— Alors, dit-elle quand il fit glisser la lame aplatie dans la caverne de charbon, l'ancienne épée de Jehanne est maintenant le noyau de la nouvelle ?

— Son cœur, acquiesça-t-il.

Cette prise de conscience, cette révélation faillit le jeter à genoux. Il s'immobilisa, le marteau dans une main, la nouvelle épée dans l'autre.

— L'épée de Jehanne est à présent l'âme de la nouvelle lame, murmura la jeune femme, intimidée.

Il fut parcouru d'un frisson.

Un jour, vous saurez quoi faire de cette épée, lui avait dit Jehanne.

Il regarda Eva. À présent, il savait.

27

Malgré sa fatigue extrême, Eva passa la nuit à travailler à ses côtés. Il refusait de se reposer. Elle lui apporta de l'eau et insista pour qu'il boive ; elle alla lui chercher à manger, mais il ne fit que grignoter, avant de reprendre le marteau et les pinces. La pluie battait les murs de la forge, mais le fourneau dispensait chaleur et lumière.

Entre ses mains expertes, le morceau d'acier et la lame brisée furent assemblés pour devenir une nouvelle épée. Le métal était encore sombre et grossier, mais sa forme gracieuse était visible.

Voyant Lachlann s'essuyer le front et se frotter les yeux, Eva lui toucha le bras pour lui demander d'arrêter, mais il secoua la tête et se tourna vers l'enclume.

Elle n'eut bientôt presque plus la force de soulever le marteau, ni d'atteindre le manche du soufflet. Pourtant, ne voulant pas l'abandonner, elle fit un dernier effort.

— Eva, viens ici, murmura-t-il.

Posant ses outils, il la prit par les épaules, la guida vers le lit de bruyère et l'obligea, malgré ses protestations, à s'allonger. Elle voulait simplement fermer un peu les yeux, mais elle s'endormit aussitôt.

Quand elle se réveilla, le jour était revenu, gris et morne, et le fourneau était encore chaud. Assis sur un tabouret à côté de l'enclume, Lachlann était penché sur l'épée, une lime dans les mains.

Elle comprit qu'il ne s'était pas couché, car la place à côté d'elle dans le lit était intacte. Malgré sa lassitude, elle se leva et le rejoignit.

Les yeux brillants, le visage maculé et les cheveux en bataille, il lui sourit. Elle lui dégagea le front, l'embrassa et regarda l'objet qu'il tenait à la main.

L'épée était rugueuse, sombre, encore sans poignée, mais elle serait magnifique, elle le savait. Il la tourna pour lui montrer comment il avait limé l'acier, afin de faire ressortir la forme et le fil de la lame.

— Après cela, dit-il, il faudra la chauffer encore, puis la tremper. Ensuite, j'aurai besoin de tes yeux, mon amie, pour bien discerner les couleurs.

Elle acquiesça et réussit à l'entraîner sur le lit de bruyère. Étendue à côté de lui, elle passa les bras autour de son cou, et resta ainsi jusqu'à ce qu'il s'endorme.

Il lima pendant des heures, les bras, le cou et le dos douloureux. Le soir venu, le limage était pratiquement terminé.

Posant la lame sur l'enclume, il prit le pommeau, la garde et le quillon, et les fixa dessus. C'était presque parfait, sauf que la soie avait été quelque peu tordue par la chaleur. Il les démonta de nouveau et reprit le limage.

Levant les yeux, il vit Eva nettoyer le sol, un balai de bruyère dans les mains. Il lui était profondément reconnaissant pour son dévouement, son aide, sa compréhension. Il était content qu'elle l'ait obligé à se reposer et à manger ; s'il avait été seul, il aurait peut-être travaillé jusqu'à tomber de fatigue.

Il la regarda en souriant. Elle se retourna, comme si elle avait senti son regard, son amour, et elle sourit aussi. Il leva la lame pour lui montrer le résultat de son travail, et elle vint à lui.

— La pluie a cessé, dit Eva en ouvrant la porte.

La brise du soir, froide et chargée d'humidité, pénétra dans la forge. Ses cheveux, sa robe, sa peau même semblaient imprégnés d'odeurs de charbon, de fumée et de métal. Elle passa la main sur son épaisse natte et observa Lachlann, occupé à construire un foyer long et étroit, afin d'y glisser toute la lame.

— Votre bain est chaud, gente dame, dit-il en montrant l'un des bacs.

Lorsqu'elle s'était plainte d'être poisseuse, il avait chauffé l'eau d'un des deux grands bacs de trempage, en y plongeant des barres portées au rouge.

Ravie à l'idée d'être à nouveau propre, elle traversa la pièce.

— Peut-être le forgeron voudrait-il lui aussi un bain ?

— Je me tremperai plus tard dans le loch.

— Il n'y a pas de pétales de roses dans le loch, et l'eau est froide, répliqua-t-elle, plongeant la main dans le sac que Ninian lui avait donné et jetant quelques fleurs sèches dans l'eau fumante.

— C'est vrai, admit Lachlann en riant.

Elle retira sa robe et sa chemise, et les plaça près des vêtements propres, de la serviette et du savon qu'elle avait apportés de la maison. Lachlann ne la lâchait pas des yeux. Elle entra dans l'eau, s'y enfonça avec un soupir de satisfaction et ferma les yeux.

Il s'agenouilla à côté du bac. Glissant la main dans l'eau, il en retira une poignée de pétales qu'il laissa tomber sur la partie de ses seins qui émergeaient.

— Si seulement nous pouvions tenir tous les deux dedans... murmura-t-il en se penchant.

Elle l'attira à elle, et ils s'embrassèrent, baiser langoureux et exquis. Il passa un doigt noirci sur son sein pâle, puis plongea la main dans l'eau. Elle fut parcourue d'un frisson délicieux.

— Peut-être pourrions-nous nous aider mutuellement à nous laver... suggéra-t-elle.

— En voilà une bonne idée !

— À présent, il faut chauffer la lame, annonça Lachlann, désignant le lit de braises qu'il avait bâti, croûteux à l'extérieur, chauffé au rouge à l'intérieur.

Il y glissa lentement la lame.

— Quand l'acier sera rouge, nous le tremperons dans l'eau salée.

Debout à son côté, Eva vit la lame devenir rouge doré. Il lui tendit les pinces.

— Maintiens-la dans le feu, dit-il. J'ai quelque chose à faire.

Il sortit le poignard qu'il avait à la ceinture et se fit une entaille dans le bras. À cette vue, la jeune femme tressaillit. Reprenant les pinces, il sortit la lame du feu et laissa tomber quelques gouttes de sang sur le métal brûlant.

— Maintenant je fais partie de cette lame, comme elle fait partie de moi, murmura-t-il avant d'immerger la lame dans le bac.

L'eau salée bouillonna, fuma, puis s'apaisa, tandis que l'épée rayonnait sous la surface telle une lanterne.

— Le sang, dit Eva en le dévisageant. Pourquoi as-tu fait ça ?

Il ébaucha un sourire et s'essuya le bras avec un linge. La coupure était longue et fine.

— Une vieille tradition des forgerons. Un secret de fabrication pour obtenir une lame forte, invincible. On raconte qu'autrefois, les lames étaient trempées dans le sang d'une vierge. Tu n'as donc rien à craindre, ajouta-t-il, taquin.

Elle lui tira la langue.

— C'est avec le sang qu'on obtient une lame magique ?

Il fronça les sourcils et ne répondit pas.

— On dit que les MacKerron peuvent en fabriquer, insista-t-elle. Tu peux ? Tu me le dirais, si tu pouvais ?

— On a encore du travail, lui rappela-t-il.

Il sortit l'épée du bac.

— C'est une bonne lame, décréta-t-il en l'examinant d'un œil critique, mais l'eau, quoique nécessaire, la fragilise. Elle a besoin d'être trempée – de façon à l'assouplir, pour qu'elle soit à la fois forte et flexible. Chaleur et froid, feu et eau, fermeté et souplesse… mâle et femelle, conclut-il, tournant pensivement la lame entre ses mains.

Il ratissa le charbon et ajouta du petit bois et quelques feuilles, pendant qu'Eva actionnait le soufflet. Quand les flammes s'élevèrent, bleu et doré, il y introduisit la lame.

— À présent, mon amour, dit-il en l'invitant à s'approcher, tu dois être mes yeux.

Elle se pressa contre lui, tandis qu'il tenait la lame dans le feu, les flammes léchant l'acier qui devint lumineux.

— De jaune il va devenir brun, expliqua-t-il, puis pourpre et enfin bleu. Regarde attentivement. Une épée retirée au point jaune serait trop dure, au pourpre ou au bleu trop molle. C'est au moment précis où elle tourne au pourpre qu'il faut la sortir. Et je ne peux pas me fier à ma vue.

Elle acquiesça et observa l'acier. Un arc-en-ciel de couleurs resplendissait sur sa surface. Le métal devint jaune d'or, tourna au brun, puis elle vit un minuscule éclat pourpre...

— Maintenant ! dit-elle.

Lachlann retira l'épée et la plongea dans l'eau salée, où elle grésilla.

— C'est fini ? demanda-t-elle.

— Pas tout à fait. Il manque la trempe par le... Qu'est-ce que c'est ?

Surprise par un coup discret frappé à la porte et l'aboiement lointain des deux chiens enfermés dans la maison, la jeune femme fit mine d'aller ouvrir, mais Lachlann la tira derrière lui et s'avança. Tenant d'une main le manche du poignard glissé dans sa ceinture, il ouvrit prudemment, puis s'écarta. Simon entra, suivi d'Iain Og et des cinq frères de Margaret.

— Simon, qu'y a-t-il ? s'inquiéta Eva en s'avançant vers lui.

Avant que la porte ne se referme, elle eut le temps d'apercevoir un ciel noir, tissé de brume. Elle entendit l'aboiement des chiens et, plus faible, le fracas de sabots de chevaux.

— Que se passe-t-il ? insista-t-elle. Les hommes du roi sont à vos trousses ? Pourquoi venez-vous ici ?

— Après l'opération de cette nuit, c'est possible, répondit-il. Colin Campbell est rentré de Perth – nous venons de passer à Strathlan.

— Colin est là ? s'exclama Eva, jetant un regard à Lachlann.

— Il arrive, mais nous ne pensions pas qu'il serait déjà à nos trousses, répliqua Simon.

— Déjà ? Qu'avez-vous fait ? demanda Lachlann.

— Écoutez, dit Simon, nous venons vous faire part de notre décision, puis nous repartons aussitôt. Nous pensions rester un peu, mais le temps presse.

— Dis-nous ce qui se passe ! ordonna Eva.

Lachlann entraîna les visiteurs vers la porte de derrière. La jeune femme suivit.

— Le clan MacArthur n'acceptera jamais l'exil. Voilà ce que nous avons décidé, commença Simon en regardant ses cousins. Je m'engage pour Donal. Notre chef n'approuverait pas le marché combiné par Colin.

— Mais, Simon, fit Eva en touchant le bras de son frère, cela veut dire que…

— Cela veut dire que tu vas refuser Colin, et que nous nous battrons pour nos droits.

— Nous adresserons une pétition au roi, ajouta Fergus, et lui demanderons une audience.

— Je vous accompagnerai, promit Lachlann en posant une main sur l'épaule de Simon.

Comme son frère manifestait sa gratitude, la jeune femme sentit des larmes lui brûler les yeux. L'amour et le soulagement le disputaient à l'appréhension et la crainte.

— Eva, nous voulons l'annulation de ce mariage, déclara Simon. Et plus de discussion. Nous avons un autre mari pour toi, précisa-t-il en regardant Lachlann.

Les jumeaux hochèrent sombrement la tête, les autres sourirent.

— Vous prenez un gros risque pour moi, dit-elle.

— Comme tu en as pris pour nous, répliqua son frère. Ce n'est que justice.

— Ils sont au pré, annonça Micheil qui faisait le guet à la fenêtre.

— Qui ? Qu'est-il arrivé ? le pressa Eva.

— Colin est furieux, expliqua Andra. Nous, euh... nous avons pris ses chevaux.

— Quoi ! s'exclamèrent en chœur Eva et Lachlann.

— Nous avons pris six chevaux dans le pré à côté de Strathlan et les avons menés ici. Nous pensions ainsi retarder l'arrivée de Colin, le temps qu'il se trouve une monture. Mais il avait des chevaux et des hommes dans la cour du château. Nous ne savions pas qu'il était rentré de Perth.

— Seigneur, pourquoi avez-vous fait ça ? demanda Eva, épouvantée.

— C'est la Toussaint, dit Fergus. Andra, Micheil et moi pensions que ce serait une bonne farce pour Halloween, qui permettrait de retenir Colin quelques jours.

— Déjà la Toussaint ! fit Eva. J'avais oublié.

— Et la nuit de la Toussaint, ajouta Fergus, les fées se promènent à cheval.

Lachlann secoua la tête en marmonnant.

— Le temps que nous rattrapions ces trois-là, le mal était fait, dit Simon. Nous avons mis les chevaux dans votre écurie.

— Nous n'avons fait que les emprunter, précisa Andra. Quand Colin posera des questions, dites-lui que les chevaux sont arrivés ici tout seuls.

— Et qu'ils se sont mis tout seuls dans les stalles ? gronda Eva.

— La nuit de la Toussaint, tout peut arriver, répliqua Micheil, moqueur.

Elle soupira et regarda Lachlann.

— Après ce qui s'est passé dernièrement, c'est pure folie, déclara celui-ci. Maintenant filez, mes amis. Il y a un sentier derrière la forge qui descend vers le loch.

Il ouvrit la petite porte de derrière. En contrebas, le loch étincelait dans la nuit brumeuse.

— Nous espérions avoir le temps de fêter ça, dit Fergus.

— Quoi, Halloween ? Vous l'avez déjà fêtée, me semble-t-il, rétorqua Eva.

— Pas ça, quelque chose de beaucoup plus important, précisa Simon. Nous venions demander au forgeron s'il voulait...

— Vous lui demanderez plus tard, le coupa sa sœur. Maintenant que vous avez mis Colin en fureur, vous n'avez plus le temps. Filez !

— Nous voulions seulement jouer un bon tour à Green Colin, se défendit Andra.

— Eh bien, c'est chose faite. Et si vous voulez rester en vie, vous avez intérêt à disparaître au plus vite, dit Lachlann en les poussant dehors.

Iain Og se tourna vers la jeune femme.

— Si Green Colin te fait des ennuis, prends ton épée et montre-lui que ton engagement est annulé, dit-il avec un clin d'œil.

— Filez ! siffla Lachlann.

— Si vous avez besoin de nous, nous restons dans les parages, dit Simon. Et nous fêterons ça plus tard, ma sœur...

Il sourit, et elle le poussa dehors en fronçant les sourcils.

Lachlann ferma la porte, tandis que le fracas des chevaux retentissait dans la cour de la forge. Eva entendit un homme crier et reconnut la voix rude de Colin.

— *Gobha !* hurlait-il. Sors, forgeron ! Et amène-moi ces rebelles !

28

— Forgeron, sors !

La voix rauque de Colin se répercuta dans la vallée, sur les collines couvertes de brume.

— Lachlann MacKerron ! insista-t-il. Nous avons un compte à régler. Et amène-moi ces rebelles !

Lachlann ouvrit la porte. La lumière dorée de la forge éclaira une partie de la cour, révélant quatre cavaliers highlanders derrière Colin en armure sur un cheval blanc ; il portait les vêtements des Lowlands qu'il affectionnait. Lachlann sortit.

— Colin Campbell, dit-il.

Il ferma la porte afin que le visiteur ne voie pas Eva, mais celle-ci l'ouvrit en grand. Il aurait préféré qu'elle restât cachée, pour ne pas exciter par sa beauté et sa hardiesse la lubricité et la fureur de Colin.

— Forgeron, j'ai une réclamation à te faire... Ah, Eva ! Où sont votre frère et vos cousins ? Ils m'ont volé des chevaux, et ça, je ne le tolérerai pas !

— Ils ne sont pas ici, répliqua-t-elle. Mais vos chevaux sont dans l'écurie. Je ne sais pas comment ils sont arrivés là. Sans doute une inoffensive farce de Halloween, que n'importe qui a pu faire. Pourquoi accuser les miens ?

— Certains des vôtres ont été aperçus, madame.
— On ne peut pas le prouver. Et vos bêtes sont saines et sauves, après avoir fait un peu d'exercice. Prenez vos chevaux et partez.

— Allez voir dans l'écurie, ordonna Colin en se tournant vers ses hommes. Si les rebelles s'y cachent, amenez-les-moi !

Tandis que les cavaliers traversaient la cour, Colin se tourna vers Lachlann :

— Forgeron, nous avons à causer.

Oscillant sur sa selle, il leva son épée, dont le fil brilla dans la nuit.

— Il est ivre, murmura Eva. Je l'ai déjà vu ivre, mais pas à ce point. Il tient à peine sur sa selle...

— Quand j'ai su qui tu étais, forgeron, j'ai voulu t'apporter cette arme pour te la montrer, reprit Colin. Ton père a fabriqué cette épée pour mon père. C'est une bonne lame. Mais ton père en a promis une autre au mien, et ne la lui a jamais livrée. Je la veux, maintenant.

— Si c'est mon père qui a façonné l'épée que vous tenez, vous ne pouvez en avoir de meilleure, et vous n'en avez pas besoin d'autre.

— Il l'a façonnée, et en a été transpercé à mort, dit Colin en oscillant dangereusement. J'étais présent, cette nuit-là. J'ai tout vu.

— C'est ce que j'ai appris, répliqua Lachlann.

— Nuit tragique, qui me hante toujours... D'autant plus que mon père est mort sans tenir l'épée qu'il attendait, celle que ton père lui devait. Je la veux à présent, pour conclure un vieux marché.

Lachlann regarda l'épée, puis Colin. Son regard, son cœur s'emplirent de rage. Prenant une profonde respiration, il tourna la tête :

— Eva, sur la saillie du mur, tu trouveras une claymore. Apporte-la-moi.

Elle pivota sans un mot et entra dans la pièce.

— *Gobha*, gronda Colin, notre affaire n'est pas terminée ! Ne crois pas que tu vas rentrer avec elle, à moins que tu tiennes à sentir cette bonne lame entre tes côtes !

— Il n'est pas question de marché entre nous, rétorqua Lachlann en s'avançant vers lui. Partez d'ici, et revenez une fois sobre. Alors nous discuterons – ou nous négocierons d'une autre façon.

— Si tu n'as pas l'épée que je veux, eh bien, fabriques-en une pour moi !

Il sortit une pièce en or de sa bourse et la jeta en direction du forgeron. Elle tomba à ses pieds.

— Ah, Eva ! s'exclama Colin. De retour, et avec une belle épée ! C'est celle que je veux ?

Il se pencha pour la saisir, mais la jeune femme la tendit à Lachlann, qui referma la main sur la poignée de corne, pointant la lame vers le sol.

— Celle-ci est à moi, dit-il.

Le pouvoir de la lame se communiqua à son bras. Plutôt que d'exciter sa fureur, l'épée de son père lui insuffla un calme étrange, comme l'aurait fait une main posée sur son épaule. Il lança à Colin un regard meurtrier, mais ne fit pas un geste.

— Les MacKerron sont les meilleurs armuriers d'Écosse, reprit Colin. Finlay fabriquait de bonnes lames, mais celles de Tomas MacKerron étaient meilleures – il avait un pouvoir magique. C'est ce que je veux. Et la Toussaint, quand s'ouvre le rideau qui sépare notre monde du monde des fées, est un moment propice. Comme mon père, je rêve de posséder une lame de fabrication magique.

Il sourit et son cheval s'agita.

— Vous vous trompez, dit Lachlann. Un forgeron ne peut pas fabriquer d'épée magique. Ça n'existe que dans les contes.

— C'est toi qui fais erreur, insista Colin en brandissant son épée. Donne-moi une lame magique !

— Ce que vous cherchez repose au fond du loch Fhionn. Allez-y donc, si ça vous chante.

— Rentre dans ta forge, forgeron, et fabrique-moi une lame dans un acier magique, brillante à aveugler n'importe qui.

— De telles épées n'existent que dans les légendes, intervint Eva. Vous êtes ivre. Vous devriez rentrer chez vous.

— Votre île appartient à la légende, mais à présent elle est à moi. Mon père ne voulait que l'Épée de Lumière, mais je veux Innisfarna, et ses attributs – la garde de l'épée et de l'Écosse !

— Il est soûl comme un cochon, marmonna Lachlann à l'adresse de sa compagne. Je me demande comment il a réussi à venir jusqu'ici sur un cheval. Inutile d'essayer de lui faire entendre raison… Colin, rentrez chez vous, dit-il à voix haute.

— Seules les femmes d'Innisfarna peuvent tenir cette île et protéger l'Épée de Lumière, déclara Eva.

— Une épée gardée par une femme ! Bah ! Je connais une meilleure façon d'utiliser les femmes ! persifla Colin en les regardant tour à tour. Tu m'as fait cocu avec ma femme, forgeron ? Pourquoi est-elle ici, seule avec toi ? Ça ne me plaît pas.

Il agita son épée, oscilla et manqua d'être désarçonné.

— Colin, dit Lachlann, nous avons une querelle à régler, mais pas ce soir. Je ne veux pas traiter avec un homme ivre.

— Réponds-moi. M'as-tu fait cocu ?

Eva se plaça entre Lachlann et le cheval.

— Colin Campbell, si demain matin vous avez oublié ce que je vais vous dire, je vous le répéterai, mais écoutez-moi. Je n'accepte pas notre mariage ; j'ai commis une erreur. Je vous ai fait une promesse que je ne pouvais pas tenir. Avant nos fiançailles, je m'étais promise à un autre homme, et c'est ce premier engagement qui est valide. Vous m'avez menacée, c'est pour cela que j'ai accepté – pour les miens. À présent, notre mariage doit être annulé. Si cela vous cause du déplaisir, j'en suis désolée.

— Quoi ? ! hurla Colin.

— Je refuse d'être votre femme.

— Vous m'avez trahi avec le forgeron !

Il pointa son épée sur la poitrine de Lachlann, qui repoussa le plat de la lame d'un revers de main. Colin vacilla sur sa selle et dirigea l'arme vers Eva.

Lachlann lui saisit le poignet et le tordit sans effort ; l'autre tomba au sol et lâcha l'épée. La jeune femme la ramassa, en tourna habilement la poignée et se mit en garde. Assis dans la boue, Colin la regardait, stupéfait.

— Je dois être soûl, marmonna-t-il en se levant tant bien que mal.

Faisant pivoter le pommeau de sa lame, Lachlann en appliqua la pointe sur la gorge de Colin.

— Ma patience est à bout, gronda-t-il. Vous n'êtes pas innocent de la mort de mes parents, et je leur dois vengeance. Mais vous êtes pris de boisson et tenez à peine debout. Partez d'ici avec vos hommes. Nous nous retrouverons en une rencontre juste.

— Tu n'as rien à me reprocher. Je t'ai sauvé la vie, cette nuit-là.

— Quoi ? fit Lachlann.

— Il faut que tu saches comment sont morts tes parents. J'ai appris que tu es allé voir le charbonnier et sa folle de femme. On t'y a vu.

— Leod m'a dit ce qu'il savait. Parlez.

— Tu étais dans les bras de ta mère, et en tombant elle t'a lâché. J'ai emmené mon père – il était ivre, sinon il n'aurait jamais fait ce qu'il a fait. J'ai entendu le bébé pleurer et je l'ai vu ramper dans la cour. Je suis revenu et j'ai mis le bébé – toi – dans la maison. Je savais que quelqu'un te trouverait. Et c'est ce qui est arrivé. Le charbonnier t'a porté à Finlay. Je t'ai sauvé la vie. Tu n'as rien à me reprocher, forgeron.

Lachlann le regarda, le cœur battant, et abaissa son épée.

— Partez, gronda-t-il. Et ne revenez pas.

Titubant, Colin se hissa tant bien que mal sur son cheval et rassembla les rênes.

— Je reviendrai chercher l'épée que j'ai payée, dit-il. Quant aux vôtres, ajouta-t-il en se tournant vers Eva, je n'en ai pas fini avec eux, et notre mariage tient toujours. Innisfarna m'appartient, et vous m'appartenez. Souvenez-vous-en ce soir en vous couchant. Et dormez seule, ou je serai obligé de tuer le forgeron.

Il fit claquer les rênes et sortit de la cour en hélant ses Highlanders.

Lachlann prit le bras d'Eva, marcha sur la pièce d'or et entra dans la forge.

— Il faut répéter plusieurs fois la trempe, dit Lachlann en agitant doucement la nouvelle épée sur les flammes jaunes.

Debout à côté de lui, Eva fixait l'acier qui devait encore tourner au jaune paille, mais ses pensées étaient centrées sur Colin et le mal qu'il pouvait leur causer.

— Tu es exténuée, remarqua-t-il. Je vais terminer seul.

— Je tiens à t'aider. Tu as presque fini. Ensuite, nous nous reposerons tous les deux.

— Va à la maison, et enferme-toi.

— Seulement avec toi, répondit-elle en posant la tête sur son bras. Je n'ai pas peur de Colin Campbell. Il doit avoir une telle gueule de bois qu'il n'est pas près de causer du tort à quiconque.

Elle essaya de rire, mais sa fausse gaieté tomba à plat.

— Je suis toutefois inquiète pour les miens, ajouta-t-elle. Ils ne sont pas revenus – je ne m'attendais pas à les revoir, mais avec Colin si résolu à les trouver, je ne serai tranquille que lorsque je saurai où ils sont. Il se passe quelque chose… je le sens.

— Je vais aller en reconnaissance.

— Oh ! C'est brun ! Sors-la.

Il obéit et plongea la lame dans l'eau salée, puis la ressortit pour l'examiner.

— Presque, annonça-t-il. Pour la dernière trempe, il faut laisser la lame dans le lit de braises jusqu'à ce qu'elles s'éteignent.

— Et ce sera fini ?

— Il faudra encore la polir, et ajouter les pièces de la garde. Alors ce sera… presque fini, dit-il en glissant la lame dans le lit de braises. À présent, je vais essayer de me renseigner sur ton frère.

Il l'embrassa et sortit de la forge.

Eva se tourna vers le brasier et regarda la nouvelle épée de Jehanne rougir lentement au milieu des flammes. La chaleur l'obligea à reculer.

— Il t'aimait et te respectait, dit-elle, s'adressant à l'épée et à celle qui l'avait tenue. Merci de me l'avoir renvoyé sain et sauf.

Exténuée, elle alla s'allonger sur le lit de bruyère, et s'endormit sans avoir eu le temps de tirer le tartan sur elle.

Quand elle se réveilla, le feu rougeoyait à peine. Lachlann n'était pas à son côté. Elle se leva, encore fatiguée, mais saisie d'une appréhension qui l'empêchait de se rendormir. Elle alla ouvrir la porte.

La nuit était noire, froide, brumeuse, et lui parut paisible. Entendant des voix au bord du loch, elle sortit et écouta, recroquevillée par le froid.

Les voix se firent plus distinctes. Elle reconnut celles de Lachlann et d'Alpin, avec d'autres. Elle courut à leur rencontre, mais ne distingua leurs silhouettes que lorsqu'ils furent à quelques pas d'elle.

— Qui est là ? demanda-t-elle. Il est arrivé quelque chose ? Oh, Fergus, c'est toi ! Et Micheil ! J'étais si inquiète…

Même dans l'obscurité, leurs visages étaient pâles et sinistres. Alpin s'approcha en se tenant la tête. Il avait une traînée sombre sur le visage – du sang, à n'en pas douter.

— Qu'est-il arrivé ? s'écria-t-elle.

Lachlann lui saisit le bras.

— Eva… Simon vient d'être capturé. Colin le détient. Fergus et les autres étaient avec lui, et les hommes de Colin les ont rattrapés. Simon est le seul à avoir été pris. Les autres sont ici.

— Il est à Strathlan ? Il faut y aller !

Elle se retourna, mais Lachlann la retint.

— Il est à Innisfarna.

— Retenu dans le château ? fit-elle, au désespoir.

— Ils ont pris mon bateau, expliqua Alpin. J'ai traversé dans la nuit, parce que je croyais que les garçons m'appelaient. Mais quand je suis arrivé, j'ai vu que ce n'étaient pas les garçons, mais Colin et ses hommes. Colin était tellement ivre qu'il tenait à peine debout. Il m'a frappé si violemment avec le plat de son épée que j'ai cru mourir, là, sur la plage, ajouta-t-il en se tenant la tête. J'ai entendu Green Colin dire qu'ils allaient mettre en cage un louveteau, et voir si cela ferait venir la louve... Il s'attend à ce que tu ailles à Innisfarna.

— C'est bien ce que nous allons faire, annonça Lachlann.

— Viens à la maison, dit Eva en prenant le batelier par le bras. Je vais te mettre l'onguent de Mairi et un pansement. Ensuite, tu te reposeras.

— Et toi, tu dois te préparer, Aeife, répliqua Alpin. Le moment est venu. Sauve ton frère – et ton île. C'est pour cela que je t'ai entraînée. Il te suffit de les affronter, comme le veut la légende. Lachlann et les garçons rassembleront des forces dans les collines, les maisons, les grottes, avec tous les hommes et toutes les femmes prêts à porter les armes pour cette cause. Ensemble, nous reprendrons l'île. Mais c'est toi qui dois la première y mettre le pied, et demander sa reddition.

Tandis qu'ils marchaient vers la maison, elle ne répondit rien. Mais elle savait, au fond de son cœur, qu'il avait raison. Le moment était venu.

Et elle savait aussi qu'elle devrait affronter Colin seule.

29

— Lachlann, il faut que je te demande quelque chose, murmura Eva.

— Demande, fit-il en levant la tête.

Il était occupé à polir l'épée en la frottant avec différents sables, du plus grossier au plus fin, à l'aide de pièces de cuir. Dans la pénombre de la forge, le bleu de ses yeux était d'une étonnante clarté.

La nuit approchait. Eva avait passé la journée à soigner Alpin, qui était un patient peu accommodant, et à parler à ses cousins au milieu de leurs allées et venues. Ils se démenaient pour faire savoir dans les vallées et sur les collines que le chef des rebelles avait été capturé, mais qu'il serait bientôt délivré. Elle avait aperçu Angus avec eux.

Jusque-là, elle avait à peine vu Lachlann. Une heure avec lui dans la forge était un vrai bonheur.

L'épée était presque terminée. Les pièces de la garde étaient en place, et il avait gravé des fleurs de lis sur la lame et y avait incrusté de l'or récupéré sur l'épée d'origine. Il avait poli et aiguisé plusieurs fois la lame. Le résultat était superbe.

— Demande, répéta-t-il. Tu me parais bien pensive… Ne t'inquiète pas, nous trouverons le moyen d'aider Simon. Mais qu'y a-t-il ?

— Voudrais-tu me fabriquer une épée magique ?

Il sourit.

— Je ferais n'importe quoi pour toi. Mais les lames magiques des MacKerron appartiennent à la légende, tout comme Aeife et son Épée de Lumière.

— Pour moi, celle-ci est l'Épée de Lumière, dit-elle en regardant la surface étincelante de la lame.

— Quand ils ont découvert comment transformer le fer en acier, les anciens ont appelé les nouvelles lames « épées de lumière », à cause de leur éclat. Une épée de lumière n'est qu'une épée en acier.

Comme il la tournait dans l'obscurité, l'arme semblait lancer des éclairs.

— Tu ne vois donc pas la magie qu'il y a dans cette lame ? insista-t-elle.

Il fronça les sourcils.

— S'il y a quelque chose de particulier dans cette épée, cela ne vient pas de moi, mais de sa première propriétaire.

— Tu es un MacKerron, tu détiens le talent et la connaissance. Il y a quelque chose d'extraordinaire dans cette épée. Pourquoi la magie n'existerait-elle pas ?

— Si tu veux une épée de lumière, il y en a une dans le loch. Tu connais sûrement un secret de famille qui te permettrait de la faire surgir de l'eau ?

— Ce n'est pas drôle du tout. J'ai besoin d'une épée spéciale, et tu peux m'en faire une.

— Il n'y a pas de magie dans mon travail, assura-t-il en se remettant à polir la lame.

— En tout cas, Colin en est persuadé. S'il savait que je possède une telle épée, il pourrait libérer Simon et renoncer à l'île.

— Quand il est sobre, il n'est pas idiot. Nous délivrerons Simon par la ruse et la force – et non grâce à une épée. Avec Iain Og, nous sommes en train de mettre au point un plan. Sois patiente.

— Je ne peux pas ignorer la légende, Lachlann. Tu ne crois donc pas à la magie ?

— Pas à celle-ci.

— À laquelle, alors ?

— Il y a bien des secrets que se transmettent les forgerons MacKerron, pour donner à une lame une force extraordinaire. En tout cas, c'est ce qu'ils disent…

— Quels secrets ?

Puis elle comprit.

— Ah ! Du sang sur l'acier, dit-elle. Du sable blanc ramassé à la nouvelle lune. Du fer provenant d'une pierre tombée du ciel… C'est ça ?

— Du charbon fait à partir de bois provenant de collines féeriques, poursuivit-il, une lueur dans les yeux. De l'eau jaillie d'une source féerique…

— Du loch Fhionn, où repose l'Épée de Lumière, ajouta-t-elle, tout excitée. Tu as utilisé les anciennes méthodes pour faire cette épée – et tu ne me l'as pas dit !

— Les forgerons aiment garder leurs secrets. Mais, vive comme tu l'es, tu as presque tout compris. L'air, la terre, le feu, l'eau – tous ces éléments sont dans cette lame.

— Il y a un autre élément, plus puissant que tout. C'est l'amour qui a forgé cette lame. Toi et moi, ensemble.

Il approuva d'un sourire plein de chaleur. Et elle trouva dans ce sourire le courage d'exprimer sa requête :

— Tu pourrais me prêter cette lame… pour une journée.

Il se remit à polir l'acier, et ne répondit pas tout de suite.

— Je suis fier que tu sois si experte dans le maniement de l'épée, dit-il enfin. Mais je ne peux pas te mettre une arme entre les mains, pour que tu ailles te battre. Je ne tiens pas à revoir ça.

— Jehanne a défendu son peuple. Je le ferais aussi, pour un jour seulement.

— Eva, tu ne peux donc pas comprendre ? Je ne veux pas te perdre.

— Je ne demande qu'une épée de cérémonie. Je ne me mettrai pas en danger, mais mon apparition en descendante d'Aeife, armée de l'Épée de Lumière, obligera peut-être Colin à relâcher mon frère et à renoncer à son dessein.

— Écoute-moi, grommela-t-il, l'empoignant par les épaules. Je te le répète : je ne veux pas risquer de te perdre.

— Je ne suis pas comme Jehanne.

— Plus que tu ne le crois, mon amie, dit-il en la prenant dans ses bras.

— Si j'ai quelque chose de commun avec elle, c'est mon amour pour toi. Et tu es le seul qui puisse m'aider, à présent. L'épée est achevée. Prête-la-moi, je t'en prie.

Il acquiesça d'un soupir dans ses cheveux.

— Elle n'est pas tout à fait finie, murmura-t-il. Il reste une dernière opération. Prends ton tartan et viens avec moi.

Dans le calme qui précède l'aube, Lachlann se réveilla et regarda autour de lui. La colline où ils étaient couchés était proche de la gorge rocheuse, et il entendait le bruit régulier de la cascade. Il était enveloppé dans un épais tartan, Eva endormie dans ses bras. Durant la nuit, ils avaient gravi la colline derrière Balnagovan pour y jeûner et y dormir chastement, l'épée entre eux.

Comme il la réveillait d'une main sur son épaule, elle s'assit près de lui, et il l'embrassa. Puis il se leva, l'aida à se mettre debout et prit l'épée, tandis qu'elle ramassait le tartan. Ils allèrent se rafraîchir au ruisseau.

— Et maintenant ? chuchota Eva en se tournant vers lui.

— Presque, répondit-il en l'entraînant jusqu'au sommet.

Une fois arrivés là, il sortit l'épée de son fourreau et pivota vers l'est.

Il tint l'épée droite, la pointe en l'air, et prit une profonde respiration, comme Finlay et Leod le lui avaient dit, comme son père le lui aurait appris s'il avait vécu. Il inspira sept fois l'air frais de la montagne, l'air du silence, de la pureté et de la paix. Puis, retournant l'épée, il souffla dans la garde et sur la lame, afin de l'emplir de sa force de vie.

Le soleil franchit la crête des montagnes de l'autre côté du loch, de l'autre côté du monde. Il tint l'épée devant lui, pointe en l'air, mains jointes sur la garde, et attendit. Eva se tenait à son côté, patiente et silencieuse.

L'aube se déploya dans un poudroiement d'or, prodiguant ses premiers rayons de lumière. L'acier les capta, les refléta et les répandit dans une explosion sublime d'or, de bronze et d'argent.

Dessinant avec la lame un arc de cercle, il en pointa l'extrémité vers le sol. L'épée capta de nouveau la lumière, et se mit à étinceler comme un joyau. Ses mains tremblaient, il avait l'impression que la lumière le pénétrait, l'emplissait. Il ferma les yeux, et continua à en voir l'éclat.

Puis il la tendit à Eva, qui la prit dans ses mains et la tint comme il venait de le faire, avec vénération. Immobile comme une statue, elle se chargea de l'énergie que prodiguait la lumière. Le soleil s'éleva dans le ciel, disque rouge au-dessus des montagnes.

— Maintenant, dit Lachlann, elle est achevée.

Quand elle voulut la lui rendre, il secoua la tête et prit sa main pour redescendre, tandis qu'elle portait l'épée.

Voilé de brume, le matin était doux et paisible ; il n'évoquait pas la guerre. Debout sur la rive du loch, en tartan, chemise, pantalon et bottes, les cheveux soigneusement nattés, Eva attendait Alpin. Elle entendait le bruit des rames dans l'eau.

Une main sur l'épée pendue à son côté, elle en percevait la puissance et la magie. L'heure était venue. Elle s'était glissée hors du lit qu'ils partageaient, sans le réveiller, s'était habillée et avait refermé la porte dans un silence absolu. Elle aussi avait son secret.

Bientôt, la proue du bateau apparut à travers le brouillard, et elle vit Alpin, la tête toujours bandée, les épaules voûtées, ses cheveux blancs balayés par le vent.

Les soucis et le poids de son amour pour l'île l'avaient beaucoup vieilli.

Aujourd'hui, elle allait reprendre Innisfarna ; elle le ferait pour lui, comme pour tous les autres.

Le batelier immobilisa l'embarcation et elle y monta sans un mot. Il la salua d'un mouvement de tête, leva les rames et s'éloigna du rivage. Le bateau se dirigea vers l'île, vers l'endroit où reposait, disait-on, l'Épée de Lumière.

Eva resta debout, un pied sur un banc, la main sur la poignée de l'épée, le visage au vent.

Lachlann mit son épée au fourreau et se précipita vers le loch en lançant un juron. Tournant la tête, il vit Angus se ruer à sa suite, suivi des cinq frères de Margaret, avec Iain Og et les autres rebelles – la poignée d'hommes qu'ils avaient réussi à réunir en hâte.

— Tu l'as vue ? demanda-t-il lorsque Angus l'eut rattrapé.

— Elle est introuvable. Elle a dû partir en bateau, comme tu le supposes.

— Elle est allée délivrer Simon et son île, intervint Fergus. J'en suis sûr. L'épée que tu as fabriquée a disparu. De même que son tartan et ses bottes.

— Elle savait que nous rassemblions des hommes et des armes, dit Lachlann. Elle savait que nous mettions au point un plan pour prendre l'île et libérer Simon, le plus rapidement et avec le moins de risques possible. Pourquoi diable n'a-t-elle pas attendu ? Elle ne peut pas agir seule. Elle va se faire tuer !

— Forgeron, intervint Iain Og qui arrivait, tout essoufflé. Tu la connais. Tu ne pensais tout de même pas qu'elle allait nous attendre !

— Je ne pensais pas qu'elle partirait si tôt, sans dire un mot à quiconque. Elle savait qu'il nous fallait du temps pour réunir nos forces et préparer l'attaque.

— Si Alpin est venu la chercher, elle est partie, répliqua Iain Og. Le vieux la prépare à cela depuis des années. Il a entraîné sa princesse guerrière. Personne ne croit à cette légende plus qu'Alpin MacDewar. Lui aussi descend d'Aeife.

— Des empreintes, constata Lachlann au bord de l'eau. Ce sont les siennes, j'en suis sûr. Elle a attendu ici qu'Alpin vienne la chercher. Sacrebleu ! Où y a-t-il un autre bateau ?

Il se retourna, parcourut la plage, puis revint sur ses pas.

— Là ! fit Fergus en montrant le loch.

Lachlann regarda dans la direction indiquée et vit un bateau émerger du brouillard. Un petit batelier actionnait les rames.

— Seigneur... c'est Ninian ! s'exclama-t-il.

Il entra dans l'eau avec Angus, pour tirer l'embarcation vers la berge.

— Ninian ! fit-il, soulevant l'enfant et le déposant sur le sable.

Celui-ci se mit à balbutier en pointant le doigt vers le loch et en répétant le nom d'Eva. Ne comprenant pas ce qu'il disait, Lachlann posa un genou à terre pour se placer à sa hauteur.

— Raconte-moi. Qu'est-il arrivé ? Où est Eva ?

— Et comment as-tu réussi à traverser seul avec le bateau d'Alpin ? renchérit Iain Og. Sacré petit gars !

— Il peut parler ? demanda Andra.

— Si on lui en laisse l'occasion, répliqua Lachlann, une main sur le bras de Ninian qui essayait de nouveau de dire quelque chose.

— Que raconte-t-il ? grommela Iain.

Ninian montrait l'eau en débitant une suite de mots déformés, dont Lachlann finit par comprendre le sens :

— Eva... au château, avec son épée. J'ai pris le bateau... Venez, il faut que vous veniez !

Il tirait sur le bras de Lachlann, qui entra dans le bateau avec quelques autres. Iain Og prit les rames et souqua ferme.

Comme le château et l'île surgissaient du brouillard, ce que Lachlann aperçut, entre l'étroite plage et le château, le fit frémir.

Une silhouette se tenait là, seule et frêle. Dans sa main brillait de l'acier.

— Vite ! dit-il à Iain.

Celui-ci tira de toutes ses forces sur les rames.

30

Elle se planta devant le château, son épée dressée brillant comme une torche.

— Green Colin! appela-t-elle. Sortez à ma rencontre!

Non loin, Alpin se tenait immobile, sur le qui-vive, la main sur la poignée de son arme. Le cœur d'Eva battait fort dans sa poitrine. Elle n'aimait pas s'identifier à Aeife la Radieuse – mais elle était courroucée et décidée. Peut-être cela suffirait-il.

Devant elle, la porte du château s'était ouverte. Colin sortit de l'ombre, en armure.

— Eva, dit-il. Qu'est-ce que ça signifie? Pourquoi êtes-vous habillée de la sorte?

Elle avança et leva la pointe de la lame, qui capta la pâle lumière du matin. La stupéfaction se dessina sur le visage de Colin.

— C'est une magnifique épée... murmura-t-il. Un travail superbe. Où avez-vous trouvé une telle arme?

— Elle est de fabrication magique.

Elle fit pivoter le pommeau dans sa main et tourna le poignet, de façon que la lame se retrouve pointée vers le haut. Colin leva un sourcil.

— Vous semblez savoir vous en servir, s'étonna-t-il.

— Bien sûr. Je suis la descendante d'Aeife la Radieuse, première gardienne des lieux. Vous n'avez aucun droit sur cette île, vous devez partir.

— C'est l'épée d'Aeife ? demanda-t-il, hypnotisé par la lame étincelante. Où l'avez-vous trouvée ?

— Elle est de fabrication magique, répéta-t-elle. Son métal provient d'une étoile tombée. On voit bien que ce n'est pas une arme ordinaire.

Elle dessina des arcs dans l'air, et la lame sembla soutenir un étendard de lumière.

— Donnez-la-moi, ordonna Colin. J'ai payé pour avoir cette épée.

Eva immobilisa l'arme.

— Vous avez mon frère. Relâchez-le, ensuite nous discuterons.

— C'est un voleur de chevaux et un rebelle.

— Simon n'a pas volé vos chevaux, dit-elle. (Ce qui n'était pas un mensonge, car c'étaient ses cousins qui les avaient pris.) Et il a obtenu le pardon du roi. Vous n'avez pas le droit de le détenir.

— Notre mariage était la condition de ce pardon. Si vous n'honorez pas le premier, je n'honorerai pas le second.

Elle le considérait avec le plus grand calme. Il reporta son regard sur l'épée, et elle la balança lentement.

— Vous voulez l'épée magique, non ?

— Nous pouvons faire un échange. Vous voulez Simon et je veux l'épée, ainsi qu'un droit incontesté sur cette île. Vous vous êtes donnée au forgeron et avez trahi votre serment : votre île vous est donc confisquée, à mon profit.

— Vous ne pouvez pas revendiquer Innisfarna. Partez d'ici !

— Je vois que nous aurons du mal à parvenir à un accord...

Il recula dans l'ombre de la porte et commença à la fermer.

— Green Colin ! intervint Alpin. Elle a raison. Vous devez lui rendre son île.

— Pourquoi écouterais-je un batelier ?

— Vous croyez que le contrôle de cette île mettrait toute l'Écosse en votre pouvoir, n'est-ce pas ? Eh bien, il n'en est rien. Seule Aeife est la gardienne de cette île, et a le privilège de protéger l'Écosse. Tout autre n'apporterait que désastre et désolation.

— C'est ridicule ! s'esclaffa Colin.

— Si ce n'est elle qui la détient, la ruine s'abattra sur l'Écosse. D'après l'accord conclu jadis entre les fées et les hommes, l'île doit être maintenue en paix par une descendante d'Aeife, et l'Épée de Lumière protégée. Mais depuis que vous avez rompu cet accord, qu'est-il arrivé ? Songez aux chefs des Highlands, et à tout le reste. La ruine a commencé, acheva Alpin en hochant solennellement la tête.

— Tu ne peux pas m'en rendre responsable, vieillard !

— Les fées sont mécontentes, Green Colin. Gardez-vous de vous en faire des ennemies.

— Tu es fou, décréta Colin. Eva, si on négociait ?

— Amenez mon frère ici.

— Entrez le voir.

— Je ne suis pas idiote, Colin.

— Assez pour venir seule, avec pour ordonnance un vieux fou !

— Mais j'ai ça, riposta-t-elle en brandissant l'épée.

— Simon viendra à la porte, dit-il après un moment de réflexion, mais pas plus loin. Ensuite, nous discuterons.

Il lança un ordre derrière lui, et quelques instants plus tard, Simon apparut sous la voûte de la porte. Il avait les mains liées dans le dos, le visage contusionné. Plusieurs hommes l'accompagnaient.

— Simon ! s'exclama la jeune femme en s'avançant.

En le voyant si meurtri et affaibli, elle eut le cœur déchiré. Elle regarda les hommes autour de lui, s'attendant à reconnaître les soldats du roi qu'elle avait souvent croisés, mais ne vit que des visages inconnus.

— Où est Robson ? demanda-t-elle. Où sont les hommes du roi ?

— Partis, répondit Colin. Innisfarna m'appartient, à présent. J'ai renvoyé la garnison hier.

Elle se rappela avoir entendu des hommes sortir des chevaux, la nuit passée. Pensant qu'ils formaient une nouvelle patrouille, Lachlann et elle n'étaient pas sortis.

— Quand le roi aura vent de cela, ils reviendront sûrement.

— Peut-être. Mais pour le moment nous pouvons, vous et moi, résoudre ce différend, dit-il avec un sourire. Donnez-moi l'épée, et votre frère est libre. Vous pourrez tous deux quitter l'île vivants.

L'épée pointée vers lui, Eva fronça les sourcils et regarda tour à tour Simon et Alpin. Derrière, sur le loch embrumé, elle aperçut un bateau avec plusieurs hommes et comprit que Lachlann arrivait.

Mais elle n'avait pas le temps d'attendre. Colin s'enfonçait dans l'ombre de la porte, prêt à la fermer.

— L'épée est à vous, dit-elle, si vous parvenez à me la prendre.

— Eva, s'esclaffa-t-il, j'ai toujours admiré votre esprit. Voilà que vous voulez vous battre comme vos rebelles ! Je n'en suis pas surpris. Il y avait une fille comme vous en France, courageuse et téméraire. Elle se battait et s'habillait comme un homme, et essayait de réaliser ce que seuls les hommes peuvent accomplir.

— Elle a beaucoup accompli, rétorqua-t-elle en faisant tournoyer l'épée qui brilla de tous ses feux. Prenez-la-moi... si vous pouvez.

— Ce serait trop facile, et discourtois. Et comment saurais-je si c'est une vraie épée magique, et pas simplement une bonne arme ?

— C'est un risque à courir.

— Passez-la-moi, que je la regarde.

— Gagnez-la. Cette épée doit combattre et non capituler. Je sens sa puissance, et je ne suis pourtant qu'une femme... Songez à ce que vous ressentiriez si vous la preniez en main.

Elle vit ses yeux étinceler. Il sortit de l'ombre et se dirigea vers elle en brandissant une épée. Eva recula sur la pente herbeuse, vers une vaste étendue plate. Les Highlanders se plantèrent dans l'ouverture de la porte pour profiter du spectacle. Ils semblaient amusés, et peu disposés à intervenir.

La jeune femme se mit à décrire des cercles, l'arme haute. En face d'elle, Colin souriait, comme s'il se réjouissait à l'idée de lui donner une leçon.

Il tenait une claymore, dont la lame était plus longue et plus large que la sienne. Mais, par sa légèreté et son équilibre, sa lame effilée convenait parfaitement à sa taille et à sa force.

Elle devrait compenser, par la rapidité et l'adresse, la portée et la puissance de la claymore. Pour l'éviter, il lui fallait se tenir au plus près de son adversaire, de façon à le priver du champ dont sa longue lame avait besoin pour donner toute sa mesure.

Avançant d'un grand pas, elle l'enferma dans un cercle étroit et fixa le regard sur lui, afin de mesurer sa volonté.

Il tenta d'abord de lui arracher son épée, mais elle l'évita sans difficulté. Puis il balança la claymore en l'air. Elle la bloqua et fit volte-face, de manière à se retrouver derrière lui.

Surpris, il se retourna gauchement. Voyant une ouverture, Eva frappa à hauteur de l'épaule. Il para, repoussa sa lame, mais elle pivota de nouveau, et sa riposte tomba dans le vide.

Elle attendit, en sautillant, le temps qu'il se reprenne. Grondant, il piqua en diagonale dans sa direction. Elle se fendit, déviant la claymore du plat de sa lame, puis étendit prestement le bras, de façon que sa garde lui heurte la tête. Le choc fut perceptible. Il porta la main à son front.

— Où avez-vous appris ce coup ? demanda-t-il, haletant.

— Pas chez les fées, répondit-elle, faisant pivoter le pommeau dans sa main.

Elle se mit à décrire des cercles autour de lui, tandis qu'il tournait lourdement sur lui-même, tel un ours.

— Je ne veux pas vous faire de mal, assura-t-il. Vous feriez mieux de me donner cette épée…

Il frappa, et elle fit un pas de côté, abaissant son arme pour se protéger l'épaule et le dos. Cette fois encore, le mouvement le prit par surprise : il se fendit dans le vide et trébucha dans l'herbe.

Il était redoutable, mais prévisible et manquait de technique, utilisant sa claymore comme une hache et frappant en tous sens. Si sa force et la taille de son arme le rendaient particulièrement dangereux, l'entraînement d'Eva et son agilité lui donnaient un avantage précieux. Elle avait l'impression de se déplacer avec lenteur, d'observer son adversaire à loisir et de préparer ses coups, impression démentie par sa vitesse : en vérité, elle avait la rapidité de l'éclair, le cœur serein, la respiration profonde et les pensées claires.

— Eva, je veux cette maudite épée ! gronda Colin.

Anticipant sa prochaine attaque, elle fit un pas de côté. De nouveau, il frappa dans le vide.

Le visage empourpré par la déception et par l'effort, il poussa un hurlement. Eva comprit, en outre, qu'il n'était pas tout à fait dégrisé. Il s'élança, les lames s'entrechoquèrent.

Elle tourna autour de lui et abattit son épée, le frappant à l'épaule. Bruit métallique.

Leurs mouvements circulaires les amenèrent au plus large de la pente. Elle jeta un regard à Alpin qui se tenait tout près. Derrière lui, sur le loch, le bateau approchait du rivage.

Colin pivota, de sorte qu'il se retrouva à quelques pas d'Alpin, qui tenait la main sur son épée.

Au visage sombre de son adversaire, à sa fureur grandissante et à ses coups maladroits, Eva comprit qu'il ne jouait plus. La colère le rendait d'autant plus dangereux. Elle se rapprocha pour réduire le champ de la claymore.

Il poussa un grognement de bête, et alors qu'elle s'attendait à une attaque, il piqua dans le sens opposé et abattit sa longue lame sur Alpin. Le vieillard empoigna son épée et recula, mais Colin le toucha au genou du plat de son arme. Le batelier trébucha, et avant qu'il ait pu dégainer, Colin fut sur lui.

Le saisissant par son plaid, il le traîna vers lui. Puis, se débarrassant de la claymore, il tira de sa ceinture un poignard et l'appliqua sur la gorge d'Alpin.

— Donnez-moi cette épée, Eva... C'est bien une épée magique, vu l'habileté qu'elle vous procure ! Donnez-la-moi ! acheva-t-il, resserrant sa prise sur Alpin qui ne broncha pas.

La jeune femme retint son souffle. Elle jeta un regard à Simon qui se tenait sur le seuil de la porte, et un autre vers le loch au-delà de Colin. Le bateau venait de toucher terre. Elle vit Lachlann en bondir, suivi de ses cousins.

Colin pressa plus fort la lame de son poignard sur la gorge du batelier. Un filet de sang coula. Sans réfléchir, elle tendit l'épée, la garde en avant.

Il l'agrippa et lâcha le vieil homme. Eva s'avança vers Alpin, mais d'un bond Colin la saisit par le bras et la souleva de terre, comme une simple poupée. Un bras lui enserrant le cou, il la traîna vers la grille. Elle devait courir pour rester debout.

Ses hommes reculèrent afin de le laisser passer. Ils n'avaient plus l'air amusés du tout, mais saisis d'effroi et hésitants.

— Campbell !

Au cri de Lachlann, Eva s'efforça de se dégager.

— Campbell ! rugit Lachlann en brandissant l'épée de son père. Lâchez-la !

L'épée de Jehanne à la main, Colin se retourna, entraînant Eva avec lui.

— Je la tiens, et je tiens la lame magique, triompha-t-il. Et aussi l'île !

Gagnant la porte à reculons, il repoussa Simon et grogna un ordre à l'adresse de ses hommes.

Lachlann vit Simon trébucher et tomber à genoux, les mains liées dans le dos, le visage tuméfié. Se relevant tant bien que mal, il tenta de faire un croche-pied à Colin, qui l'évita d'un pas de côté.

Les Highlanders, bras croisés, ignorèrent l'ordre de leur chef. L'un d'eux fit un signe à Lachlann, pour indiquer que cette dispute ne les concernait pas. Le forgeron passa devant eux en courant, et atteignit la porte au moment où Colin tirait Eva dans l'ombre du passage voûté. Il entendit la porte s'ouvrir plus grand dans un grincement, sentit les autres se presser derrière lui, mais ne se retourna pas.

Il entra dans le passage voûté, les mains sur la poignée de la claymore.

— Lâchez-la, Campbell !

Colin balaya l'air de sa lame. Lachlann intercepta habilement le coup, acier contre acier. Puis il s'écarta et frappa bas pour toucher son adversaire à la jambe, mais l'épée de ce dernier arrêta la claymore, avec un bruit métallique qui résonna dans le passage voûté.

Colin repoussa si brutalement sa prisonnière qu'elle alla heurter le mur. Lachlann le contourna et ferrailla, jusqu'à l'acculer contre le mur.

Campbell leva le bras, comme pour frapper de nouveau, mais il changea brusquement de direction et visa Eva. Le forgeron détourna le coup. L'autre essaya encore une fois, mais la jeune femme réussit à se glisser hors de sa portée.

La puissance de sa frappe fit pénétrer l'épée dans le mur. Avec un grincement strident, la lame s'incrusta dans le mortier entre deux pierres. Il tira de toutes ses forces pour la dégager, tandis que Lachlann avançait sur lui, l'épée haute.

Colin se démena si bien que l'épée cassa net, la poignée lui restant dans la main.

— *Ach Dhia!* gémit Eva.

Lachlann ressentit cette cassure dans son corps et son âme.

Colin rugit et brandit le tronçon de son arme contre Eva, mais celle-ci lui appliqua un coup de pied au genou qui lui fit perdre l'équilibre. Comme il basculait en arrière, il leva un bras pour se rattraper au mur.

Lachlann s'apprêtait à lui faire sauter de la main l'arme brisée, lorsqu'il le vit s'effondrer par terre. En tombant lourdement, il lâcha le dangereux débris.

Eva poussa un cri d'horreur. Les yeux écarquillés, elle regarda Lachlann qui, penché sur Colin, évaluait l'affreuse blessure à l'aisselle d'où dépassait la lame brisée, enfoncée profondément dans la cage thoracique, au défaut du plastron de fer.

— Oh, Seigneur ! s'exclama-t-elle en se laissant tomber à côté de Colin. Je ne voulais pas...

Posant son épée, Lachlann la releva et l'étreignit ; elle tremblait.

À cet instant, Simon pénétra dans le passage voûté. Se tournant vers lui, Eva jeta les bras autour de son cou. Dès que Lachlann lui eut détaché les mains, il embrassa sa sœur, puis regarda Colin.

— Tu ne l'as pas tué, Eva, dit-il. J'ai tout vu. C'est la lame dans le mur qui l'a tué.

— Le coup de pied que tu lui as donné n'y est pour rien, confirma Lachlann. C'est la lame magique qui a mis fin à ses jours.

Tout en sanglotant, elle prit Lachlann par la taille. Il lui baisa le sommet du crâne et regarda Simon. Le jeune homme approuva d'un hochement de tête, et le forgeron lui répondit par un sourire triste.

Eva s'écarta, ramassa l'épée brisée et la lui tendit d'une main tremblante.

— Lachlann, je suis désolée...

Le cœur déchiré, il fit tourner sans un mot le débris dans ses mains. La cassure était identique à la première, à quelques centimètres sous le quillon.

— L'épée de Jehanne l'a tué, soupira Eva. Elle n'aurait pas souhaité une telle chose…

— Regarde, murmura Lachlann en serrant la jeune femme contre lui. Voici l'épée de Jehanne. Ce n'est pas ce qui l'a tué – et elle ne t'a pas blessée, lorsqu'il l'a brandie contre toi. La lame qui lui a pris la vie est la partie que j'ai façonnée… avec des méthodes magiques.

— La lame magique, chuchota-t-elle. La lame qu'il voulait pour lui.

— Je peux la refaire, plus forte et plus fine.

Eva l'entoura de ses bras, et il posa la tête sur la sienne.

— Je crois qu'elle aurait apprécié l'ironie de ce qui est arrivé, dit-il. Elle t'aurait aimée, mon amie. Mon amour… corrigea-t-il comme elle lui offrait sa bouche.

Épilogue

« Longtemps, j'ai observé le mystère de la forge. »
Tiré d'un ancien poème celte.

Le feu craquait dans la forge. Se tournant vers l'enclume, Lachlann y déposa le morceau d'acier qu'il tenait avec une pince, puis il martela la masse incandescente afin de l'étirer. Il travaillait cette pièce la nuit, quand l'obscurité était la plus dense, quand les couleurs de l'acier étaient les plus franches, et donc plus faciles à discerner pour sa mauvaise vue.

De petits éclairs dansaient devant ses yeux. Un jour prochain, il inviterait Aleck Beaton à Innisfarna. Non seulement il tenait à le présenter à Eva, mais il souhaitait aussi avoir l'avis de son ami sur sa vue. Sa gêne n'avait pas augmenté, et demeurait supportable. D'autant qu'Eva était toujours prête à l'aider à travailler l'acier. Par la suite, si sa vision diminuait, il pourrait compter sur une famille aimante...

Il remit l'acier au feu ; il devait se dépêcher. Il appréciait ces heures paisibles de la nuit, où il pouvait se retirer seul dans la forge. Mais ce soir, il attendait de la visite. Justement, il avait entendu des voix et des bruits de sabots dans la cour.

Il posa l'acier en souriant de bonheur. Il reviendrait plus tard, faire de ce morceau de métal la lame qu'il avait en tête : une ravissante petite épée, identique à celle qu'il avait réparée et cachée, pour ne plus jamais être utilisée. Il comptait en faire don à sa femme. Sa fiancée, plutôt ; car le mariage n'avait pas encore eu lieu, bien qu'il fût proche. Très proche, et il devait faire vite, s'il ne voulait pas être en retard !

Il lavait ses mains noircies par le charbon et ses bras luisants de sueur dans un bac de trempe, lorsqu'on frappa à la porte.

Simon entra et le salua de la main. Plusieurs autres personnes se pressaient derrière lui. À travers l'ouverture de la porte, le ciel scintillait d'étoiles.

— Tu es prêt ?

— Dans un moment.

— Mais nous sommes là, forgeron, et pressés d'assister à ton mariage ! lança Iain Og en poussant la porte. Tu vas devoir poser ton marteau et tes pinces. Pour épargner les oreilles délicates, nous ne dirons pas quel genre de marteau et de pinces tu utiliseras cette nuit...

Il partit d'un gros rire. Mairi MacKerron, entrée à sa suite, le réprimanda d'une tape sur l'épaule. Lachlann embrassa sa mère adoptive et eut plaisir à sentir ses lèvres fraîches sur sa joue.

— Tu ne t'es pas lavé, dit-elle en tapotant sa chemise trempée de sueur. Et l'heure de ton mariage a sonné !

— Je pensais que vous seriez tous en retard, se défendit-il.

— Nous le sommes. Mais tu t'es une nouvelle fois perdu dans ton travail.

Il rit, tandis que les autres – tous des êtres chers – pénétraient dans la forge. Il les accueillit d'un sourire – les cinq cousins MacArthur, suivis de Margaret et Angus, chacun un enfant dans les bras ; puis Alpin, une main sur l'épaule de Ninian ; enfin, Eva.

À sa vue, son regard s'attendrit. Elle portait une robe en lainage rouge foncé, avec un *arisaid* brun et rouge, fermé par la broche qu'il lui avait réparée. Ses yeux étincelaient, et ses cheveux d'un noir brillant lui tombaient en riches vagues sur les épaules.

Il remarqua aussi ses seins ronds et pleins sous la robe, son ventre tendu par l'enfant qu'elle portait – et dont ils étaient les seuls encore à connaître l'existence.

Les forgerons ont leurs secrets ! pensa-t-il.

— Tu ressembles à une flamme, *mo càran*, murmura-t-il en l'embrassant sur la joue. Tu es belle.

— Et toi, mon beau forgeron, tu devrais t'astiquer un peu, répliqua-t-elle en riant. Mais cela peut attendre, ajouta-t-elle, posant la main sur son bras nu. C'est comme ça que je t'aime, marqué par ton travail. J'ai des pétales de roses pour ton bain, si tu veux...

— Ce ne sont pas des fleurs que je veux dans mon bain... c'est toi.

Il se tourna vers les autres et haussa la voix pour couvrir le brouhaha :

— J'ai une nouvelle à vous annoncer !

— Nous savons. Vous vous mariez, rétorqua Andra.

Tous rirent, et Lachlann sourit, attendant que le silence se fît.

— Je voulais vous dire à vous – et à Eva – que je pars dans quelques jours pour Perth.

— Perth ! répéta Eva en lui étreignant le bras.

— Pour peu de temps, la rassura-t-il. J'ai demandé une audience au roi, afin de discuter de la situation des MacArthur, qui reste incertaine après... les événements passés.

— Pourquoi le roi écouterait-il un forgeron ? s'enquit Eva. Même chevalier et messager ?

— Il pourrait écouter l'un de ses cousins. Ma mère, Aileen Stuart, était sa cousine issue de germain.

Eva le considéra, étonnée, puis se tourna vers Mairi, qui confirma d'un signe de tête.

— Les Stuart de Glen Brae sont proches parents du roi, expliqua Mairi. Lachlann peut donc prétendre à cette parenté. Je pense que c'est une bonne idée. Le roi se rappellera peut-être Aileen Stuart pour sa beauté et son bon cœur, et il pourrait ainsi être porté à l'indulgence envers les MacArthur.

— Autant tenter notre chance, conclut Lachlann en regardant Eva.

— Alors, je n'avais pas besoin de Colin pour nous aider. Je t'avais.

— Tu m'as toujours eu, Eva.

Elle sourit, la main dans la sienne.

— Donal sera peut-être ici pour le Nouvel An, dit-elle. Lachlann, j'ai rêvé de lui, la nuit dernière. Il était de retour à Innisfarna, et Simon et lui faisaient sauter nos enfants sur leurs genoux.

— Nos enfants ? fit-il, un sourcil levé.

— Deux petites filles. Aeife et Jehanne, tu les appelais dans mon rêve… précisa-t-elle, les larmes aux yeux.

Il avait la gorge trop serrée pour répondre.

— Hé, forgeron ! lança Iain Og. Tu es prêt ?

Lachlann acquiesça d'un hochement de tête et se dirigea vers l'enclume. Ninian en retira une paire de pinces et un marteau, qu'il posa au bord de la forge. Puis il sourit sans se cacher la bouche, ses yeux bleus pétillant de joie.

— Un jour, si tu le veux, tu seras un bon forgeron, promit Lachlann, posant la main sur la tête dorée de l'enfant. Un apprenti me serait utile, d'autant qu'Eva sera bientôt trop occupée pour rester ici avec moi…

— Dis-nous, forgeron, demanda Simon quand tous furent rassemblés autour de l'enclume. As-tu déjà célébré un mariage ?

— Non, mais Finlay l'a fait plusieurs fois. Un mariage à la forge est une vieille tradition. Dans les temps reculés, avant qu'il y ait des prêtres chrétiens, les forgerons étaient des membres importants de leurs villages, sachant transformer et associer les métaux. On estimait donc juste qu'ils unissent les couples. La tradition en est perdue, mais nous allons renouer avec elle.

— Par la suite, il vous faudra un prêtre, mais en attendant qu'il revienne dans notre vallée, cela fera l'affaire, approuva Mairi.

Simon prit sa sœur par le bras et la plaça devant l'enclume.

— Nous sommes les témoins de votre mariage, déclara-t-il. J'ai toujours pensé que vous étiez faits l'un pour l'autre. C'était aussi l'avis de Donal.

— Donal ? s'étonna Eva. Quand a-t-il dit ça ?

— Il y a des années, quand il a été question de tes fiançailles avec Colin, Donal a dit à notre père qu'il vaudrait mieux que tu épouses Lachlann, le fils du forgeron, qui s'occuperait de toi et te traiterait bien, et dont l'art serait un atout pour le clan. Selon lui, tu ne pouvais pas trouver meilleur mari.

— Je ne l'ai jamais su, murmura-t-elle, des larmes dans les yeux.

— Donal ne te l'a jamais dit, car notre père ne voulait pas démordre de son choix. Alors tu vois, ajouta Simon en embrassant affectueusement sa sœur, tu as l'approbation du chef de ton clan.

Elle se retourna timidement vers Lachlann, qui se tenait de l'autre côté de l'enclume, à sa place habituelle, dos à la forge.

— Si nous nous engageons l'un envers l'autre devant Dieu, dit-il, nous n'avons besoin ni de prêtre ni de témoins. Toutefois, ces témoins sont les bienvenus.

Il tendit les mains. Eva les prit au-dessus de l'enclume, et il sentit ses doigts trembler.

Il plongea le regard dans ses yeux couleur d'orage, qu'adoucissait un voile de larmes. Dans la chaude lumière de la forge, elle était rayonnante.

— Je te prends pour épouse, Eva MacArthur. Au-dessus de cette enclume, avec la force du fer et la chaleur du feu, en présence de ces témoins et en présence de Dieu, je nous déclare mariés. Pour toujours.

— Je te prends pour époux, Lachlann MacKerron… Pour toujours, ajouta-t-elle après avoir répété de sa voix mélodieuse les paroles du forgeron, paroles qu'il avait tirées de son cœur.

— Que cette fusion soit totale, chuchota-t-il avant de se pencher pour l'embrasser au-dessus de l'enclume.

Au milieu des rires et des embrassades, il reçut ensuite les félicitations de ceux qu'il aimait tendrement. Enfin, pressé de retrouver Eva, il contourna l'enclume et la prit dans ses bras.

Il l'embrassa longuement sous les applaudissements, puis, s'écartant, il lui arrangea une mèche rebelle.

— Je crois que ce mariage a été prononcé bien avant ce moment, murmura-t-il. Nous avons commencé à le forger il y a longtemps. Mais quelque chose de si bon et de si fort, et de si précieux, exige beaucoup de temps et de soin.

— Eh bien, nous continuerons à y travailler, forgeron, répondit-elle en souriant. Jour et nuit.

— Parfait, dit-il en passant un bras autour de ses épaules. Nous allons nous y mettre tout de suite.

Note de l'auteur

L'idée de ce livre m'est venue en apprenant que Jeanne d'Arc avait été protégée par une compagnie d'Écossais, faisant partie d'un corps d'élite, connu plus tard sous le nom de Garde royale écossaise. Durant le Moyen Âge, les Écossais étaient souvent affectés à la garde de monarques étrangers, surtout français, car ils étaient liés à la France par une vieille alliance. Pendant la guerre de Cent Ans, des milliers d'Écossais allèrent en France soutenir la lutte contre les Anglais ; des milliers y périrent, et beaucoup, surtout ceux qui appartenaient à la noblesse, reçurent en récompense des terres et des titres.

En 1429, plusieurs Écossais, affectés au dauphin Charles, accompagnèrent Jeanne d'Arc – elle signait « Jehanne », et les documents d'époque utilisent cette orthographe ; c'est pourquoi j'ai choisi de la conserver dans cette histoire. Certains documents rapportent qu'un sir Hugh Kennedy de Galloway lui est resté loyal jusqu'à sa capture à Compiègne en 1430.

L'épée de Jeanne, appelée épée de sainte Catherine de Fierbois, et dont elle eut la révélation en rêve, fut découverte dans une chapelle à Fierbois, et brisée à Lagny. Bien que les faits ne soient pas avérés – on raconte qu'elle la brisa dans un accès de colère –, un forgeron l'aurait examinée et déclarée irréparable. Quand on l'interrogea, lors de son procès, sur sa prétendue épée miraculeuse, elle reconnut l'avoir brisée, mais refusa de révéler où elle se trouvait. Cette épée n'a jamais été retrouvée.

Dans la société médiévale, les forgerons étaient des artisans indispensables, et leur savoir était imprégné de mystère. En Écosse, la fabrication des lames était répandue, même si, à la fin du Moyen Âge, la plupart des armes en acier étaient importées d'Europe continentale. Les Écossais avaient, dans cet art, une longue tradition d'excellence, héritée des Celtes et des Vikings. Je dois à Rob Miller, forgeron de l'île de Skye, de précieux renseignements sur les anciennes traditions et les anciens procédés de fabrication ; son travail ainsi que des photos peuvent être consultés sur son site Internet (www.castlekeep.co.uk).

L'Épée de Lumière, qui fait l'objet de la quête de nombreux héros de contes, appartient à la tradition celte. Les fées se défiaient du fer, mais avaient, dit-on, enlevé des humains pour travailler le métal à leur place.

J'espère que vous avez aimé *La Légende des MacArthur*. Pour plus d'informations concernant mes livres, ou pour me contacter, n'hésitez pas à visiter mon site Internet (www.susanking.net).

Découvrez les prochaines nouveautés de la collection

Aventures et Passions

Le 3 janvier

La belle et le cow-boy de Jill Gregory (n° 6446)

Wyoming, 1880. Caitlin Summers revient dans l'Ouest pour vendre le ranch de son père décédé, que sa mère et elle avaient quitté autrefois. Malheureusement, selon les termes du testament, Caitlin ne peut vendre ses parts du domaine que si elle réside une année entière au ranch, en compagnie de Wade, le régisseur et fils spirituel du défunt, et de ses frères, propriétaires majoritaires. Criblée de dettes, la jeune femme supporte à contre-cœur cette cohabitation...

Le 10 janvier

La mariée de Willow Creek de Maggie Osborne (n° 6447)

Adolescente, Angie s'était enfuie avec son fiancé Sam avant de l'épouser. Elle pensait que c'était pour la vie, mais Sam avait eu peur d'assumer ses responsabilités et l'avait quittée. Des années plus tard, elle retrouve Sam dans une bourgade du Colorado, décidée à divorcer. L'homme qu'elle découvre n'est pas celui qu'elle avait imaginé revoir : un père attentionné pour ses deux filles. Des liens intimes se nouent entre eux, mais tous deux doivent faire face à leur passé. Sam saura-t-il cette fois se conduire en homme et la reconquérir ?

Le 24 janvier

Le mystère du bracelet bleu de Amanda Quick (n° 6448)

Londres, XIXe siècle. L'intrépide rousse Lavinia Lake et le ténébreux Tobias March s'allient à nouveau – tant sur le plan romantique que professionnel – pour démasquer le meurtrier d'une jeune femme. Mais aussi pour retrouver la trace d'un bracelet, « La méduse bleue », dont on dit qu'il posséderait des pouvoirs maléfiques et serait convoité par un grand nombre de collectionneurs d'art...

6209

Composition Interligne B-Liège
Achevé d'imprimer en Europe (France)
par Brodard et Taupin à La Flèche (Sarthe)
le 4 novembre 2002 15733.
Dépôt légal novembre 2002. ISBN 2-290-32051-X

Éditions J'ai lu
84, rue de Grenelle, 75007 Paris
Diffusion France et étranger : Flammarion